눈에 띄는
마케팅

마케팅 위기의 시대
돋보이고 싶은 것들의 전쟁

눈에 띄는 마케팅

올리버 포트(with 얀 바르크프레데) 지음　　이미경 홍수연 옮김

VISIBLE!
MARKETING

THE NAN
더 난 콘 텐 츠

차 례

눈에 띄지 않으면
존재하지 않는 것이다

chapter 1

눈에 띄거나
아니면 죽거나

우리는 눈에 띄어야 살아남는 '가시성(visibility)'의 경제에 살고 있다. 상품이나 서비스가 눈에 띄지 않으면 시장에 존재하지 않는 것이나 다름없다. 기업이 실패하는 주원인도 상품이나 서비스를 제대로 홍보하지 못해 결국은 시장에서 눈에 띄지 않기 때문이다.

예전에는 막대한 예산이 들어가는 TV나 신문 광고를 동원해야 눈에 띌 수 있었다. 대중의 관심을 끌려면 비싸고, 요란하고, 강렬하게 치장해서 눈길을 사로잡아야 했다.

요즘은 적은 예산으로도 가치를 창출하는 가시성을 설계하고 확보할 수 있다. 더구나 가치 창출이 가능한 가시성은 빵의 원료인 밀가루처럼 다양한 매출 창출의 원료로 활용하기도 쉽다.

야단스럽지는 않지만 고객과 관련성이 깊고, 더 많은 고객을 확보하고, 더 큰 성공으로 나아갈 수 있는 발판이 바로 스마트 가시성(smart visibility)이다.

목표 집단에 맞춰 스마트 가시성을 창출해낸 기업은 신규 고객을 확보하기도 쉽고 매출도 늘어난다. 위기에도 끄떡없고 경쟁 업체가 쫓아올 수 없는 독보적인 우위도 점한다. 나아가 매출을 확대하고 빠르고 지속적으로 성장하면서 동시에 독자적인 '브랜드'도 구축할 수 있다.

스마트 가시성은 대다수 기업이 하루속히 풀어야 할 긴급한 문제, 즉 기대와 신뢰가 컸던 제품이 고객의 관심을 받지 못하는 문제를 해결하는 방법이다. 가시성을 창출하고 새로운 고객을 확충하는 일은 상품을 생산하는 기업이 해결해야 하는 크나큰 과제이다.

눈에 띈 자, 세상을 얻는다

디지털화는 관점의 변화로 이어졌다. 관점은 이제 우리의 시야가 미치는 범위에 국한되지 않는다. 말하자면 당신을 바라보는 눈의 총합보다 오히려 당신이 규정한 목표 집단에 적합한 양질의 부가가치를 올릴 수 있는 가시성이어야 한다. 지식을 전달하는 전문직인 의사, 변호사, 강사나 제품을 판매하는 기업 모두에게 가시성은 중요한 문제이다.

당신은 공인회계사인가 아니면 정형외과 의사인가? TV 서바이벌 프로그램에 참여하면 수백만 명의 시청자들에게 눈도장을 찍을 것이다. 하지만 TV 프로그램에 출연한다고 해서 딱히 부가가치를 올릴 수 있는 것은 아니다. 심지어 득보다는 실이 많을지도 모른다. 이런 노출은 고객 확충과 매출 증가로 이어지지 않을 것이 분명하고, 브랜드에도 도움되지 않을 것이다.

첫인상은 거의 바뀌지 않는다

모든 매출은 회사의 직원, 브랜드, 제품이나 서비스의 가시성에서 시작된다. 고객의 구매를 충동질하는 마케팅의 첫 단계는 단연 가시성이다. 박람회 부스이든, 정기간행물, TV, 인터넷 광고이든, 가장 먼저 고객과 접촉하는 지점에서 가시성이 이루어진다.

어떤 물건을 살지 말지를 결정하는 당사자에게 가장 중요한 것이 첫인상이고, 이런 첫인상은 결코 바뀌는 법이 없다. 오랜 기간 진행된 마케팅 연구에 따르면 첫인상이란 사람들의 머릿속에 각별히 아로새겨지는 현상이고, 이 마법의 순간을 '초두 효과(primacy effect)'[1]라고 한다.

어떤 사람이 호감인지 비호감인지는 몇 초 안에 결정된다. 이런 첫인상을 뒤집으려면 오랫동안 가까이 지내봐야 한다.

첫인상은 안타깝게도 잘못된 판단으로 이어질 수 있다. 혹시 상대가 그저 하루를 아주 힘들게 보냈다거나 두통이 있었거나 방금 나쁜 소식을 전해 들어서 표정이 안 좋았을 수도 있다 초기의 가시성에는 편견이 따른다는 주제로 연구를 진행한 결과 '후광 효과(halo effect)'[2]가 발견되었다. 같은 성과를 내더라도 매력적인 데다 말도 잘하고 예의 바른 청년은 말투가 거친 청년보다 더 좋은 점수를 받는다. 일견 불공정해 보이지만 눈에 드러나는 특징들이 실제 성과에 영향을 미치는 것은 어쩔 수 없다.

안경 쓴 사람이 더 똑똑하고 문학적이라고 여기는 것도 착각이다. 대량생산된 제품인데도 프랑스 향수나 이탈리아 구두라면 당연히 더 고급품이라고 여긴다. 물건을 유난히 화려하고 고급스럽게 포장하면 더 비싼 값에 팔린다. 고객은 선반에 놓인 값비싼 포장에서 느낀 첫인상을 무의식적으로 제품 자체로 전이한다.

물론 이것은 공정하지도 않고, 당하는 사람의 입장에서는 불쾌한 일이다. 하지만 고객의 판단은 그만큼 단순해서 당신과 당신 제품의 첫인상으로 가시성이 결정된다.

기업은 고객에게 영향을 미치는 가장 중요한 첫인상을 잘 관리해야 한다. 이러한 이미지를 관리하는 데 가장 좋은 도구가 바로 가시성이다. 스마트 가시성을 갖추고 첫인상도 나무랄 데 없는 기업은 판매에서 경쟁사들을 크게 앞지른다.

멋대로 눈에 띄게 두지 마라

가시성을 적극적으로 관리하든 안 하든 시장에서 여전히 고객의 눈에 띄고 있음을 상기하라.

당신은 눈에 띄지 않는 게 아니라 자신의 가시성을 관리하지 못할 뿐이다.

대형 호텔의 후기(리뷰) 사이트를 예로 들어보자. 여기에는 전 세계 거의 모든 호텔의 목록이 올라와 있고, 호텔 주인이 좋아하든 말든 손님은 후기를 올린다. 의사 명단을 찾아볼 수 있는 인터넷 플랫폼도 있다. 환자는 의사들이 프로필을 올려놓지 않아도 후기나 평가의 글을 남긴다. 아마존에서는 고객들이 제품을 검토하고 인터넷 게시판에서 서로 의견을 교환한다.

구글로 회사를 검색하면 등급에 따라 별을 1개에서 5개까지 매겨놓은 것을 볼 수 있다. 어떤 제품이 아마존이나 구글에서 별 2개 등급을 받았다면, 첫 출시한 지 며칠 되지도 않아 성공 가능성이 없는 실패작으로 전락하고 만다.

직원들이 인터넷 기업 평가 포털에서 자기 회사를 평가하는 바람에 누군가 어떤 회사를 검색하면 검색엔진 알고리즘을 타고 기업 평가 포털이 검색 결과 최상단에 올라온다. 또 상단에 오른 후광 효과 덕에 포털의 평가 결과가 회사의 첫인상을 결정한다.

이런 일은 모두 가시성이 관리되지 않았을 때 발생하여 회사의 이직률은 물론, 숙련된 인력이 부족한 상황에서는 직원의 자질에도 커다란 영향을 미친다.

　적절한 가시성 관리 전략이 없다면 눈에 띄지 않는 것을 넘어 시장에서 제멋대로 보여질 수 있다. 이렇게 되면 극단적인 혼란과 경제적으로 심각한 문제가 발생한다. 최악의 경우 고객의 후기에 부정적인 내용이 넘쳐나는 사태를 되돌릴 수 없다.

　스마트 가시성은 우호적인 고객을 확보해서 매출을 올리는 것이 주요 목표이다. 회사가 잘나가는 동안 가시성을 높여 견실하고 긍정적인 이미지를 쌓아 악평이 나올 여지를 미리 방지하는 부수적인 효과도 거둘 수 있다. 평판이 좋은 회사는 위기 상황에서도 능히 살아남는다.

돋보여라,
그러면 알짜 고객도 찾고
매출도 쑥쑥 늘어난다

chapter 2

돋보이고
싶은 것들의
전쟁

서비스 업체와 제조업체들은 자신들의 비즈니스 모델을 고객에게 알리고 싶어 한다. 각종 문제가 파생하는 곳도 바로 이 지점이다. 아무리 애써도 물건 하나 팔기가 만만치 않으며 심지어 제품을 개발해도 제대로 된 유통망을 찾기 어렵다. 제품을 돋보이게 할 수 있다 해도 엉뚱하게 보이느니 차라리 안 보이는 게 낫다.

시장에서 수익을 낼 것이라는 확신도 없이 제품을 개발하는 것은 아무 의미가 없다. 그리고 그 어느 때보다 잠재 고객의 관심을 끌기 위한 전쟁터에 경쟁자가 너무 많다. 디지털화되고 세분화된 시장에서 경쟁은 더욱 치열해진 데다 자신만 돋보이기가 불가능하다는 두려움이 팽배하다.

고객들은 동시에 쏟아지는 정보와 제안에 너무 많이 노출되어 있어서 그 모든 것들이 눈에 들어올 리 만무하다. 같은 케이크 조각을 두고 덤비는 손들이 너무 많다 보니 눈도장을 찍기도 어려운 형국이다.

예를 들어 당신이 어떤 특수한 분야에서 뛰어난 전문성을 발휘해 고객의 문제를 신속하고 효율적으로 해결할 수 있다고 하자. 여러 업무 가운데 이 분야에서 전문성을 얻게 되었고, 이제는 이직하거나 직접 창업할까 생각 중이다.

하지만 틈새시장이든 일반 시장이든 비슷한 서비스를 제공하는 업체들이 차고 넘쳐서 어쩌면 고객을 확보하기가 쉽지 않겠다는 생각이 슬슬 들기 시작한다. 마음 한구석에는 경쟁자들보다 못할 것 없고, 오히려 훨씬 뛰어나다는 직감이 들지만 그걸 알아볼 사람은 자신뿐이다. 더욱이 경쟁 업체는 이미 시장에서 인지도를 쌓고 있다.

아무리 화려하게 치장해도 남들 눈에 잘 띄지 않을 것 같고, 경쟁자들을 물리칠 것 같지도 않다. 더 나은 제품이나 서비스를 제공할 수 있는데도 말이다. 이러면 정말 절망스러울 뿐이다.

하지만 뭔가 팔고 싶다면 자신의 장점을 충분히 발휘하여 어떻게든 비집고 들어가 제품을 선보일 시장을 찾아야 한다. 목표 충돌이 있더라도 스마트 가시성이 있으면 해결될 수 있다. 돋보이게 만드는 것 자체는 문제가 아니다.

돋보이는 것만이 능사는 아니다

디지털 영역에서도 가시성 자체만으로는 크게 쓸모가 없다. 아리아나 르네(Arianna Renée)의 사례를 살펴보자.

르네는 알아보는 사람도 많고 틈새시장에서 커다란 케이크 조각을 거머쥐었다. @Arii라는 인스타그램 계정의 팔로어가 260만 명이 넘는다. 그 많은 사람들이 르네를 팔로하는 이유는 눈길을 끄는 내용도 많고, 필요한 정보도 얻기 때문이다. 그렇다면 르네의 계정에서 특정 제품에 대한 정보를 전달하고 안내 기능을 활용해 팔로어들에게 해당 제품을 사도록 유도하는 것은 일도 아니다. 하지만 르네는 자신의 유명세와 가시성을 판매에 활용할 수 없었다.

그녀는 자기 이름을 내건 셔츠를 팔아보려고 했다. 하지만 셔츠 생산업체는 본격적인 생산에 앞서 어찌 보면 별것도 아닌 조건을 딱 하나 내걸었다. 사전에 셔츠 단 36벌을 팔아보라는 것이었다. 사전 판매가 이루어지면 초기 생산비도 충당하고 인터넷 스타가 시장에서 실제 영향력이 있음을 입증할 수도 있다. 팔로어가 200만 명이 넘는 아리아나 르네에게는 해볼 만한 일이었다. 그런데 상상도 못한 일이 벌어졌다. 막상 사전 판매에 들어가니 36벌조차 팔기 어려웠다. 제작은 물 건너갔고 르네는 이 경험을 토대로 좀 더 분발해야 한다는 교훈을 얻었다.[1]

그녀는 돋보이긴 했지만, 쓸모없이 돋보였다. 르네의 실패 원인은 긍정적인 측면으로 설명할 수도 있다. 넓게 보면 이 매체의 가시성에 인플레이션이 발생했기 때문이다. 고속 성장하며 많은 기업 광고를 달고 있는 성공한 채널들과 마찬가지로 인스타그램의 가시성도 부풀려진 탓이다.

초기 인터넷은 연구소를 떠나 세상에 첫발을 내디딘 이후로 오랫동안 다수의 수신자에게 다량의 정보를 전달하는 기존 미디어(신문, 책, 텔레비전, 영화, 라디오)와 마찬가지로 단방향 매체였다. 그러나 수년에 걸쳐 인터넷은 새로운 모델로 바뀌었고 오늘날과 같이 누구나 웹을 통해 정보를 전달할 수 있게 되었다.

블로그와 웹사이트를 통해 개인 콘텐츠를 세상에 발표할 수 있는 기회가 늘어났다. 이런 방식으로 인터넷은 점차 대화의 창을 열어나갔다. 페이스북, 인스타그램, 유튜브 덕에 거의 모든 사람들이 자신만의 주제와 신제품을 쉽게 선보일 수 있다. 페이스북의 전신 중 하나인 '마이스페이스(MySpace, 나만의 공간)'라는 이름처럼, 선보일 방법이 무궁무진한 자신만의 작은 정원인 셈이다.

그 결과, 12억 명에 이르는 인스타그램 열혈 사용자들이 자신의 콘텐츠를 가시화하려고 애쓰고 있다. 이러한 사용자들은 콘텐츠를 스크롤하는 데 하루에 1시간씩 소비한다. 피드, 스토리, '검색' 페이지와 해시태그 덕분에 순식간에 정보와 콘텐츠의 양이 불어난다. 자그마치 12억 시간이나 콘텐츠를 주고받고 가시성과 관심을 얻으려 노력해대니 그 양이 오죽하겠는가.

인스타그램 하나만으로도 이 정도 수준이다. 매일 10억 시간 이상을 유튜브에 올라온 영상 콘텐츠를 보고,[2] 구글에서 매일 약 58억 개

의 단어를 검색하며,[3] 18억 명이 매일 페이스북을 들여다본다.[4]

간단히 말해 많은 정보가 전송되고, 많은 채널이 단 하나의 핵심 성과지표(KPI, Key Performance Indicator)인 '조회 수(view)', 즉 가시성에 주안점을 둔다. 채널마다 조회 수를 세고, 콘텐츠 제작자가 조회 수를 수시로 볼 수 있다. 게시물을 일일이 항목별로 분류하여 사용자가 더 많은 조회 수를 끌어내고 확장할 수 있도록 독려한다. 이는 가장 중요한 측면, 즉 가시성을 위한 것이다. 게다가 매체의 모든 사용자는 조회 수, 팔로어 수, 도달 범위에 어느 정도 의존한다. "이 사용자는 팔로어가 많아서 크게 성공하겠군. 또 이 사람은 영상 하나의 조회 수가 10만 회에 달할 정도라면 부자가 됐겠지."

경제적인 관점으로 보면 가시성도 치솟는 인플레이션에는 무릎을 꿇는다. 은행이 동등한 가치의 금 등을 보유하지 않고 돈만 마구 찍어내면 돈의 가치가 하락하듯이 가시성도 마찬가지다. 가치를 보유하지 않고 가시성만 늘린다고 잠재 구독자의 관심을 붙잡을 수는 없다.

사람들은 특히 소셜미디어의 가시성과 사업의 성공을 동의어로 생각한다. 사용자들은 매체가 이끄는 대로 팔로어 수와 클릭 수에 관심을 더 가지게 마련이고, 또 가시성과 사업적인 성공의 실제 상관관계를 알지 못하기 때문이다. 사용자들은 즐겨 보는 채널의 팔로어들에 대한 투자수익률(ROI, Return on Investment) 같은 경제지표를 굳이 찾아보지 않고 그냥 팔로어가 많으면 성공하겠거니 생각한다.

하지만 대기업이나 성공한 인스타그램 계정의 팔로어 수에 기초한 이러한 가정은 안일한 추측에 지나지 않는다.

눈에 띄려는 것들이 너무 많아서 문제

이제는 이용할 수 있는 가시성이 넘쳐난다. 인스타그램뿐만 아니라 다른 채널에서도 가시성을 더 쉽게 더 많이 활용할 수 있다. 가시성의 경제란 가장 기본적인 경제 개념이지만 아리아나 르네를 골치 아프게 했던, 수요에 따른 가치와 공급의 상관관계로 이루어진다. 가시성이라는 상품은 구하기 쉬울수록, 특히 공급자가 많을수록 가치가 떨어지게 마련이다. 이처럼 공급 과잉에 따라 가치가 하락하는 현상을 인플레이션이라고 한다.

공급이 많을 때도 수요에 직접적인 영향을 미친다. 가령 모바일 페이스북은 게시물마다 1.7초간 관심을 받는다고 한다. 아리아나 르네가 내놓은 셔츠가 사용자 한 명에게서 평균 딱 그 정도의 관심을 얻는다는 뜻이다.[5] 상품을 구경하는 사람들한테 구매 충동을 불러일으키기에 충분하지 않은 시간이다.

하지만 요즘은 가시성을 더 쉽게 확보할 수 있고 더 예측 가능해져서 기업의 수익성도 더 높아졌다. 30여 년 전에는 유명인, TV 사회자, 베스트셀러 작가들만이 대중의 관심을 끌었지만, 오늘날은 인스타그램과 구글, 페이스북에서 자신이 원하는 일정에 맞춰 가시성을 구입할 수 있다.

하지만 가시성을 활용해도 곧바로 수익을 내기는 더 어려워졌다. 아리아나 르네가 직면한 문제도 바로 이런 것이다.

가격 하락은 판매자와 공급자보다 소비자와 구매자에게 더 반가운 일이다. 일례로 금은 원래 비싼 원료라서 보석으로 가공해도 비싼 가격에 팔린다. 원재료가 귀하고 가치 있으니 아주 단순하고 평범하게 가공해서 되팔아도 금의 가치는 여전하다.

그러나 각 가정집 수돗물에서 날마다 금을 몇 킬로그램씩 추출할 수 있는 값싼 여과 장치를 판매한다면 이미 시중에 나와 있는 금은 일제히 가격이 떨어질 것이다. 금이라는 상품이 시장에 차고 넘치게 되면 금과 여과 장치는 아무 가치가 없다. 마찬가지로 가시성과 가시성을 여과하는 장치들도 인터넷 때문에 가치가 하락했다. 단도직입적으로 말해 가시성을 원자재로 활용해도 제대로 정제되지 않는 한 즉각적인 가치 창출은 기대하기 힘들다.

성공한 인스타그램 사용자들이 가시성을 그렇게 많이 이용할 수 있다면(적어도 이론상으로는) 다른 모든 사람들도 그렇게 이용할 수 있으며, 그중 상당수는 이미 자신들에게 유리하게 이용하고 있다. 더욱이 이제는 특정한 개인이나 기관이 콘텐츠를 생산하고, 전 세계 인구가 그것을 소비하는 시대가 아니다. 지금은 모든 사람들이 생산자이자 소비자, 정보 발신자이자 수신자이다. 모든 메시지 하나하나는 이제 많고 많은 메시지로 구성된 백색소음의 일부이며, 따라서 곧 사라질 위험도 있다.

아리아나 르네는 가치가 훨씬 떨어지는 가시성을 생성하면 큰 도움이 되지 않을 것이므로 어떤 부분에서 더 분발해야 할지를 진지하게 고민해야 한다.

빈 수레가 요란한 것은 인스타그램도 마찬가지

'기존 미디어'에서도 이런 현상이 곧잘 나타난다. 저녁 시간대의 인기 프로그램에 등장하는 상품은 수백만 명에 달하는 시청자들에게 노출되었고, 주변에 경쟁할 다른 제품도 거의 없어서 보기 드문 가시성을 누렸다.

개인 채널과 방송이 등장하고 광고 규제까지 느슨해지면서 TV 광고의 가시성이 확장되었다. TV 광고와 단일 상품들이 같은 채널에서 점점 더 치열하게 맞붙었다. 가령 세제는 이제 상점 진열대뿐 아니라 TV에서도 소비자를 두고 경쟁한다. 예전 소비자들은 상점에 가서 어떤 물건을 살지 결정하곤 했지만, TV 광고는 이 모든 걸 바꿔놓았다. 이제는 대부분 거실에 앉아 TV 방송을 보면서 구매를 결정한다. 이로 인해 가시성이 마케팅의 처음이자 최우선 요소로 바뀌었다.

광고는 더욱더 창의적이고 다채로우며 궁극적으로 더욱 집요해졌다. 전에는 세제 광고가 '좋은 품질'을 내세웠다면, 이제는 '하얀색보다 더 하얗게'를 약속했다. 그러니 겨우 몇 해 만에 소비자들은 '싼 게 옳은 거야!(Tight is right!)'라거나 '나 호구 아니거든!(I'm not that stupid!)'(독일 가전제품 유통업체 자투른Saturn에서 내세웠던 2003년도 광고 슬로건 - 옮긴이)이라고 질러대는 TV 광고로[6] 귀가 얼얼해졌다. 이는 스마트 가시성이 아니라 요란한 가시성이다.

이런 현상이 한층 더 가열되던 때도 있었지만, 이제 그런 콘셉트는 서서히 사그라지고 있다. 특히 이런 유형의 TV 광고는 뒷방 신세로 전락하고 말았다. 게다가 라디오와 신문, 영화 등 주로 기존 미디어에 등장했던 광고들과 마찬가지로 TV 광고도 황금기가 지났다. 소셜미디어의 등장과 맞물려 광고 수입도 몇 년째 하락세를 면치 못하고 있다.

요즘은 단순한 가시성이 수익성 높은 비즈니스 모델의 근간이라는 본질적 가치의 정점을 벗어난 지도 오래되었다. 단순히 가시성만 있으면 수익이 창출된다는 생각은 곧잘 오류로 드러났다. 가시성을 더 많이 확보하거나 더욱더 요란하게 노출하려는 광적인 시도들도 실패로 돌아갔다.

이것은 일상에서도 일어나는 현상이다. 파티에 가면 큰 목소리와 과장된 몸짓으로 이야기를 늘어놓는 사람이 꼭 있기 마련이다. 말 그대로 관심을 끌려고 고군분투하지만 그들의 말에 귀를 기울이기는 점점 더 힘들고 불쾌하다.

하지만 누구나 귀 기울여 듣고 싶은 카리스마 넘치는 사람들도 있는 법이다. 심지어 그들이 입을 다물고 있을 때조차 말이다. 그들이 적절한 화제를 꺼내면 바늘이 떨어지는 소리도 들릴 만큼 모두가 한마디 한마디에 귀를 쫑긋 세운다. 어떤 이들은 시끄럽지 않다는 이

유로 끌기기도 한다. 그들이 흥미로운 유형의 가시성을 확보하여 다른 사람들과 각별한 관계를 형성하면 사람들은 그들의 콘텐츠를 서로 차지하려 든다. 발신자가 뜬금없이 자신의 가시성을 다른 사람들에게 강요하는 것이 아니라, 오히려 잠재 수신자들이 직접 발신자의 가시성을 찾아 나서는 일이 벌어진다.

이런 종류의 가시성을 추구하는 이유는 시끄럽지도 않고 물량 공세와 요란한 소음으로 사람들에게 억지로 제공하지 않기 때문이다. 이것을 스마트 가시성이라고 한다. 사람들이 원하며, 방해되지 않고, 독자적인 카리스마와 발신자의 관계를 기반으로 유지되는 가시성이다. 스마트 가시성은 대다수 회사에서 고객도 확충하고 모든 단계에서 독보적인 가시성을 확보할 수 있는 단연코 지능적인 방법이다. 따라서 가치도 높다.

태어나기 전부터 관심 집중

얼마 전만 해도 가시성은 광채를 내뿜는 소수의 신호에 집중됐다. 베스트셀러 저자 브렛 이스턴 엘리스(Bret Easton Ellis)는 《화이트(White)》[7]에서 지금을 가시성 제국이 종말을 고한 시대라고 묘사한다. 예전의 록 그룹은 팬들이 애타게 고대하던 신규 앨범을 내놓고 온갖 매체로부터 엄청난 관심 세례를 받으며 가시성을 확보했다. 대형 토크쇼에 초대받아 최신 앨범을 이야기하며 가시성을 최대한 얻곤 했다.

영화도 마찬가지였다. 제임스 본드(007) 시리즈는 신작이 나올 때마다 개봉 전후로 아직도 전통적인 미디어의 조명을 받는다. 같은 부류의 제국들이 소설 시장에서도 여전히 건재함을 자랑한다. 프랑스의 미셸 우엘벡(Michel Houellebecq)과 영국의 켄 폴릿(Ken Follett) 같은 작가들은 여전히 미디어의 각광을 받고 서평도 주류 신문에 발표된다. 가령 미셸 우엘벡이 최근 발표한 여섯 작품은 출간 직후 독일어권 국가에서 베스트셀러에 올랐다.

이들 '제국'은 고유의 역사와 강력한 브랜드의 동력에 힘입어 아직도 살아 숨 쉬고 있다. 아바(ABBA)의 신규 앨범 〈보야지(Voyage)〉를 예로 들어보자. 이 앨범은 더 이상 받을 수 없을 정도로 미디어의 조명을 받았다. 아바는 40년도 전인 1982년에 해체된 이후 새로운 프로젝트를 내걸고 눈에 띄는 활동을 거의 해오지 않았는데도 여전히 그들 제국의 후광에 힘입어 명성을 유지하고 있다.

비틀스의 앨범 〈렛잇비(Let it be)〉도 반세기를 거슬러 올라간 것처럼 발매 기념일을 맞아 미디어의 조명을 차고 넘치도록 받았다. 최근 출간된 폴 매카트니의 전기에는 비틀스 시절 그의 애창곡이 소개되어 있고, 디즈니가 제작한 시리즈에서는 〈렛잇비〉 앨범의 탄생 일화도 언급했다. 재편집한 〈렛잇비〉 앨범도 엄청나게 팔렸다. 발매된 지 50년이 지났는데도 이 모든 관심을 한껏 끌어모았다. 이렇듯 〈렛잇비〉 앨범은 오랜 세월에도 변함없이 고유의 가시성을 보유해왔고, 영원히 빛바래지 않을 듯한 발매 기념일의 결정체처럼 예전의 가시성에 다시 불을 지폈다.

이런 가시성을 오랫동안 유지하는 데 훌륭한 스토리텔링이 얼마나 도움되는지는 뒤에서 살펴보기로 하자.

007시리즈도 누구나 알 만한 영화로 자리 잡았기에 신작 개봉 소식을 늘 고대한다. 수십 년간 노벨 문학상 후보로 거론되어온 미셸 우엘벡의 예를 다시 들어보자. 그는 따끈따끈한 신작 ≪파멸(Anéantir)≫을 들고 나와 마지막 소설이 될 거라며 홍보했고, 마지막이란 말이 책의 매출을 올리는 데 큰 도움이 되었다.

이러한 가시성을 확보한 기념비적인 작품들은 점점 줄어들어 이제는 찾아보기도 힘들다. 요즘 (마블 시리즈를 제외하고) 극장가를 떠들썩하게 하며 가시성을 확보한 영화가 있는가? 〈매트릭스: 리저렉션(Matrix Resurrections)〉(4편)처럼 오랫동안 기다려온 영화들은 여전히 있다. 하지만 점차 손에 꼽을 정도로 줄어들고 기대를 한껏 모은다고 해도 과거의 영광에서 비롯된 경우가 많다. 매트릭스 시리즈의 첫 번째 영화는 지난 세기인 1999년에 나왔다. 이렇게 수십 년의 가시성을 근간으로 해야 속편이 그만큼 관심을 받는다.

하지만 신작 대부분은 거의, 아니 전혀 관심을 받지 못한다. 심지어 유명 배우들을 출연시키고 돈을 쏟아부은 블록버스터급 신작인데도 말이다.

이처럼 가시성이 잠식되는 현상은 음악 사업에서도 두드러진다. 그런 이유로 음악인들 대다수가 음악만으로는 먹고살기 힘들다. 불과 얼마 전까지만 해도 가수가 유명 TV 쇼에서 공연하면 수백만 명이 시청하고 여지없이 음반 판매로 이어지곤 했다. 가시성은 수익과 직결되었고 열혈 팬층을 형성했다. 주요 음반사들은 더 많은 방송과 가시성을 확보할 사전 준비를 마쳤을 것이다.

'우선 눈에 띄고, 돈은 나중에 벌자'가 공식이었다.

요즘은 그 반대이다. 눈에 띄는 사람들만이 성공을 차곡차곡 쌓을 수 있고, TV쇼에 초대되며 돈을 벌 수 있다.

독일 만하임에 있는 팝 아카데미의 음악 및 크리에이티브 산업부장 후베르트 반조(Hubert Wandjo)는 "주요 음반사와 진짜 돈 되는 음반을 계약하려면 그룹이든 솔로 가수이든 팬층이 미리 확보되어 있어야 해요"[8]라고 말한다. 그는 가시성을 아직 창출하지 못한 젊은 아티스트에게 차라리 자신만의 음반사를 직접 차리라고 조언한다.

기본 개념은 명확하다. 이전에는 제품 자체가 충분히 관심을 끌었고 다수에게 제품을 선보일 수 있는 매력적인 공공 채널이 있었다. 그런 제품은 애쓰지 않아도 잘 팔렸다. 오늘날은 고객을 대상으로 가시성을 먼저 구축해야 매출로 이어질 수 있다.

가시성은 사라지지 않는다, 다만 쪼개질 뿐이다

도대체 시청자들에게 무슨 일이 일어난 걸까? 단지 시청자의 관심이 사라지고 멀어져갔기 때문일까?

가시성이 떨어진 이유는 여러 가지 있지만, 기본적으로 유명 브랜드, 제품, 시스템이 훨씬 잘게 쪼개졌기 때문이다. 높은 진입 장벽이 무너졌기 때문에 이제는 틈새 가시성을 누구나 이용할 수 있다. 누구나 가시성을 훨씬 쉽게 확보할 수 있다는 말이다. 관심을 끄는 데 더 이상 제국이 필요 없다는 사실은 매우 좋은 소식이다.

예전에 장편 영화는 워너 브라더스, 유니버설 스튜디오, 디즈니 같은 대형 제작사에서 만들었다. 제작 비용을 감당하기 어렵고, 고객에게 도달하는 채널들도 하나같이 진입 장벽이 높고 비쌌다. TV 광고를 하거나 영화관에 배급하려면 큰돈이 들었다. 게다가 할리우드 스타들은 출연한 영화마다 흥행에 성공했기에 터무니없는 출연료를 요구했다. 따라서 대형 영화사들만 블록버스터 영화를 제작할 수 있었다.

요즘은 아이폰만 있어도 간단한 영화는 촬영하고 편집도 바로 할 수 있다. 물론 대형 제작사의 수준과 견줄 수 없지만 가성비는 확실히 좋다. 콘텐츠가 좋고 시청자가 새로운 가시성 채널에 폭넓게 연결되어 있다면 영상 기술의 수준은 더 이상 성공 요인이 아니다. 또한 기술적으로 떨어지는 영상도 접속을 제한하지 않으면 수백만 시청자에게 분 단위로 빠르게 전송될 수 있다.

유튜브, 인스타그램, 페이스북, 틱톡은 대형 TV 채널보다 더 많은 시청자에게 도달할 수 있으며, 영화관처럼 값비싼 진입 장벽에 가로막히지도 않는다.

그렇다면 이런 파편화가 애초에 왜 일어났고, 어쩌다 발신자와 수신자가 프로슈머(prosumer, 생산자와 소비자의 합성어로 제품 개발에 소비자가 직간접적으로 참여하는 방식 – 옮긴이)로 통합된 걸까? 그 이유는 인터넷 태동기부터 이런 문제를 다뤄온 이른바 롱테일 이론(long-tail theory, 소득 분포 하위 80%에 속하는 다수가 상위 20%에 속하는 소수보다 뛰

어난 가치를 만들어낸다는 이론 - 옮긴이)에 뿌리를 두고 있다.[9]

롱테일 이론에 따르면 유명 스타, 쇼, 제품들을 받아들이는 이유는 단순히 대안이 없기 때문이다. 일례로 독일은 인터넷이 상용화되기 한참 전인 1980년 중반까지 연방 주마다 ARD, ZDF, 제3방송(Das Dritte, 지역방송), 3개의 TV 방송국이 있었다. 시청자들은 이들 방송국에서 내보내는 프로그램 외에 다른 대안이 없었기에 〈내기할래요?(Wetten, dass..)〉 같은 프로그램이 인기를 끌었다.[10] 이런 프로그램은 많은 시청자를 확보하기 위해 10세부터 75세 이상의 노인까지 무리 없이 볼 수 있는 내용으로 만들어졌다.

동시에 프로그램도 절충해야 했다. 넓은 시청자층에 맞춰야 하기 때문에 특별한 관심사를 다루거나 특정 집단을 대상으로 할 수 없었다. 그렇게 하고 싶다면 비주류 프로그램으로 다루거나 나중에 틈새 채널을 이용해야 했다. TV는 개별 시청자와 관련된 주제를 세세히 다루는 게 아니다 보니 관련성에 문제가 있었다. 가령 토요일 밤에 프로그램을 보다가 중간에 재미없는 내용이 나와도 참고 보면서 좀 더 재미있는 장면이나 주제로 빨리 넘어가기를 바라는 수밖에 없었다.

민영 TV가 생기자 변화가 일어났다. 채널 수가 2배로 늘어나면서 프로그램도 다양해졌고 시청자도 분산되었다. 그러다 보니 채널마다 시청률도 떨어지면서 곧바로 각 채널의 가시성에 영향을 미쳤다. 시청자들은 처음으로 더 많은 대안을 손에 넣게 되었다. 케이블과 위성으로 연결된 수백 개의 틈새 채널을 볼 수 있었다. 틈새 채널이 새로 생길 때마다 도달 범위는 훨씬 감소했지만, 채널마다 관련성은

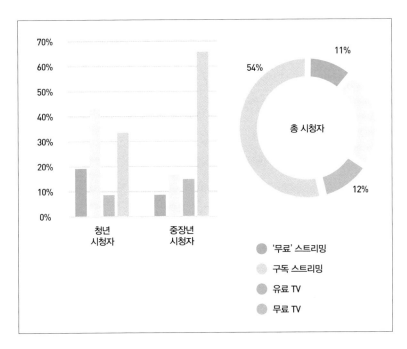

독일의 시청 시간 분포. 전통적인 TV 프로그램의 시청자, 특히 젊은 시청자(16~29세) 수가 점점 줄어들고 있다. TV는 하나같이 젊은 시청자와는 무관한 콘텐츠를 내보내는 공통점이 있다.

출처: 롤란트 베르거(Roland Berger, 독일 전략 컨설팅 회사)의 통계를 바탕으로 한 도표 원본[11]

증가했다.

그 후 유튜브가 동영상의 풍경을 바꿔놓았다.

- 유튜브 채널 수는 거의 무한하고 관련성은 상당히 높아졌다. 폴로나 난초에 관심 있는 사람들은 일반적으로 표준 채널에서는

관련 프로그램을 찾지 못한다. 하지만 유튜브에서는 다양한 콘텐츠로 자신만의 프로그램을 구성할 수 있다.

- 동영상은 동시에 방송되는 동기방송(同期放送, 같은 계열의 복수 방송국에서 사용하는 주파수를 동기화하는 방송 – 옮긴이)의 틀에서 벗어났다. TV 프로그램이 근무 시간에 방영되거나 2가지 프로그램이 같은 시간대에 방영되는 경우 시청자들은 선택해야 했다. 유튜브 채널과 같은 비동기식 방송 형태에서는 그럴 필요가 없다.

- 동시에 한 자리에 있을 필요가 없다. 이전에는 TV를 거실이나 침실에서만 볼 수 있었지만, 유튜브 채널은 스마트폰만 있으면 어디서나 볼 수 있다.

- 인터넷 사용자들 간에 상호 교류가 증가하고 있다. 댓글을 달거나 질문을 올리거나 관심사가 같은 친구에게 영상을 전달할 수 있다.

- 인터넷 상거래와 채널이 하나로 합쳐지면서 구매 체인이 간소화되었다. 이러한 점은 때로 간과되거나 과소평가되기도 하지만 처음으로 가시성이 매출로 직접 연결되고 수치화될 수 있었다. 이전에는 시청률만 수치화할 수 있었기에 광고에 나오는 제품을 얼마나 많은 사람들이 봤는지를 측정할 뿐이었다. 고객이 제품을 구매하려면 매장에 가거나 전화로 주문했다. 인터넷의 도입으로 상황이 바뀌었다. 링크를 걸어두면 영상을 보면서 바로 구매할 수 있다. 가시성이 충동구매로 전환되는 것이다.

TV는 롱테일 방식의 단적인 사례이지만, 앞서 언급한 제국의 몰락도 가시성이 영향을 미치는 거의 모든 분야에서 감지된다. 예전에는 음반을 진열할 선반이 얼마 없다 보니 음반 매장에 방문하는 연주가와 아티스트가 몇 명 되지 않았다. 하지만 요즘은 주로 스포티파이에 힘입어 수없이 많은 야심 찬 아티스트들이 청중에게 다가갈 수 있는 길이 열렸다.

여기서도 패턴은 뚜렷하다. 옛날 슈퍼스타들은 다재다능하고 수많은 청중을 잡아끄는 매력도 있어야 했다. 그러지 못하면 메이저 음반사와 계약하지 못하고 작품은 골방에 처박히게 마련이었다. 팬들도 슈퍼스타에게 맞춰줘야 했다. 스포티파이가 헤아릴 수 없이 많은 신인 아티스트의 플랫폼을 구축할 때까지는 그랬다. 노래 한 곡의 청취자가 겨우 몇백 명밖에 안 된다 한들 자기 취향에 딱 맞는 작품을 찾아낸 팬들은 더 이상 타협하지 않는다.

케이크는 이제 수없이 작은 조각으로 나눠지고 있다. 1984년에는 신곡이 연간 5만 5천 곡 발표되었지만, 지금은 인터넷에 새로운 노래가 매일 5만 5천 곡씩 올라온다.[12] 이 정도로 난립하다 보니 상당수의 신곡은 빛을 보지도 못하고, 대다수 아티스트는 인터넷을 판매에 활용할 엄두도 못 낸다.

대형 영화 제작사도 치열한 경쟁을 피할 수 없다. 할리우드 슈퍼스타를 내세우면 가시성이 최대한 보장되던 시절도 있었다. 슈퍼스타는 요즘도 건재해서 쿠엔틴 타란티노 감독의 최신 영화라면 미디어의 관심을 한껏 끌어모을 게 뻔하다. 하지만 수많은 시리즈물도 이제는 만만치 않은 경쟁 상대로 부상했고, 개중에는 넷플릭스, 아마존 프라임, 디즈니 플러스, 스카이 등 스트리밍 제공업체에서 돈을 쏟아부어 내놓는 양질의 작품들도 있다.

처음에는 단지 영화를 보여주는 채널로 출발한 스트리밍 업체들이 이제는 콘텐츠 제작사와 영화 스튜디오로 성장했다. 각종 시리즈물을 다양하게 선보이는 스트리밍 업체들의 역량은 가히 가늠하기 어려울 정도이다. 하지만 시리즈물에 출연해 가까스로 팬들에게 얼굴을 알린 배우들은 시리즈 마감과 함께 까맣게 잊히는 경우가 많다. 아무튼 이제는 제작비도 덜 들고 배우들 출연료도 크게 낮아서 할리우드 영화에 비해 훨씬 저렴하다.

시리즈물이 성공하려면 이제는 고객의 관점을 더 고려해야 한다. 주요 장편 영화는 발 디딜 틈 없이 관객이 들어차야 하므로 제임스 본드 같은 주인공은 로맨스와 액션을 아슬아슬하게 넘나들어야 한다. 한편 특정 주제의 시리즈물은 한 장르만을 공략해야 관객의 요구에 한층 더 부합할 수 있다.

그러나 과거 위대한 제품 제국들의 가시성은 실물 상품에서도 하락세가 뚜렷하다. 예컨대 닥터 외트커는 독일어권 국가에서 100년 이상의 역사를 자랑하는 유명 식품 가공업체이다. 이곳에서 출간한 요리책 ≪닥터 외트커 제빵 책(Dr. Oetker-Backbuch)≫은 1911년 이후 1,900만 권 이상 팔렸으며, 세계에서 가장 성공한 제빵 책으로 600쪽에 달하는 방대한 분량에 다양한 요리법이 실려 있다.[13]

닥터 외트커는 독일의 거의 모든 부엌에 완벽하게 들어맞는 가시성을 확보했지만, 회사를 지탱해주던 이러한 가시성도 이제는 치열한 경쟁을 피할 수 없다. 온라인 서적 판매가 주를 이루면서 틈새시장을 공략한 요리책이 더 얇게 출판되고, 자가 출판 추세에 발맞춰 고객이 주문한 책을 한 권씩만 인쇄하는 독일의 비오디(BoD)나 이퍼블리(epubli) 같은 주문형 출판사도 틈새 요리책을 내놓고 있다.

더구나 요리법을 책에서만 찾을 수 있는 건 아니다. 유튜브 채널, 인스타그램, 요리 프로그램, 요리 관련 앱에 수없이 많은 요리법이 있다. 레몬 케이크를 만들고 싶으면 인터넷에서 요리법을 찾아보면 된다. 서적 제국의 가시성이 수많은 채널로 조각조각 세분화된 셈이다.

조금 특별한 요리법들은 목표 집단과 깊은 관계가 있다. 예를 들어 채식에 글루텐이 함유되지 않는 요리법을 찾고 있다면 전문가의 제안이 담긴 요리책이 더 좋은 선택이다.

결국 전체적으로 보면 고객들이 요리법을 덜 찾는 것이 아니라 시장이 그저 더 많은 요리 채널로 분할된 것뿐이다.

갈수록 늘어나는 고객의 요구

롱테일 현상이 진행되면서 고객들은 예전의 대박 제품과는 전혀 다른 더더욱 적합하고, 적절하고, 관련성 깊은 제품을 구매한다. 이런 제품일수록 더 높은 품질을 유지하며 제품의 콘텐츠는 물론 제품을 접하고 경험할 기회도 많다.

안목 있는 소비자들은 온갖 제품 세계의 일원이 되고 싶어 한다. 단순한 필터 커피는 성에 차지 않으니 집에서는 캡슐로 다양한 특제 커피를 내려 마신다. 스타벅스가 정성껏 마련한 커피의 세계를 느끼며 자기 이름이 표기된 컵에 갓 끓여 내온 차이 라테를 맛보기도 하고, 주변 분위기에 젖어 한껏 기분을 내본다. 필터 커피로는 꿈도 꿀수 없는 경험이다 보니 스타벅스 커피값이 어마어마하게 오르기도 한다.

쏟아지는 구애 속에서 자기 이름까지 표기된 자기만의 커피를 기대하는 고객은 이제 홍보용 가시성에 쉽게 넘어가는 단순 수령인이 아니다.

이런 태도는 온라인 세계에서 처음 등장했다. 고객들은 가시성이 쌍방향으로 작동하고, 게시물에 댓글을 달고, '좋아요'를 누르고, 등급을 매길 수도 있다는 사실을 깨달았다. 그들은 제품이라는 우주의 주인공이 되어 목소리도 부여받았다. 아마존은 더 이상 제품의 제공자로 머물 수 없게 되었다. 제조업자가 원하든 원치 않든 고객은 제품을 평하고, 그것을 친구들과 공유하고, 또 제품에 대한 불만을 회사의 인스타그램이나 페이스북에 올린다.

그들은 가장 좋아하는 넷플릭스 시리즈에 직접 별점을 매기거나 댓글을 남긴다. 일부 스트리밍 업체들은 고객의 즉각적이고 직접적인 경험담을 듣기 위해 시리즈물 전체를 완성해서 내놓는 게 아니라, 실험용 방송분을 먼저 내보낸다. 이렇게 해서 회사의 핵심성과 지표(평균 시청자 유지율처럼 시청 시간이나 영화 조기 종영, 혹은 댓글이나 등급 등으로 측정)가 떨어진다면, 전체 시리즈가 중단된다.

기존의 영화와 TV는 바로 이런 점에서 계속 뒤처지고 있다. 지금을 쏟아부어 장편 영화라도 만들려면 완성도 있게 제작해야 하고, 제작팀은 그런 작품성이 관객에게 전달되기만을 고대한다. 그러면 그제야 비로소 영화관의 매출을 장담할 수 있는데, 이처럼 영화의 수익성 여부는 너무 늦게 판가름 난다. 기존 미디어 채널은 직선적으로 고객에게 전달만 하고 고객의 피드백은 받지 않는 단방향 소통 방식이라 고객들의 사전 관람 취소 같은 초기 신호들을 놓치고 만다.

영화제나 개봉 기념 레드카펫 행사에서나 겨우 볼 수 있었던 유명 영화배우들이 거만을 떠는 시대는 끝났다. 그래도 시리즈물 팬들은 배우들과 연결되어 있다는 느낌 정도는 갖는 편이다.

비슷한 현상이 음악계에도 불고 있다. 대표곡 '크러쉬(Crush)'로 멀티 플래티넘(multi-platinum, 200만 장 이상 판매 - 옮긴이)의 쾌거를 이뤘던 제니퍼 페이지는 한때 세계적으로 알아주는 유명 가수였다. 하지만 이제는 크라우드펀딩으로 제작비를 긁어모아 최신 앨범을 겨우 마련하는 인디 아티스트로 전락했다고 말했다. "저는 가수가 신비주의 전략을 써야 매력을 극대화할 수 있다고 여기던 음악 산업계와 더불어 성장했어요."[14]

기껏해야 소수 팬에게만 알려져 있는 신세대 아티스트나 슈퍼스타라고 해도 훨씬 개방적으로 팬들에게 자신을 드러내며 새로운 수익을 창출한다. 독일의 뉴스 프로그램 〈타게스샤우(Tagesschau)〉는 사업 규모가 수십억 달러에 이르는 케이팝을 기사로 다뤘다.

"라이브스트림, TV 출연, 인터뷰 등 '아이돌'로 통하는 케이팝 스타들과 한층 더 가까워지는 방법이 많아요"라고 케이팝 팬인 은두과

(Ndugwa)가 말한다. 유료 앱에는 '무대 밖' 영상이 업로드되고 팬들은 가상공간에서 좋아하는 아이돌과 점심을 먹거나 그들에게 사생활에 관한 질문도 한다.

음악학자 미하엘 푸어(Michael Fuhr)는 이렇게 지적한다. "팬들과 디지털 공간에서 소통하고 그들의 참여를 끌어내는 것이 케이팝 그룹의 주요 성공 요인입니다. 가짜 친밀감(pseudo-intimacy)을 만들어 내는 거죠." 은두과는 "심지어 팬들이 편히 잠들 수 있게 그룹 멤버들이 속삭이는 소리를 담은 특별 음성 녹음 파일도 있어요"[15]라며 시장이 거대해졌다는 말로 마무리했다.

정액제: 콘텐츠의 가치 절하

가시성의 파편화로 인해 기존에 콘텐츠로 돈을 벌었던 이들은 중대한 변화를 맞게 되었다. 최저 수수료만 받고 콘텐츠를 재생해주는 정액제가 확산한 것이다.

가령 매달 소액 결제를 하면 음원 플랫폼 스포티파이를 구독할 수 있다. 영화관에 한두 번 가는 비용이면 수백 편의 고품질 시리즈를 갖춘 넷플릭스를 구독할 수 있다. 한때 비쌌던 고품질 학습 동영상을 이제는 유튜브에서 무료로 시청할 수 있다.

소프트웨어도 인플레이션의 타격을 받고 있다. 몇 년 전만 해도 고품질 그래픽이나 회계 애플리케이션의 구매 비용이 만만치 않았다. 이제는 신생 기업의 (종종 혁신적이고 사용법도 쉬운) 앱을 깔아 소액으로 이용할 수 있다.

이러한 콘텐츠 인플레이션은 채널의 가시성을 얻는 기회가 될 수도 있다.

군것질 콘텐츠-집중력이 금붕어 수준

고품질의 콘텐츠가 넘쳐나다 보니 시청자는 더욱 만족할 줄 모르고 참을성이 없어졌다. 400유로나 주고 복합 프로그램을 구매했을 때는 새로운 기능을 차근차근 익혔건만 무료 앱을 쓰고 나서는 진득하게 살펴보지를 못한다. 테스트 버전으로 나온 무료 그래픽 앱은 직관적이지도 않고 사용하기도 어려워 바로 삭제하기 일쑤이지만 또 다른 무료 앱을 사용하면 그만이다.

스포티파이 노래들은 더욱 짧고 간결해지고 있다. CD나 레코드판은 한번 사면 음반에 담긴 곡들을 지겹도록 들었지만, 스포티파이 이용자들은 곡을 들어보고 맘에 들지 않으면 클릭 한 번으로 다음 곡으로 넘긴다. 몇 초 이상은 집중하기 어렵기에 노래 하나를 몇 초씩밖에 듣지 않는다.

독일 주간지 〈디 차이트(Die Zeit)〉는 이러한 경향에 쓴소리를 날렸다. "오늘날 부모들은 어느 때보다 힘들다. 틱톡에 접속한 아이들이 노래 한 곡의 같은 소절을 15초간 무한 반복으로 듣는 게 다반사다. 틱톡에서는 클립 다음에 또 클립이, 챌린지 다음에 또 챌린지로 반복해서 같은 노래를 무한 재생하니 부모는 신경이 거슬릴 수밖에 없다. 게다가 인기곡으로 부상하는 방식이 바뀐 만큼 대중음악의 창작 방식도 바뀌고 있다."**16**

여기서도 콘텐츠 인플레이션이 나타나고 콘텐츠의 가치가 절하되어 예술가들이 저작권료로 수입을 기대하기가 어려워졌다. 가시성은 지나치게 파편화되고 맥락에서 벗어나게 되었다. 15초 동안의 짧은 관심만으로 어떤 곡이 히트할지 결정된다. 이는 전략적으로 계획하고 반영해야 하는 가시성 캠페인에도 상당한 영향을 미친다.

정액제로 전 세계의 잡지를 제공하는 스웨덴 플랫폼 리들리(Readly)나 월정액으로 책을 내려받아 읽는 아마존의 킨들 언리미티드(Amazon Kindle Unlimited)도 마찬가지다.

개개인들이 다양한 화면으로 볼 수 있게 되면서 콘텐츠 인플레이션은 더욱 심해졌다. 예전에는 TV가 거실에 하나뿐이었지만, 이제는 집 안 곳곳에 스마트폰, 아마존 킨들 같은 서적 단말기, 아이패드, 노트북 등 화면이 많다. 요즘은 TV 프로그램이나 넷플릭스를 보면서도 스마트폰으로 추가 정보를 검색한다거나 메시지를 주고받는다(이를 멀티 화면이라고 한다).

하나의 콘텐츠에 대한 집중도가 현저히 떨어지면서 영화나 시리즈 감상이 주된 시청이 아니라 뒷전으로 밀려나기도 한다. 개인 화면의 높은 영상 밀도와 편집 속도도 집중 시간을 떨어뜨린다.

독일의 막스플랑크 인간개발연구소(Max Planck Institute for Human Development)의 연구원들은 이 주제를 파고들어 집중 시간의 감소세를 조사했다. 주로 블록버스터 영화나 베스트셀러 서적, 소셜미디어 주제 등의 콘텐츠가 얼마나 오랫동안 대중의 관심을 받으며 높은 가시성을 유지하는지에 초점을 맞췄다. 연구원들은 지난 40년간 영화 관람, 지난 100년간 서적 판매 부수에 관한 자료를 수집했다.

연구 결과 평균 집중 시간이 현저히 줄어들고 있다는 것이 확인되었다. 인기 있는 주제나 사건에 초점을 맞춘 트위터의 해시태그는 이러한 경향을 제대로 보여준다. 2013년에는 연관 트위터 해시태그가 상위 50위에 머무르는 시간, 즉 사람들에게 보여지는 시간이 17.5시간이었다면, 3년 후에는 11.9시간으로 줄었다.

할리우드 블록버스터와 베스트셀러에도 유사한 파장이 일고 있다. "연구소의 데이터에 따르면 대중이 개별 주제와 콘텐츠에 관심을 보이는 기간이 계속 짧아지고 있다. 동시에 관심사도 한 주제에서 다른 주제로 훨씬 빨리 변하고 있다"[17]라고 막스플랑크 연구소의 해당 연구 저자인 필리프 로렌츠 스프린(Philipp Lorenz-Spreen)은 말한다.

이런 이유로 요즘 콘텐츠를 '군것질 콘텐츠'라고 부른다. 이를테면 에너지바처럼 든든하거나 영양가가 있지도 않으면서 쉽게 먹어 치울 수 있는 콘텐츠를 말한다.

'집중력이 금붕어 수준'이라는 제목으로 대중매체의 1면에 보도된 유명한 마이크로소프트의 연구도 깜짝 놀랄 만한 결론을 보여준다. 시청자들의 평균 온라인 집중 시간이 금붕어의 집중 시간보다 짧다는 것이다.

고객에게 콘텐츠를 전달하는 데이터 전송 수단도 개별 트랙에 대

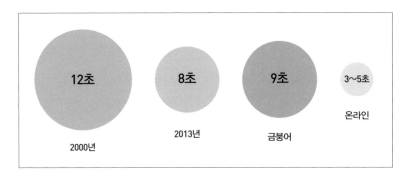

마이크로소프트의 연구 결과: 2000년과 2013년에 인간의 평균 집중력 지속 시간은
각각 12초와 8초이다. 금붕어의 집중 시간은 9초인 데 반해 인간이 온라인에서 집중
하는 시간은 3~5초에 지나지 않는다.

출처: 마이크로소프트 연구 보고서의 데이터를 바탕으로 도식화[18]

한 집중 시간을 결정하는 데 상당히 영향을 끼친다. 일례로 CD에는
78분 분량의 곡이 수록되고 곡 하나의 길이도 그에 맞춰 정해진다.
라디오 방송국은 3분 길이의 노래를 내보내는 것을 선호하는데 그
래야 광고를 충분히 넣을 수 있기 때문이다. 그래서 대부분의 곡들
이 3분 길이로 만들어진다.

　요즘은 어떤가? 특히 음악 산업을 지배하는 스포티파이는 결정적
요인으로 작용한다. 스포티파이가 곡에 대한 저작권료를 아티스트
에게 내면, 해당 곡을 최소 30초 재생할 수 있지만, 재생 시간이 그보
다 길다고 해서 아티스트에게 그만큼 저작권료가 더 돌아가는 것도
아니다. 그래서 될 수 있으면 짧은 곡을 많이 만드는 것이 사업적으
로 더 유리하다. 시장 전문가는 향후 10년 안에 한 곡당 길이가 1분

으로 짧아질 수 있다고 예측했다.[19]

이러한 경향은 영화 산업에서도 두드러진다. 기존 극장판 영화의 상영 시간이 90분 정도라면 요즘 스트리밍용 시리즈물은 20~40분 정도의 짧은 에피소드로 나뉜다.

이것은 디지털 가시성에 즉각적으로 반영된다. 핵심으로 곧장 직진해야지, 그렇지 않고 온라인 집중 시간이 고작 5초인 시청자를 계속 붙들어둘 마땅한 동력을 얻지 못하면 아무리 가시성이 좋은 캠페인이라도 실패하고 만다.

> 그래도 좋은 소식이 있다. 자신의 가시성 문제를 전략적으로 접근하고 관련성 있는 콘텐츠를 내보낸다면 집중 시간이 상당히 길어질 수 있다. 구독자들이 아무렇지도 않게 1시간씩 시청하고, 관객의 기대치도 높고, 올라온 지 몇 분 되지도 않아 인기몰이를 하는 유튜브 영상들이 있다.

유효 슈팅은 중요하지 않다, 골을 넣어라

가시성의 가치가 떨어지고는 있지만, 가시성 본연의 가치나마 확보하지 못하는 기업은 생존할 수 없다. 아무튼 가시성은 제품이나 콘텐츠의 잠재 소비자에게 다가가는 유일한 방법이며, 소비자에게 보여져야 비로소 적합한 비즈니스 모델로 거듭난다. 하지만 갈수록 늘어나는 볼거리로 짧아진 시청자들의 집중 시간을 붙들어 매려면 가시

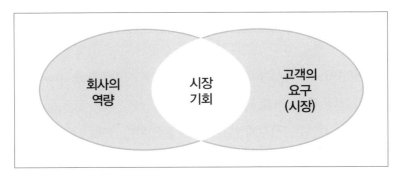

시장 기회는 회사의 역량과 고객의 요구가 겹쳐지는 지점에서 나타난다.

출처: 도표 원본

성을 정제해야 한다.

가시성만이 시장에서 새로운 기회를 창출한다. 가시성이 어떻게 비즈니스 모델로 전환되는지 이해하려면 바로 이러한 관계를 자세히 들여다봐야 한다. 특정 형태의 가시성이 시장 기회를 창출하지 못하거나, 비즈니스 모델로 전환되는 기회가 턱없이 부족하다면, 가시성 없이도 시장 기회가 나타나는지 확인해야 한다.

경제학에서 '시장 기회'란 서비스나 제품을 만들어내는 회사의 역량과 회사가 충족하고자 하는 고객의 요구가 서로 맞아떨어지는 지점에서 창출된다.[20] 고객의 요구에 부합하는 제품으로 무장한 회사가 시장 기회를 잡을 수 있다는 말이다.

그러나 여기까지는 아직 모호한 기회에 불과하기에 기업의 성공이라는 측면에서는 절반의 진실일 뿐이다. 축구가 그렇듯이 승리는 기회를 더 많이 만드는 팀이 아니라 골을 더 많이 넣는 팀이 거머쥐는 법이다.

고객의 요구와 회사의 역량 및 제품이 서로 겹치는 부분이 많을수록 시장 기회도 늘어난다. 그러므로 이론상으로는 양쪽을 다 살펴본 다음 둘을 최대한 가깝게 연결해야 훌륭한 시장 기회가 생긴다. 이는 누구나 아는 사실이다.

그러나 이 모델은 시장 기회를 포착할 수 있느냐의 문제를 해결하기 위한 훌륭한 토대가 된다. 회사는 수요가 많은 것을 생산하는 데 각별한 관심을 기울이고, 재빨리 눈에 띄도록 홍보하며, 동시에 역량을 다해 제품을 생산하고 고객의 요구와 겹치는 부분도 직접 살펴봐야 한다.

회사가 뭘 만들 수 있는가?

먼저 시장 기회를 창출하는 요소들을 하나씩 살펴보고 스마트 가시성을 반드시 확보해야 하는 이유와 방법을 알아보자. 회사의 제품이란 회사의 역량, 즉 회사가 성취할 수 있는 것을 말한다. 각 제품에는 결과적으로 시장 기회를 결정하는 데 도움되는 속성들이 있다. 간단히 살펴보면 다음과 같다.

품질 주로 고객의 기대를 충족하는 것으로 고객과의 중요한 연결 고리다. 제품은 고객의 문제를 훌륭하게 해결할 수 있다. 말하자면 그런 문제를 안고 있지 않은 고객이라면 해당 제품을 구매하지 않을 것이다.

문제 해결 능력 고객은 당연히 제품이나 서비스로 문제가 해결될 것이라고 가정할 때 비로소 비용을 지불한다. 여기서 문제의 크기와 솔루션의 특이성은 문제 해결의 지름길을 고객에게 제공하는 만큼 중요한 요소이다.

생산 또는 기술 품질 가령 몽블랑 만년필은 다른 어떤 요소보다 회사의 기술력으로 진가를 인정받으며, 메르세데스 벤츠는 '최고가 아니면 아무것'도 팔지 않는다는 슬로건을 내세운다.

이용 가능성 고객이 조금이라도 이용할 수 있는가? 또 원하는 사람은 모두 이용할 수 있는가?

통합 품질 고객이 제품을 자신을 위해 사용할 수 있는지에 관한 문제이다. 예를 들어 역대 최고의 성능을 지닌 배터리라도 그것을 사용할 기기가 없는 사람은 구매할 리 없다.[21]

> 하지만 제품 자체, 제품의 모든 성능 데이터, 고객을 위한 문제 해결력은 제품이 잠재 고객의 눈에 띄지 않는 한 시장에 존재하지 않는 셈이다.

이런 속성들은 제품에 아로새겨져 있을 뿐이며, 고객과 상호작용 없이는 쓸모도 없고 눈에 보이지도 않는다.

어찌 보면 사업적 수완이란 어설픈 땜장이가 부리는 솜씨다. 기술 성능에는 크게 집중하는 반면 해당 시장은 고려하지도 않고 개발되는 제품을 엔지니어 주도형 제품이라고 한다. 이런 제품에는 위험하리만큼 비(非)고객 중심으로 가시성에 접근하려는 함정이 숨어 있다. 이런 개발 방식은 여러모로 시대에 뒤처진 낡은 방식이긴 하지만 그만큼 유혹적이기도 하다.

독일 제품은 주로 공학 기술이 주도하는 측면이 강하다는 인식이 저변에 깔려 있다. 독일의 기계공학은 세계 최고의 정밀성과 성능을 자랑한다. 하지만 요즘은 완성도가 떨어져도 재빨리 출시되는 제품이 대세다.

오늘날의 경제는 정보를 날로도 이용하지만 구조화하고 결합하여 이용하는 추세이며, 이런 추세는 앞으로 더욱 거세질 것이다. 또 세계적으로 가장 성공하고 높은 평가를 받는 기업들은 이처럼 정보를 자유자재로 활용하여 가치를 창출한다. 이는 구글과 테슬라, 애플도 마찬가지다. 특히 테슬라는 뛰어난 정밀성과 제품의 기술적 우위만으로는 설명하기 힘든 괴이할 정도로 높은 주식 가치로 연이어 놀라움을 안기고 있다. 테슬라와 구글은 기꺼이 고객의 요구를 파악하고 집중하여 허용 오차 범위 내에서 신속하게 제품을 시장에 내놓는다.

하지만 본질적으로 정보와 관심을 거래하는 경제는 강철이나 선적 화물보다 원자재에서 가치를 창출하는 속도가 훨씬 빠르기에 요즘은 품질에 대한 압박이 드문 편이다. 이제 제품은 번개처럼 빠르게 전 세계를 돌아다닌다. 그리고 모두가 발신자인 시대에 살고 있기 때문에 다른 품질 기준도 수용할 수 있게 되면서 생산 주기도 짧아졌다. 고정밀 강철 성형을 완성도 있게 내놓으려면 독보적인 정밀성을 가진 기계가 있어야 한다. 하지만 시시때때로 업데이트가 가능한 스마트폰 앱은 품질 표준이 낮아도 상관없다.

고객은 뭘 원하는가?

고객의 요구란 고객이 뭔가 부족한 상태에 있다는 말이다. 고객의 문제는 두통이나 대출 등 부정적인 문제일 수도 있고, 개인적인 발전이나 자녀에게 줄 생일 선물 같은 긍정적인 문제일 수도 있다.

하지만 기존의 해결책에는 늘 빈구석이 있다. 그 빈틈을 메워줄 더 좋은 해결책을 바라는 마음에서 고객의 요구가 생겨난다.

고객이 '부족한 상태'에 있을수록, 즉 고객의 문제가 심각할수록, 또 회사의 제안이 '솔깃'할수록 제품과 제안이 고객에게 다가가기 쉽고, 그토록 바라던 시장에서 성공할 수 있다. '솔깃한' 제안이란 제품의 특성이라고 할 수 있다. 제품의 특성이 고객의 요구에 잘 들어맞으면 갑자기 고객은 기존의 해결책이 더욱 '부족하다고' 느끼면서 판매가 훨씬 수월해진다.

하지만 회사의 제안과 마찬가지로 고객의 요구도 그 자체만으로는 사업에 영향을 미치지 않는다. 고객이 회사의 제안을 들여다볼 수 있어야 하고, 또 고객은 자신들의 요구가 회사 제품에 반영되어 있다고 느껴야 하므로, 여기서도 역시 스마트 가시성이 필요하다.

흥미롭게도 고객의 요구 자체만으로 만들어낼 수 있는 시장 기회란 회사의 역량만으로 만들어낼 수 있는 기회만큼 보잘것없다. 그보다는 고객의 요구를 고객의 기대로 전환할 필요가 있다.

고객의 요구는 처음에 방향성도 없이 부족한 상황만 설명한다. 하지만 고객의 기대는 외부 변수까지 고려하여 추정한 값이고 고객 요구의 방향을 정하는 첫 단계이다. 고객의 기대 뒤에는 문제가 해결될 수 있을 거라는 믿음이 깔려 있다. 무인도에 조난된 남자를 생각해보자. 그는 물, 음식, 동료, 긴급 구조 등 여러 가지 부족한 게 많다. 그가 무엇을 요구하는지는 곧바로 알 수 있지만, 그것을 해결하는 방법은 하나뿐이다. 구조선이 지나가야 한다.

조난자가 흥분해서 구조선을 향해 손을 흔드는 장면을 상상해보라. 불현듯 조난자는 배가 자신을 구조하리라는 기대에 차오른다. 배가 나타나기 전에 조난자가 필요한 것은 오직 하나였지만, 이제는 어떻게 해야 할지 구체적인 생각이 떠오른다.

한 발 나아가 조난자는 어떻게든 구조선이 자신을 발견하도록 손을 흔들거나 연기를 피운다. 어쩌면 배까지 헤엄쳐 갈지도 모른다. 이것이 고객의 요구가 고객의 기대로 전환되는 과정이다. 여기서 차이를 만드는 것이 바로 구조선의 가시성이다.

모든 제품에 자리를 내주지는 않는다

현실은 이론보다 훨씬 복잡하기에 회사의 역량과 고객의 요구를 맞추기가 상당히 어렵다. 시장 기회는 공평하지 않고 회사의 제안과 고객의 요구만 있으면 저절로 생겨나는 게 아니라 여러 요인에 좌우된다.

치즈는 특히 서구권에서 널리 유통되는 기호식품으로 종류만 해도 5천여 종에 이른다.[22] 지금까지는 고객의 수요가 확실히 있었기에 공급자는 그에 맞춰 제품을 제공했다. 하지만 시판되는 치즈는 종류가 너무 많다. 막대한 수요에 따라 시장도 극도로 차별화되어 여러 공급업체가 약간씩 특성이 다른 다양한 치즈를 조금씩 다른 방식으로 생산한다.

독일에는 이미 수천 개의 크고 작은 유가공업체들이 치즈를 팔고, 네덜란드, 스위스, 이탈리아 등 세계 각지에서 공수한 치즈로 고객을 사로잡고자 경쟁한다. 소수의 대형 공급업체가 시장의 큰 부분을 점유하고, 다양한 군소업체들이 남은 시장을 두고 경쟁한다. 과연 고객들이 어떤 제품을 특별히 선호한다고 해서 차별화되는 것일까? 그저 가시성이 좋아서 그런 건 아닐까?

치즈 유가공업체와 마찬가지로 많은 회사가 야심차게 좋은 제품을 생산해내지만 제품이 시장에서 돋보이지 않는다는 문제에 봉착한다.

마트에는 서로 다른 제조업체가 만든 20~30종류의 치즈가 진열되어 있다. 일부 마트는 지역 특산물을 함께 파는 유행을 놓칠세라 인근 지역에서 만든 치즈로 구색을 갖추기도 한다. 시장 점유율을 한껏 끌어올리고 싶은 게 대다수 치즈 생산업체의 심정이지만, 마트에서 팔지도 않는 제품이 마트의 치즈 진열대 앞에 서 있는 잠재 고객에게 보일 리 없다.

아노 뒤 빅 빌(Anneau du Vic Bilh)이라는 치즈를 아는가? 바퀴처럼 둥근 치즈 한가운데 구멍이 크게 나 있다. 미식가들 사이에서 잘 알려진 피레네 특산품이다. 아니면 순한 염소젖 치즈인 카타르 드 생펠릭스 페르미에(Cathare de Saint-Felix Fermier)[23]라고 들어봤는가? 둘 다 훌륭한 치즈이지만 아쉽게도 생산지를 벗어나서는 거의 알려지지 않았다. 게다가 페르미에 치즈는 철저히 소량 생산만 한다. 한편 마트 자체 브랜드 제품으로 250g 단위로 포장된 얇게 썬 영 고다(Young Gouda) 치즈는 많이 팔리는 만큼 고객에게 잘 알려져 있다.

알려지느냐 마느냐는 개별 치즈의 품질과는 아무런 관련이 없다. 소규모 치즈 유가공업체에서 수제로 만든 치즈는 미식가들에게 새로운 맛을 제공하지만, 보통 사람들의 입맛에 맞춰 길고 긴 치즈 덩어리를 잘라 개별 포장한 대량생산 방식의 슬라이스 치즈에 자리를 내준다.

유기농 협회인 데메테르(Demeter)의 기준[24]에 따라 친환경 방식으로 제조한 알프스 농장 치즈가 기업형 농장에서 재래식으로 제조한 치즈보다 품질이 좋다는 주장에 많은 고객들이 연신 고개를 끄덕일 것이다. 좀 더 파고들어 보면 조금 무분별하고 부정확한 주장일지도 모르는데 말이다.

비록 공산품 치즈가 유산균의 수나 영양 등 다양한 면에서 비슷한 품질이라고 해도 고객은 여전히 알프스 농장의 치즈를 사고 싶어 한다. 매우 특별한 치즈이니까! 스위스에서 휴가를 보낼 때면 알프스의 체험 농장에 반드시 들러서 점찍어 놓은 치즈를 기어이 사고야 만다. 마트였다면 킬로그램당 가격을 보고 터무니없이 폭리를 취한다고 생각했을 텐데 말이다.

프랑스 수도원에서 만든 수제 치즈는 치즈가 담고 있는 많은 특징을 참작할 때 공산품 치즈보다 더 많은 시장 기회가 주어져야 한다. 제조 과정, 미식가들이 알아주는 고상한 맛, 개별 치즈마다 독특한 전통이 서린 아름다운 탄생 이야기 등과 많은 다른 요인들이 치즈 애호가들의 호감을 불러일으킨다.[25]

그렇지만 함부르크 마트의 고객들은 프랑스 수도원에서 만든 치즈를 구할 수 없다. 그런 치즈를 볼 수 없기 때문이다. 최상의 기술로 탄생한 독특한 맛의 치즈라도 보이지 않으면 아무 소용 없다. 치즈가 진열대에서 보이지 않으면 팔릴 수가 없다.

제품의 품질은 결정적인 요인이 아니고 더구나 고객의 요구도 아니다. 회사의 역량에 대해 들어보지도 못했으니 제품을 생산한 회사의 역량과 고객의 요구가 중첩되는 부분도 없고, 따라서 시장 기회도 전혀 없다.

> 생필품은 제품과 서비스가 고객의 요구에 딱 들어맞는다면 그만큼 시장 기회도 보장될 것이다. 하지만 그 외의 서비스나 제품은 그렇게 접근하면 안 된다. 제품과 고객의 요구를 명확하게 설명하지 않고, 단순히 연결하기만 하면 그럴싸한 속임수에 불과하다.

많은 제품 개발자들은 은연중에 고품질의 제품을 생산하기만 하면 고객이 알아서 살 거라고 믿는다. 이런 생각에 현혹되어 있지는 않은지 생각해보자.

오랫동안 서비스나 제품을 개발해왔지만, 판매에 나서기 전에 마지막까지 품질 향상에만 목매고 있지는 않은가? 완벽함만 앞세우고 가시성을 뒷전에 두는 태도가 성공에 걸림돌이 될 수도 있다.

시장 기회는 소용없다, 이제는 시장 참여다

그렇다면 시장 기회가 실질적인 시장 참여로 전환되는 과정을 살펴보자.

단 두 회사의 제품만이 고객의 요구에 부합하는 시장에서도 가격, 브랜딩 등 여타 요인뿐 아니라 경쟁 우위와 제품의 차이로 각 회사의 시장 기회가 바뀌면 상대 회사에는 불리하게 작용한다.

이런 문제는 주도권을 뺏기는 일이 흔치 않은 독과점 시장에서는 찾아보기 힘들다. 그 밖의 모든 시장에서 시장 기회란 언제나 고객이 더 자주, 더 긍정적으로 보는 제품에게 돌아간다.

그런데도 공급업체는 제품의 모든 특징과 품질은 물론 고객의 눈에 띄어야 하는 가시성을 크게 신경 쓰지 않는다. 이러면 제품의 기회가 최소화된다. 공급업체는 우리가 내놓은 상품이 나중에라도 눈에 띨까, 어떻게 눈에 띄게 할까 등 가장 중요한 문제가 무엇인지 고민하기보다는 어설프게 고치고 개발하는 일에 매달린다.

제품에 대한 고객의 관점과 문제 해결 방안뿐 아니라, 고객의 요구에 지속적으로 집중하는 것이야말로 제품이 시장의 실수요에 부합하는, 이른바 제품과 시장의 적합성을 끌어올리는 지렛대이다.

반대로도 바라봐야 한다. 고객의 요구에는 완벽하게 부합하되 가시성은
확보하지 못한 최고의 제품이 있다면, 이는 어둠 속에서 제품을 찾아 헤매
는 고객에게 손을 흔드는 것과 매한가지다.

공급업자가 (경쟁사 제품과 비교해가며) 검증하고 내놓은 제품의 품
질과 고객의 수요가 서로 맞지 않는다면, 핵심 원인이 가시성에 있
을지도 모른다. 반대로 가시성을 영리하게 활용하면 탁월한 경쟁 우
위를 점할 수 있다는 말이다.

그 치즈를 누가 거기에 놓았는가?

시장 기회를 매출로 연결하려면 고객의 요구와 회사의 역량이 서로
교차하는 것 외에 더 중요한 요인들이 있다.

회사의 가시성은 치즈 진열에서도 차이를 만들어내며, 또 이런 차
이를 보여준다는 점에서 중요하다. 이렇듯 가시성은 서비스 업체나
제품 공급업체의 시장 기회를 좌우하는 결정적인 요인이자 회사가
생산과 판매 사이에서 직면할 수밖에 없는 모든 문제를 관통하는 경
로이다.

회사는 고객을 상대로 판매, 품질, 가격, 솔루션 제안, 고객의 이점,
솔루션의 부작용, 또는 고객의 제품 신뢰와 관련한 모든 문제를 원

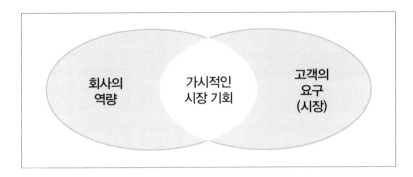

시장 기회가 눈에 보여야 실제 시장에서 회사의 역량과 고객의 요구가 연결된다. 그렇지 않으면 (이론적으로는) 시장 기회가 생겨도 고객에게는 보이지 않는다.

출처: 도표 원본

칙적으로 (그리고 정도에 따라 다양하게) 해결할 수 있다 하더라도, 회사의 문제 해결 역량을 언제나 고객에게 보여주어야 한다.

이 말은 가시성이 시장 기회를 대신해야 한다는 뜻이다. 그런 다음 시장에서 회사의 역량과 고객의 요구가 서로 원활하게 맞아떨어지도록 가시성을 영리하게 관리하면 시장 기회가 생긴다.

더욱 솔직해진 마케팅

가시성에 관한 한 뛰어난 전문가들이 바로 회사 마케팅 부서이다. 자영업자이든 회사의 마케팅 전담 부서이든 궁극적으로 회사를 위한 가시성을 만들어서 판매로 전환하는 사람들이다. 기술자와 엔지니어는 특별한 기능을 갖춘 제품을 개발하고, 제품 홍보는 마케팅 부서가 담당한다.

예전에는 특히 기술 중심 기업 제품의 경우 고객에게 발송할 제품에 우스꽝스러운 나비 모양으로 리본을 묶는 일은 꼭 회사에서 창의적인 사람들이 맡아서 하는 것 같았다. 마케팅 부서 사람들은 그저 책상에서 빈둥거리다 나중에 제품이 만들어지면 그제야 이것이 기계에 딱 들어맞는 톱니라고 설명한다. 안타깝게도 이런 설명은 제품과 마케팅 사이에 어떤 괴리를 만들어낸다.

마케팅이 실제 제품과는 그리 밀접한 연관이 없다고 느끼는 것은 마케팅 부서만이 아니다. 고객도 회사의 마케팅이 본인들도 썩 신뢰하지 않는 제품을 가지고 허풍을 떤다고 생각한다. 이를 두고 제품이 실제로 전달할 수 있는 것 이상을 의미하는 '과도한 약속'이라고 한다.

그런 생각이 자리 잡고 있다 보니 '광고'에 '정직'이라는 단어를 갖다 붙이는 것은 앞뒤가 맞지 않다고 느낀다. 고객과 시청자 모두 광고가 정직하다고 여기지 않는다. 게다가 더욱더 많은 채널에서 점점 더 많은 광고가 쏟아지는 현실에서 정직한 광고를 기대하는 것도 무리다. 그런데도 이것이 나아가야 하는 지향점이라고 믿는다. 요즘 고객은 제품에 가까이 다가가길 원하며, 또 솔직하고 진정성 있는 제품과의 접점을 원한다. 바로 이런 부분이 마케팅과 가시성을 통해 고객에게 전달되어야 한다.

광고의 정직성에 회의가 드는 것도 당연하다. '하얀색보다 더 하얗게' 빨 수 있다는 세제를 떠올려보자. 이 문장은 물리학적으로만 틀린 말이 아니다. 물리에서 하얀색은 가시광선에 있는 모든 파장의 색을 전부 합친 색이며, 그래픽 아티스트에게는 16진수 색상 코드 #FFFFFF(모든 색상 채도의 최댓값으로 청록과 자주, 노랑을 합한 색)로 정확하게 정의된다. 하얀색은 절대적인 정의가 있으므로, 기술적인 관점에서 보면 하얀색보다 더 하얀색은 불가능하다.

그러나 광고는 정반대를 주장한다. 그러니 고객들은 광고가 걸핏하면 과장하고 호도하거나 입발림한다고 생각한다.

탈취제 '액스(Axe)'[26] 사용자들은 광고에서 좋다고 떠들어서 액스를 써봐도 홀딱 반하는 일은 없을 것임을 잘 알고 있다. 만들기를 좋아해서 B&Q(영국 DIY 인테리어 매장 – 옮긴이)에서 쇼핑을 하다가 매장에서 '바꿔보세요, 더 쉽게'라는 유혹을 만나더라도 '손바닥 뒤집듯'[27] 바꿀 수는 없을 것이다.

이게 바로 광고의 문제점이다. 어떤 다른 콘텐츠나 정보와 마찬가지로 광고도 수많은 발신자의 요구에 따라 점점 더 가시성에 집착하게 되었다. 단순히 가시성만으로는 시장 기회를 창출할 수 없다. 큰 소리로 과장하고, 더 요란하고 울긋불긋한 방식으로 잠재 고객들에게 더 강력한 인상을 주는 방법도 힘을 잃어가고 있다.

쓸모 있는 데이터와 확실한 팩트가 중요

요즘 고객은 훨씬 더 요란한 광고도, 더 많이 쏟아지는 광고도 원치 않는다. 소비자들은 어디서든 무료로 사용할 수 있는 정보와 콘텐츠들 속에서 어떻게든 제대로 된 것을 찾아야 한다. 게다가 콘텐츠와 정보와 광고가 서로 뒤섞여 있다. 오늘날의 고객은 쉽게 회의적으로 변하지만, 광고가 내건 약속이 실현되려면 참고 기다려야 한다는 것을 안다.

게다가 꽤 오랫동안 기다려야 한다는 것도 알고 있다.

1970년대 광고에서 노란 중형차가 차량 시험장의 주행 도로 위를 달리는 장면을 상상해보라. 화면에는 목소리만 흘러나온다.

"아스코나(Ascona), 시험장에서 까다로운 검사를 마쳤네요. 방향을 틀 때도 전혀 문제없군요. 편안한 섀시(차대) 디자인에 노면 접지력이 뛰어나 울퉁불퉁한 길에서도 놀랄 만큼 안정적이네요. 수년에 걸친 개발이 마침내 성공의 결실을 보는 순간입니다. 우수한 검사 및 설계 장비와 더불어 오펠(Opel) 엔지니어의 탁월한 기술력이 운전 문화라는 야심 찬 목표 달성에 큰 힘이 되었군요!"[28]

이런 광고는 여러 가지 과제를 한꺼번에 해결하려고 애쓴다. 이런 경향은 오늘날까지도 계속되고 있다. 우선 이 광고는 자동차가 아주 훌륭한 제품이라고 강조한다. 제품의 중요한 특성을 신속 명확히 설명한다. 이런 광고에서는 메시지를 전달할 시간이 너무 짧기 때문에 주어진 시간을 최대한 사용하려면 노골적으로 보여주어야 한다.

이렇게 서두르는 가운데 소위 '예상된 반대 견해'도 슬쩍 언급한다. '노면 접지력이 뛰어나다'라고 주장하는데, 자동차에 대해 기술적인 지식이 조금이라도 있는 시청자라면 노면 접지력이 뛰어난 차는 보통 섀시 디자인이 날렵하고 낮아서 불편하다는 것을 알고 있다. 이를 의식이라도 한 듯 안전 운행을 하다 보면 동시에 '편안한 섀시 디자인'을 체감할 수 있다고 미리 밝힌다.

이 차는 양극단 사이에서 균형을 유지해나간다고 주장하면서 모든 문제에 정면 도전하고 모든 요구를 채워준다고 한다. 게다가 하고 싶은 말을 다 못 할까 봐 짧은 문장이나 심지어 단어만으로 줄줄줄 쏟아낸다. 이 광고 문안을 읽는 사람은 잠재 고객의 관심을 행여 놓칠세라 기술적 특징을 줄줄이 나열하는 데 급급하다는 기분이 들지도 모른다.

회사는 오펠이라는 브랜드 파워가 차로 전이되는 효과를 한층 강화하려 한다. 광고에서 '오펠 엔지니어들'이 훌륭한 기술력으로 차를 개발했고, '우수한' 검사 및 설계를 바탕으로 했다는 대목이 바로 그것이다.

회사는 자체 역량을 끌어내 기술 중심의 제품을 만들어냈다. 출시된 제품을 보면 그런 과정을 거친 것 같다. 1970년대라면 이 광고는 매우 잘 먹혔을 것이다. 당시 오펠이란 브랜드는 품질의 보증수표나 마찬가지였기에 오펠의 명성을 광고에 활용하는 선택은 아주 적절했다.

이 광고는 브랜드 파워가 제품으로 전이되는 효과를 보여주는 예시에 불과하다. 광고에서 회사의 어떤 역량을 어떤 제품에 투입했고, 고객의 어떤 요구가 충족될 것인지 알릴 필요가 있다. 50여 년이 흘렀는데도, 이 문제는 변하지 않았다.

결국 이런 메시지로 소통하며 시장의 기회를 만들어간다. 또한 합리적으로 고객의 문제를 해결할 수 있다고 증명하면서 언제든 적극적으로 대처하여 고객이 의심을 떨쳐내도록 해야 한다. 그러나 이렇게 되면 광고가 이도 저도 아닌 게 되므로 일단 정밀 기술이라는 특징은 감정적으로 반응하는 고객에게 한층 더 가까이 내보여야 한다. 또한 많은 업체가 비슷한 제품으로 고객의 관심을 끌고자 경쟁하고 있는 만큼 시장에서도 기술적 속성을 전달해야 한다. 현재는 안타깝게도 데이터와 팩트를 구분하여 단순히 보여주기만 하는 것으로는 충분하지 않다.

하물며 1970년대에 단순히 TV 광고가 이 모든 것을 해내서, 자동차처럼 비싼 제품의 구매로 바로 이어졌을 거라고 보기는 어렵다.

하지만 그 이후로도 광고주들은 이러한 메커니즘에서 거의 벗어나지 않은 것 같다. 1975년 오펠 광고와 마찬가지로 TV 광고도 같은 문제에 봉착했다. 오늘날이라면 그 문제들을 훨씬 잘 해결할 수 있을 것이다.

그때나 지금이나 고객이 새 차를 살까 고민 중인데 광고를 보고 어떤 브랜드를 알게 되었다면 어떻게 될까? 일단 미심쩍어하고 또 다른 브랜드의 등장에 마음이 흔들리거나 혹할 수 있다. 이 고객은 저녁에 TV를 보다가 다른 회사의 자동차 광고를 우연히 볼 수도 있다. 폭스바겐이나 벤츠가 경쟁 제품을 광고하며 우수성을 부각할 것이 뻔하다.

이러한 상황만으로도 고객은 기존에 선호하던 자동차가 바뀌었을지도 모른다. 이제 둘 혹은 더 많은 업체가 제각각 고객의 문제를 해결하는 비법이 있다고 주장한다.

이미 시장 기회는 우리의 생각만큼 단순하지 않다. 고객은 이동 수단이 필요하고 자동차 회사는 5명을 안락하고 편안하게 모실 수 있는 제품이 있다.

그래서 고객은 한 회사나 다른 회사 혹은 그들의 제품을 불신할 필요도 없다. 그러나 고객은 두 회사의 광고를 보고 최적의 해결책들 사이에서 쉽게 마음을 정할 수 없고, 두 제품이 똑같이 좋을 가능성이 거의 없으니 결국 둘 다 미심쩍게 볼지도 모른다.

카탈로그만 보고 자동차를 사는 시대가 아니다

따라서 고객은 제조업체가 제공한 홍보 일색인 자료를 멀리하고, 원하는 정보를 찾아 나선다. 고객은 기본적으로 정직성을 추구한다. 이는 제품이 시장 기회를 얻는 과정에서 염두에 두어야 할 핵심이다. 대체로 고객은 여러 정보원이나 접점을 찾아서 특정 제품이 최적의 해결책을 제시할 수 있다는 주장들을 수집한다. 이에 더해 구매할 때 실수하지 않고, 자신의 요구가 최대한 충족되기 위해 어떤 제안들은 제쳐둘 수밖에 없다.

고객은 여러 정보원을 통해 제품을 마음껏 비교할 수 있다. 각종 정보와 광고가 난무하는 상황에서 고객이 능숙해졌다는 것은 반가운 소식이며 요즘은 정보를 확인하기도 훨씬 수월하다. 1970년대에는 제조사가 되도록 많은 사실을 광고에 쑤셔 넣는 것이 제품을 구매하도록 설득하는 데 가장 좋은 방법이었다. 오늘날은 이런 방법 대신 시각적으로 강하고 정서적으로 통하는 세계를 창조하는 쪽으로 방향을 틀었다.

하지만 이런 간극은 일찌감치 잡지에 실리는 기사와 시승 기사로 메워왔다. 시승 테스트는 제품에 대해 어느 정도 객관적으로 평가하고, 일반 소비자들은 확인할 수 없는 상당히 넓은 범주에서 제품을 비교한다. 어느 날 갑자기 차량 테스트에서 한 차종이 다른 차종을 능가하는 성적을 냈다. 이는 더 객관적이고 믿을 만한 정보이며 고객은 제조사들이 만천하에 드러내고 싶어 하지 않는 정보가 기사를 통해 전달되고 있음을 안다. 결국 어떤 제조사라도 두 번째로 우수한 공학 센터를 운영한다거나 네 번째로 좋은 중형차를 만든다고 광고하지는 않는다. 제조사와는 무관한 독자적인 시승 기사가 바로 이런 일을 한다.

또는 TV 광고를 본 고객이 오펠을 이미 몰아본 이웃에게 물어볼 수도 있다. 하지만 이웃이 아무래도 자동차 전문지보다 덜 객관적이라고 인정할 것이다. 한편 이 잠재적인 구매자가 평소에 이웃을 믿고 의지할 수도 있다. 그는 이웃의 판단을 신뢰하고, 일전에 유용한 조언을 받았기에 또다시 이 가까운 정보원의 판단을 기꺼이 믿어보려한다. 이웃의 말이 훨씬 주관적이라도 신뢰의 질적 차원이 다르다.

하지만 자동차 전문지와 이웃을 연결하는 한 가지 공통점이 있다.

양측 모두 정직하고 적어도 그러기를 바란다는 것이다. 전문지의 평판은 광고와는 달리 대개 객관성과 공정성을 바탕으로 한다. 이웃은 잠재 구매자와 사적인 관계를 토대로 신뢰를 쌓아왔기에 믿음이 간다. 게다가 양측 모두 차량을 테스트했고 차에 대한 경험을 쌓았다. 고객은 그런 정직함을 찾는다.

고객이 어떤 정보를 어느 정도까지 필요로 하는지는 상황에 따라 다르다. 고가 제품을 구매할 때는 충동구매보다 이것저것 재본다. 가령 주방에서 쓸 어른용 스툴 의자를 살 때보다는 갓 태어난 자녀를 위해 최고로 좋은 아기 침대를 사려고 할 때 더 많이 따져본다.

안전 등의 문제로 고객이 가장 활발하게 정보를 캐야 하지만 도중에 건너뛰는 것도 있다. 가령 사람들은 의약품이 고도의 임상시험을 거쳤으니 안전할 거라고 생각한 나머지 임상시험 중에 발생한 부작용에 관한 내용을 포장에 적시해둔다 해도 그다지 읽고 싶어 하지 않는다.

고객은 여전히 하나라도 더 알고 싶어 한다. 양질의 정보를 손쉽게 구할 수 있는 만큼 아는 것도 점점 많아진다. 고객은 (불)이익을 비교하고 평가하고 싶어 하며, 최대한 실수를 피하고 최상의 거래를 해야 한다는 강박에 시달린다. 하지만 전체적으로 비교 평가도 가능하고 어느 정도 안전장치도 있어서 그만큼 실수도 피할 수 있다.

값비싼 TV 광고를 감당할 여력은 없지만 그래도 대기업에 비해 정직한 마케팅을 하는 것은 작은 회사에도 특별한 시장 기회를 창출하는 핵심이다.

광고가 전보다 더 정직해진 것만은 분명하다. 광고의 진정성을 고객이 받아들이고 매출로 이어지려면 정직이 시장 기회를 창출한다는 사실을 염두에 두고 광고를 해야 한다.

요즘은 광고의 역할이 과거와는 다르다. 지금의 광고는 정보를 전달하는 새로운 채널에 힘입어 더 강력해지고 있다. 제품이 내건 진짜 약속을 정직하게 설명하는 광고는 여전히 잘 먹힌다.

특히 작은 회사도 정보와 광고의 공격에 맞서 승리하고, 고품질의 가시성도 획득할 수 있다. 자력으로 가시성을 활용할 기회를 성공적으로 포착할 수 있고, 요즘처럼 치열한 상황에서도 그런 기회를 포착하기는 전보다 더 수월하다.

> 고객은 세월이 흐르면서 비평을 가하는 소비자로 성장했다. 회사를 대표하는 제품이 정직하고 진정성 있는 주자로 인정받을 때 광고가 효력을 발휘한다는 점은 반가운 소식이다.

아무리 독특해도 어설퍼서는 안 된다

기업이 1970년대 이후로 별로 바뀐 게 없다는 의구심이 들기 시작했다. 요즘의 광고계 지형을 봐도 변화를 찾아볼 만한 구석은 별로 없다. TV 광고는 예나 지금이나 자기 할 말만 늘어놓는 구태를 벗어나지 못하고 있다.

인쇄 광고물과 라디오, TV 광고도 예전과 다를 바 없다. 아름다운 장소에 미남 미녀를 내세워 성공과 욕망을 보여주고 모방 심리를 자극해서 성공한 사람 하면 떠올리는 고정관념들을 일상 제품에까지 끌어들이고 있다. 이런 헤어스프레이를 뿌리고 저런 시계를 차면 당신도 성공한 사람처럼 보일 것이라고 말이다. 그러나 이런 평면적이고 일원적인 가시성은 퇴물로 전락했다.

그런데도 요란하고 현란하며 약간은 소모적인 광고가 여전히 존재한다. 독일인 태반은 꽤나 악명 높은 자이텐바허(Seitenbacher, 시리얼 등을 파는 독일 식품회사 – 옮긴이) 최고경영자 빌리 판넨슈바르츠 (Willi Phannenschwarz)의 목소리를 안다.[29] 빌리와 그의 회사는 사내 지하실에서 슈바벤 사투리로 '자이텐바허, 자이텐바허, 냠냠, 냠냠, 맛있어요!'라고 녹음한 이상하고 촌스러운 라디오 광고로 유명해졌다. 이 광고를 좋아하는 사람도 없었지만, 그렇다고 잊어버리는 사람도 없었다. 맛있다고 광고하는 슈바벤 사투리 억양도 미국식 유머로 진부하고 짜증 나게 제품을 광고하는 TV 속 가족만큼이나 요즘 시대와는 도무지 어울리지 않는다. 소란스럽고 충격적인 광고는 느닷없이 당하는 사고처럼 머릿속에서 잘 지워지지 않는다.

기업은 왜 아직도 이런 광고에 매달리는 걸까?

라디오 광고 속 자이텐바허는 회사 자체를 화려하게 치장하지는 않았다. 오히려 이런 어설픈 광고는 자기만의 독특한 방식으로 개성과 진정성을 드러내려는 회사의 의도이다.

체험 광고는 솔직하고 진짜라고 여긴다

"이번에 새로 산 자동차 정말 마음에 드세요? 진짜 솔직하게요. 저도 이걸로 살까 고민 중이거든요."

이웃은 더 정직하다는 인식을 가지고 있기에, 이웃 역시 광고를 대신하는 흥미로운 접근 방법이다. 기본적으로 광고의 문제는 고객은 가장 좋은 제품, 어쩌면 최고의 가성비를 자랑하는 제품(어느 쪽이든 최고이면 다 좋다)을 사고 싶어 한다는 점이다.

최고가 아닌 제품은 절대 내놓지 않는다고 주장하는 광고보다 더 노골적인 광고가 있을까?

하지만 여기에는 함정이 있다. 알고 지내는 어떤 사람이 자신이나 자신의 능력을 지나치게 과시하면 호감도가 떨어지기도 한다. 노골적인 자화자찬은 신뢰를 떨어뜨린다. 광고란 궁극적으로 소통이기에 똑같은 법칙이 여기에도 적용된다. 광고라고 해도 자기 제품이 좋다고 시끄럽게 떠드는 것은 좋지 않다. 고객에게 최상의 제품을 제공한다고 말하는 것은 괜찮지만, 품질을 언급할 때는 더 영리하게 굴 필요가 있다.

체험 광고는 이런 문제를 해결하는 한 가지 방안이다. 굳이 떠벌리지 않고도 최고의 제품이라는 것을 보여준다. 독일 안경회사 필만(Fielmann)이 유명세를 탄 데는 오랫동안 같은 콘셉트로 진행된 광고가 한몫했다.

필만의 광고에는 기자들이 방금 접근한 것처럼 거리에서 카메라 앞에 서 있는 사람들의 모습이 등장한다. 그들은 즉석에서 말하는 것처럼 필만 안경을 살 만하다고 장담한다.

브랜드 이름을 딴 가상의 치과 의사 닥터 베스트[30](Dr. Best, 칫솔 브랜드 - 옮긴이)도 독일어권 국가에서 유명하다. 광고 속 닥터 베스트는 대개 진료실에 앉아 해당 칫솔의 장점을 마음에서 우러난 듯 자연스럽게 설명한다.[31] 때로는 역시나 가상의 인물인 그의 아내가 나와서 설명하기도 한다.[32]

두 광고 모두 '실생활 체험담'에 해당한다. 광고 속 인물들은 가능한 실제 상황처럼 연기하고, 관심사뿐 아니라 외모와 배경도 목표 집단과 비슷하다. 광고 속 인물들은 광고주와 상관없는 중립적인 권위자처럼 보이며, 마치 좋은 이웃인 양 제품의 장점을 이야기한다. 시청자들은 자신을 광고 속 인물들과 동일시하며 공감을 느낀다. 치과의사와 칫솔의 조합처럼 '후기 작성자'가 전문가일 때도 이런 효과가 나타난다. 그래도 중립적인 입장이라는 데는 어떤 흔들림도 없다.[33]

정보에 빠삭한 소비자들이 왜 이런 점을 간파하지 못하는지는 모르겠지만, 후기가 한몫하고 있음은 여러 연구에서 밝혀진 사실이다. 메타 연구(다양한 소규모 연구에서 인터넷 및 TV 광고를 대상으로 평가)에서도 실생활 체험담을 넣은 광고는 브랜드 인지도와 상기도 측면에서 평균 10~25% 더 가치 있는 것으로 나타났다. 추천 마케팅이 성공 가능성이 큰 전략이라는 점에 한층 힘이 실리는 연구 결과이다.

응답자의 절반이 작년 한 해 동안 지인에게 어떤 제품을 직접 추천해본 경험이 있다고 했다. 추천이 매출 상승으로 이어진다는 사실은 감성적 가치를 지닌 제품에서 특히 두드러진다. 최신 브랜드의 고품질 기술 제품은 물론 자동차, 휴가 상품이나 생명보험[34]도 여기에 해당한다. 결론적으로 응답자 2명 중 한 명은 친구가 추천한 제품이라면 가격이 더 비싸도 기꺼이 사겠다고 말했다.

그런데 광고 신뢰도와 광고로 인한 매출 면에서는 유명인의 체험담이 훨씬 더 좋은 점수를 받았다. 메타 연구에서도 유명인의 체험담이 실생활 체험담을 크게 앞선다. 어쨌든 두 종류의 체험담이 있는 것이 전혀 없는 것보다 효과가 더 좋다.

사람들의 의구심은 꼬리에 꼬리를 무는 법이다

체험담이 광고보다 고객들에게 더 설득력 있는 이유는 뭘까? 광고는 유명인이나 또래 집단의 믿음직한 얼굴들이 나와서 직접 써본 이야기를 전달하지 않고 그저 주장이나 감정을 내세워 설득하려 든다. 유명인이 광고에 등장해 제품의 장점을 설명하면 돈을 받고 하는 일이라고 생각한다. 그러나 유명인들도 보통은 젊음, 역동성, 에로티시즘이나 분석적 사고, 공감, 혹은 일반적으로 긍정적인 가치를 대변한다. 그러므로 그들이 광고하는 제품도 자연스럽게 특정 가치가 있는 것으로 여겨진다.

이탈리아의 패션 블로거 키아라 페라그니(Chiara Ferragni)가 바디케어 제품이나 패션 액세서리를 홍보하면 이들 제품에 자동으로 상위 등급이 매겨진다. 〈포브스(Forbes)〉의 설문조사 결과 '세계에서 가장 성공한 인플루언서'인 키아라는 팬들과 팔로어에게 역량과 전문성을 높이 평가받고 있다. 그녀는 지식과 경험이 풍부하고 성공 사례도 많고 업계를 선도하기에 그녀의 추천은 가치가 있다.[35] 따라서 팔로어들도 그녀가 분명히 수수료를 받는다고 생각하면서도 정직하고 진정성 있다고 여긴다.

궁극적으로 이는 고객의 편의와 연결된다. 팔로어들은 이용할 수 있는 모든 정보원을 통해 화장품을 분석하고 테스트 결과를 가지고 성분을 비교할 수 있다. 또는 키아라 페라그니처럼 미용 세계에서 성공한 사람의 추천을 따를 수도 있다.

재미는 절대 놓쳐서는 안 된다

키아라 페라그니는 매출로 이어지는 좋은 가시성의 2가지 요소인 방향성과 재미를 고객에게 제공한다. 그중 재미는 다들 머리도 식히고 흥미진진한 콘텐츠를 보고 싶은 게 인지상정이라 특히 매력적이다. 이와 동시에 결정을 내리는 데 필요한 정보를 얻고자 하는 마음도 재미 못지않게 강하다. 정보와 재미는 우리의 시간과 관심을 두고 서로 경쟁한다. 고객이 하루에 쓸 수 있는 시간은 한정되어 있기에 주어진 시간에 맞춰 정보와 정보 사이에서 줄타기할 수밖에 없다.

따라서 2가지 요구를 동시에 채우는 제품 가시성이 고객의 마음을 사로잡는 것은 당연하다. 인플루언서나 체험담이 시청자에게 어떻게든 재미를 주고 동시에 우주처럼 막연한 제품 세계에서 길라잡이가 되어준다면 편리하게 방향을 잡을 수 있으니 마다할 이유가 없다. 그러려면 방향을 제시하는 사람이 롤모델이나 전문가처럼 특별한 권위가 있어야 한다.

적어도 이들이 다른 사람들과 접점이 있어야 도움말이라도 줄 수 있다. 그들이 반드시 과도한 미적 기준에 부합해야 한다는 것이 아니다. 고객과 같은 문제를 겪어온 것처럼 진정성 있게 고객의 처지를 대변할 수 있어야 한다. 누군가의 취미, 건강, 미용, 전문성 등 용도에 맞는 특정 제품을 선별해야 한다는 뜻이다.

접점은 비슷한 문제를 겪고 있다거나, 믿을 만한 전문성을 갖추는 등 경험을 바탕으로 생긴다. 일례로 무릎 손상에 대해 전문가적인 소견을 제시하는 정형외과 의사는 구부리고 걷는 자세를 몸소 취할지도 모른다. 의사는 발병 원인과 여러 치료 방법을 전달하면 된다. 접점을 만들거나 권위를 확충하는 방법은 많다.

의사의 진료가 반드시 재미를 선사할 필요는 없다. 환자를 치료하는 사람으로서 전문성과 권위에 바탕을 둬야 하지만, 다른 상황에서는 재미와 권위를 조화롭게 섞을 수도 있다. 게다가 재미와 권위에는 잠재적으로 문제가 될 수 있는 논쟁이나 회사 측 주장이 아니라 잠재 고객이 원하는 정직한 정보가 들어 있다.

팬포밴의 사례와 같은 제휴 채널의 추천은 제품에 고품격 가시성을 더하는 흔한 방법이다. 제품을 홍보해주는 제휴 채널과 제조업체의 거래는 양측 모두에 도움이 된다. 제휴 채널은 제품을 만들 필요도, 유통을 보장할 필요도 없이 그저 광고만 하고 판매에 따른 수수료를 챙길 수 있다.

제조업체도 자신들에게 이득이 되는 구조이기에 특정 채널의 운영자들에게 적극적으로 접근할 것이다.

팬포밴의 성공담

유튜브 채널 팬포밴(Fan4Van)은 정보와 오락을 절묘하게 섞어놓은 좋은 예이다. 믿음직스러운 캠핑 채널 운영자는 캠핑카를 최적으로 다루는 방법을 설명하고, 관련 기술에 대한 세부적인 정보까지 영상에 담는다. 채널 운영자는 이런 종류의 여행과 차종을 몹시 즐기는 사람이라 그의 말에 무게가 실린다.

채널 리포트에서 개별 제품을 집중적으로 다루기는 해도 팬포밴의 9만 4천 구독자는 따로 제품 광고를 보지 않는다. 대신 일반 광고에서나 나옴직한 더 길지만 재미있는 영상을 본다.

영상을 제작한 운영자는 무려 20분이나 되는 재미난 리포트를 온라인에 올린다. 시청자들은 영상을 보며 한바탕 즐기고, 캠핑족으로서 그의 전문성을 기꺼이 신뢰한다. 그도 그럴 것이 운영자는 현 상황과 트렌드에 맞는 캠핑 스타일을 추구하며 캠핑카를 작업장으로 활용한다. 캠핑카에서 근무하는 사람이 1년에 단 하루 북해로 캠핑카를 끌고 가는 여행객보다 그 안에서 더 많은 시간을 보낼 것이므로 캠핑족으로서 입지를 굳히는 데 도움이 된다. 또 누구나 바라는 이런 자유로운 삶이 많은 이들과 좋은 접점을 이룬다.

게다가 영상도 하나같이 캠핑에 관련된 각종 주제를 집중적으로 근거 있게 다룬다는 인상을 강하게 풍긴다.

무엇보다 그가 유튜브 채널에서 주제를 선보이는 방식이 팬들을 즐겁게 한다. 여기서 그치지 않고 영상 설명부에 영상 속 제품과 관련한 링크를 걸어두어 수수료도 챙길 수 있다는 점에서 좋은 비즈니스 모델이다.

이 같은 제품 관련 정보('X 제품은 여기서 살 수 있다...')를 '제휴 링크'라고 한다. 고객이 10분 여 동안 재미있는 영상을 본 후에 이 제품이 캠핑을 더욱 즐겁게 해줄 거라는 확신이 들면 링크를 클릭할 것이다. 그러면 제조업체의 온라인 숍이나 아마존, 다른 판매 플랫폼으로 연결되므로, 제조업체는 고객이 어느 사이트에서 왔는지 추적할 수 있어서 이상적이다. 기술적으로도 어려울 게 없고, 팬포밴 채널 운영자는 추천으로 판매가 성사되면 수수료를 받는다.

독립적으로 활동하는 제휴 채널들이 많고, 이들이 잠재 목표 집단을 상대로 수십 종의 광고를 동시에 테스트하기 때문에 제조업체는 비싼 광고비를 치르지 않아도 된다. 대기업 최고의 광고부서라도 이런 식으로 광고할 수는 없을 것이며, 결국 효과가 미미한 TV 광고로 되돌아가고 말 것이다.

게다가 정직한 광고라는 점도 간과해서는 안 된다. 정보와 오락을 절묘하게 섞어 목표 집단에 맞춘 게시물을 만드는 팬포뱅 같은 유튜브 채널은 콘텐츠가 시청자들 입맛에 맞는지, 어떤 점 때문에 구독자 수가 늘어나고 또 유지되는지 아주 작은 차이까지 살펴볼 수 있다. 유튜브는 이런 것을 정확히 수치로 측정하는 데 특화되어 있으며, 이는 특히 플랫폼 자체의 이익에도 부합한다.

그런 콘텐츠는 광고 메시지를 전하는 수단으로 특히 유용하며, 정직한 정보를 바탕으로 콘텐츠 속 제품 광고를 양질의 고객 서비스로 전환한다.

이를 '콘텐츠 마케팅'이라고 한다. 우선 고객은 무료 콘텐츠를 받는다. 이는 채널을 운영하는 사람이나 회사에 대한 신뢰를 높인다. 그러면 채널 이용 고객들은 회사가 고객에게 기꺼이 어떤 혜택을 제공하려는 잠재적인 파트너로 여긴다. 이로 인해 마음에 '빚'이 생긴다. 대개 고객은 호의를 되돌려줄 길이 없는 공짜 제품을 마냥 좋아하지 않기에 마음의 빚을 갚으려고 나중에 구매한다. 이를 호혜주의라고 하며, 일례로 무료 시식 코너는 고객의 구매를 부추긴다.

오늘날 고정 구독자가 있고 흥미로운 콘텐츠로 영향력을 발휘하는 채널 운영자를 인플루언서라고 한다.

이제는 수백만 명의 팔로어를 거느린 대형 채널은 회사가 잠재 목표 집단에 도달하기 위한 가장 좋은 방법이 아니다. 일단 대형 채널은 채널의 진정성을 위해 X요일에는 이 브랜드 광고를, Y요일에는 경쟁사 브랜드 광고를 하는 관례를 점점 피하는 추세이다. 팔로어들은 그런 빠른 변화를 알아채고, 이후에는 성공한 인플루언서의 신뢰성을 더욱 엄격하게 재평가한다.

그러나 성공한 인플루언서가 깐깐하게 광고를 고르면 잠재 고객을 순식간에 놓친다. 게다가 때로 소셜미디어 전담팀까지 갖춘 전문적인 채널 운영자들이 아기자기한 자체 제작 콘텐츠의 매력을 늘 유지할 수는 없다. 인플루언서와 그들의 채널은 콘텐츠를 번드르르하게 선보이려고 어느 정도 진정성은 포기한다.

나에게 딱 맞는 것을 보여주고,
믿을 만한 사람이 설명해준다

chapter 3

남보다 빨리 눈에 띄기 위한 3가지 조건

스마트 가시성이 요란하고 가치가 낮은 가시성을 밀어내고 있다. 스마트 가시성이란 득이 되는 재미있는 볼거리를 보여주면서 고객을 구매로 이끈다.

가시성이 이렇게 작동하려면 3가지 기준이 필요하다. 이 3가지 기준이 조화롭게 결합해야 쓸모없는 가시성이 양질의 스마트 가시성으로 전환된다.

관련성 궁극적으로는 고객의 관심을 끄는 주제만이 구매로 이어진다. 앵무새를 키우는 사람에게 관심도 없는 반려견 훈련 콘텐츠를 자꾸 보여주면 짜증만 난다. 그보다는 앵무새에게 말하는 법을 가르치는 콘텐츠를 보여주는 것이 더 적절하다. 편두통 환자는 자신의 통증과는 아무 관계 없는 이명이나 류머티즘 치료법에는 고개도 돌리지 않는다. 하지만 자신의 일상생활에 영향을 미치는 편두통을 조금이라도 낫게 하는 정보라면 득달같이 달려들 것이다. 틱톡이나 인스타그램처럼 가시성이 좌우하는 디지털 채널은 자사의 알고리즘이 사용자에게 관련 콘텐츠를 제공하는 것을 최우선 요건으로 삼는다.

권위 일단 관련성이 있고 나면, 사람들은 다른 누구보다 권위자의 말에 귀 기울인다. 편두통을 앓는 사람들은 신경과 전문의의 소견을 신뢰하며, 편두통으로 고생하다 가까스로 나은 사람의 말을 진지하게 새겨듣는다. 두 경우 모두 관련성에 권위까지 덧붙여진 것이다.

스토리텔링 사람들은 이야기와 재미를 아주 중요하게 여긴다. 소설이나 할리우드 영화 같은 대형 시장은 오로지 이야기(주로 허구)라는 토대 위에서만 작동한다. 관련성과 권위에 스토리텔링을 결합하면 스마트 가시성이 폭발적으로 확장된다.

이 3가지 기준이 가능한 많이 겹쳤을 때 상품 구입으로 이어진다.

고양이 주인은 개 사료를 거들떠보지 않는다

투자 기회를 찾기 위해 특정 주제의 영상을 44만 7천 개씩 보는 사람이 과연 있을까? 작가가 되려고 2억 2,700만 개에 달하는 웹사이트를 죄다 훑어보는 사람이 있을까? 검색으로 찾을 수 있는 영상 제작자, 웹사이트나 블로그 운영자, 혹은 페이스북 계정은 나름대로 구글에서 주제에 맞는 가시성을 확보한 것이다. 구글 검색으로 올라오는 첫 결과물에 속하지 못하면 앞으로도 검색될 가능성이 거의 없다.

넘치는 정보와 누구나 정보를 생산하고 보여줄 수 있다는 점은 또 다른 문제를 낳았다. 구글 검색 결과 목록 두 번째 페이지에 나타나는 웹페이지 접속률은 전체 검색 결과의 총 클릭 수에서 1%도 안 된다. 구글의 다른 수많은 검색 결과 페이지도 다를 바 없다. 다시 말하지만 인터넷에서는 목록 상단에 올라가지 않으면 뭐든 눈에 안 보이는 것이나 매한가지다.

관련성을 구축한다는 것은 구글을 비롯한 검색엔진들이 정보를 다룰 때 취하는 두 번째 단계로서 콘텐츠에 등급을 매겨 보여주는 순서를 정하는 작업이다. 점점 인공지능화되어 가는 고도의 알고리즘은 정보를 여과하고 분류한 다음 구글 사용자 개개인에게 맞춤형 정보를 제공한다. 구글은 사용자의 개인 및 인구학적 특징들을 고려하고, 웹사이트 정보를 스캔하여 분석한 정보를 검색 질의와 연결한다.

무료 검색엔진으로 자리 잡는 게 구글에 적합한 비즈니스 모델이 아닌 것만은 분명하다. 그러나 바로 이것이 고객을 위한 관련성을 창출하고 또 다른 관련 비즈니스 모델을 구축할 수 있는 지점이다. 사용자가 특정 주제와 관련해 빠르고 오류 없이 정보를 수집하고자 할 때 맨 먼저 구글을 이용한다면, 문제 해결을 위해 일차적으로 하는 검색의 결과에서 구글의 관련성이 높다고 생각한다는 뜻이다. 인

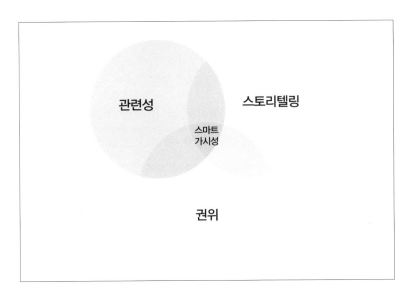

스마트 가시성의 첫 번째 기준은 관련성이며, 여기에 권위와 스토리텔링을 덧붙인다. 이 3가지 기준이 서로 겹칠 때 스마트 가시성이 탄생한다.

출처: 도표 원본

터넷에 올라와 있는 엄청난 양의 정보를 검색하고 여과하는 문제도 마찬가지다.

구글은 고객에게 정보로 곧장 연결되는 '바로가기'를 제공하여 고객의 요구를 충족하고, 사용자 개개인에게 44만 7천 개의 영상 중에서 가장 관련성이 높은 결과물을 추천하고자 노력한다. 구글의 방식이 얼마나 정확한지, 구글은 마치 우리가 어떤 이야기를 나눌지 이미 알고 있는 듯하다. "우리가 1분이라도 휴가 얘기를 나누고 있으면 어느새 구글에서 우리가 갈 만한 호텔을 제안하거든요."

마찬가지로 유사한 알고리즘을 활용해 고차원적으로 개발된 페이스북이 사용자의 절친한 친구(가상의 친구 말고 현실 세계의 진짜 친구)보다 사용자의 행동을 더 잘 예측할 수 있다는 사실도 대단하고 유용하다. 일례로 페이스북은 '좋아요'를 10개만 추적해도 사용자의 행동을 직장 동료보다 더 잘 예측할 수 있다. 150개 정도의 '좋아요'를 추적하면 어떤 사용자들이 어떻게 오후를 보냈는지 알 수 있을 정도이니 형제자매보다 페이스북의 예측이 더 정확하다. 페이스북과 300번 정도 상호작용하면 실제 배우자보다 페이스북이 사용자의 성격을 더 잘 분석할 수 있다.[1]

케임브리지대학교 연구진은 이런 성격 분석 연구를 수행할 때 정보를 우회적으로 얻고 메타 소프트웨어를 활용해 페이스북 데이터의 일부만 참고할 수 있었지만, 페이스북의 알고리즘은 이보다 나은 양질의 사용자 정보를 훨씬 쉽게 확보할 수 있다. 이것은 구글과 페이스북의 최신 네트워크가 지닌 힘이 얼마나 막강한지 보여준다. 이 힘의 원천은 바로 네트워크가 수집한 데이터로 꾸준히 개발한 알고리즘이다.

그럼 이런 비즈니스 모델은 어떨까? 구글과 페이스북은 사용자에게 제공할 정보를 극도로 정밀하게 여과한 다음 예측 가능한 사용자의 행동과 관심을 광고업체에 판매한다. 구글은 이런 식으로 관련성을 확보한다. 접근 가능한 모든 정보는 잡음이 따르게 마련이라 이를 걸러내지 않고는 사용자 혼자서 방향을 잡기 어렵기 때문이다. 그렇게 해야 사용자는 구글이 수많은 정보가 넘쳐나는 정글 속에서 자신들이 필요로 하는 방향성을 제시한다고 느낀다.

일반 기업도 그렇게 할 수 있다. 정보를 관련성과 맞바꿀 필요 없이 말이다.

핵심은 가시성이 아니라 관련성이다

인터넷이 등장하면서 소비자들은 전보다 더 절실하게 제품과 서비스, 정보를 여과해야 한다. 이 문제를 해결할 궁극적인 방법은 정보 채널을 까다롭게 선택하는 길밖에 없다. 소비자들이 정보 채널 하나를 선택하면 다른 몇몇 채널은 저절로 제외된다. 저마다 자신만의 패턴, 정보원, 친구는 물론 쉽게 떨쳐내지 못하는 편견도 갖고 있다.

하지만 모든 회사는 소수만이 누릴 수 있는 가시성과 관련성을 확보하는 데 사활을 걸고 있다. 고객들이 특정 주제와 관련해서는 늘 특정 회사와 손잡는 게 좋겠다고 생각하는 것을 브랜딩이라고 한다.

명품 옷을 찾고 있는 고객은 "루이뷔통이라면 괜찮지"라는 식의 메시지를 투영한 브랜드를 원한다. 재단이 마음에 든다거나, 품질이 뛰어나다거나, 아니면 주변 사람들에게 인상을 남기고 싶어서든 뭐가 됐든 루이뷔통은 개개인의 구매 이유를 신경 쓸 필요 없다. 루이뷔통은 내게 맞는 최고의 옷을 만들어낼 거라는 믿음을 주는 브랜드로 남는 것이 가장 중요하다.

건강식 하면 좋은 경험이 있던 유기농 식품점을 떠올린다면 이 매장은 고객에게 방향성을 준 셈이다. 어쩌면 고객은 그 매장의 제품이라면 확인하지도 않고 구매할지 모른다. 고객이 특별히 건강하고 친환경적인 제품을 찾을 때 그곳은 고객과 관련 있는 매장이 된다. 유기농만 파는 이 매장은 많고 많은 제품 중에 고객이 찾는 물건을 걸러내는 필터 역할을 한다. 이런 식으로 유기농 매장이 방향성과 안전성을 제공하면 고객은 필요한 정보를 일일이 찾아볼 필요 없다.

이것은 관련성이 있다는 의미의 실용적인 품질보증 마크다. 거의 모든 회사나 서비스 공급업체가 이런 관련성을 얻을 때 잠재 고객의 눈에 띌 수 있다. 게다가 관련성은 무가치한 가시성을 가치 있는 가시성으로 바꿔준다. 사업체는 고객을 위해 관련 있는 선택지들을 열심히 취합하면서, 구글은 사용자들을 위해 관련 정보의 순위를 매기면서, 가치 있는 가시성을 만든다.

얼마나 밀접한 것을 얼마나 빨리 보여주는가?

2000년대 초부터 구글은 접속자들의 잠재적인 관심사를 미리 추적해서 그에 딱 맞는 광고를 보여주겠다는 생각을 일찌감치 밀고 나갔다. 구글은 목표 집단을 선정하여 마케팅하는 방식을 목표 고객 선정(targeting)이라고 했다. 구글은 이를 통해 차별화하면서 기존의 미디어를 오늘날과 같은 경제 위기로 빠뜨렸다.

이렇게 변화된 이유는 간단하다. 고객이 정보 필터링과 특정 질문에 대해 구글을 일단 관련성 높은 미디어로 생각하면 설령 구글이 광고비를 받고 일부 콘텐츠를 게시한다고 해도 구글에 올라온 콘텐츠를 하나같이 신뢰하기 때문이다.

현재 목표 고객 선정은 전 세계에서 가장 성공한 비즈니스 모델

중 하나이다.

전에는 미국 잡지사에 광고하던 회사들도 구글에 광고를 올리면 부가가치를 바로 확인할 수 있다. 어느 때보다 제품과 서비스가 넘쳐나고 타사의 정보와 콘텐츠가 많아지는 가운데 자사 제품의 가시성을 더욱 확보해야 한다는 부담감이 커졌다.

일단 수백만 TV 시청자에게 제품 광고를 보여주는 것은 분산으로 인한 막대한 손실을 의미하기 때문에 광고 효과가 크지 않다. TV 뿐만 아니라 라디오나 신문도 이해관계자 수가 아닌 광고를 보는 접속자 수를 합산하여 비용을 산정한다. 이를 소위 CPM(cost per mille, 1천 회 유효 노출당 비용)이라고 한다.

CPM을 기준으로 1분당 TV 광고비가 책정되며, 해당 프로그램의 시청률과 방송 시간대에 따라 비용이 달라진다. TV는 이를 계량화하여 상업화했다. 토요일 밤 빅쇼가 방영되는 시간대의 광고가 다른 시간대보다 훨씬 비싸다는 의미다. 소수만 찾는 틈새시장 제품의 광고이든, 모든 시청자가 손에 넣고 싶어 할 만한 제품의 광고이든 어차피 1회당 광고비는 같다.

하지만 방송 중에 고양이 사료를 팔고 싶은데 해당 프로그램 시청자 600만 명이 모두 고양이는 키우지 않고 강아지만 키운다면 정말 문제가 된다. 광고비는 변함없는데 아무것도 팔리지 않는 셈이다. 이를 소위 도달 마케팅(reach marketing, 광고가 도달한 잠재 고객 수 - 옮긴이)이라고 한다. 광고가 시청자에게 노출되지만 결과적으로는 방향성이나 대상도 없이 광고비만 나간다.

구글과 페이스북은 효과가 분산되는 마케팅을 피하고 대상 고객에게 관련된 광고 콘텐츠를 보여준다. 결국 구글이나 페이스북이 아니고서야 고양이나 개 주인이 거기 앉아 화면을 보고 있는지 아닌지 누가 알겠는가. 사용자들은 화면 앞에 앉아서 검색 키워드를 입력하거나, 뉴스피드를 쭉 내려보거나, 관련 게시물에 잠시 꽂혀 있거나, 맘에 드는 게시물에 '좋아요'를 누르거나, 댓글을 달거나 공유한다. 또 구글에서는 링크를 클릭한다.

사용자들이 구글 검색창에 입력하는 키워드가 그 순간 그들과 관련된 주제이다. 구글에서 '고양이 사료'를 검색하면 고품질 고양이 사료 광고가 뜬다. 구글 애용자는 어쨌거나 관련 콘텐츠를 제공할 거라고 생각하므로 구글에 대한 충성도가 높다. 고객들이 구글의 안내 기능을 애용하기 때문에 광고사도 구글이 어느 정도 고객과 관련성이 높다고 신뢰한다. 검색창과 안내 기능 모두 관련성이라는 기준을 충족하므로 광고사가 큰 비용을 지출하는 것이다.

페이스북의 목표 고객 선정은 특정 검색어를 참고하지 않으며, 심지어 구글도 정보 출처로 검색창 하나만 활용하지 않은 지 꽤 됐다. 그 대신 페이스북은 사용자에 관한 각종 통계 자료를 대량 수집한다. 고객은 자신의 선호도, 자세한 신상 정보, 온라인 활동 등 페이스북에 관심사를 훤히 드러낸다. 인터넷은 지금까지 꽤 오랫동안 엄청난 양의 데이터를 생산해왔을 뿐만 아니라 이를 수집하여 빅데이터로 상업화하고 있다.

구글과 페이스북은 고양이 주인에게 고양이 사료 광고를 보여준다. 회사의 역량과 고객의 요구가 맞아떨어지면 곧바로 시장 기회가 생긴다는 생각으로 말이다. 안내 기능 없이 그저 보여주기만 하다가 우연히 회사의 역량과 고객의 요구가 맞아떨어지는 것보다 구글과 페이스북은 훨씬 더 정확하게 이 둘을 일치시킨다.

대표적인 두 플랫폼은 확실히 판매 과정을 장악하는 힘을 가지고 있다. 동시에 페이스북은 사람들을 서로 연결하기도 하고, 사람들을 자사의 제안과도 연결한다. 사람들은 스마트폰으로 친구들은 물론 전 세계 다른 사람들과 연결되어 서로의 삶을 엿보고 페이스북이라는 앱과도 연결되어 있다고 느낀다. SNS(소셜네트워크서비스)인 페이스북은 사회적 상호작용을 디지털 세계로 끌고 들어와 사회적 교류를 추구하는 사용자의 기본 요구를 충족한다.

구글의 최대 강점은 관련성에 있다. 검색어를 입력할 때마다 어마어마한 양의 정보를 제공하고 정보의 정글에서 길라잡이 역할도 한다. 전화번호부가 사라진 것만 봐도 관련 정보가 빠르고 안전하게 구글로 넘어갔다는 것을 알 수 있다. 요즘에는 식당을 찾을 때 아무도 전화번호부를 들춰보지 않는다. 전화번호부가 있는 집도 없거니와 구글에 검색하면 개점 시간, 평점, 매장 찾기 등 전화번호부보다 훨씬 많은 정보를 얻을 수 있다. 전화번호부는 기껏해야 주소나 알려줄 뿐, 가는 길도 알려주지 않고, 어떤 흥미로운 내용도 없다.

궁극적으로 이런 효과 덕분에 구글과 페이스북은 바로바로 권한 기준을 충족하며 사용자에게 권위를 갖는다. 두 사람이 어떤 주제로 논의에 들어갔다 하면 곧바로 주머니에서 스마트폰을 꺼내 믿을 만한 출처를 검색한다. 이 시점에서 시나리오는 매번 다르게 전개되지만, 어쨌거나 구글은 사용자에게 좋은 접점을 재빨리 제공한다. 이런 식으로 구글이나 페이스북 같은 네트워크들은 광고 콘텐츠를 배치할 수 있는 훌륭한 환경을 조성한다.

딱 맞는 고객에게 딱 맞는 제품을 딱 맞는 시점에

관련성 중심 마케팅은 도달 마케팅을 언제나 능가한다. 이것만 보더라도 관련성이 가시성을 얻는 데 얼마나 중요한지 알 수 있다.

1950년 이후부터 미국의 일간지 광고 매출을 보자(89쪽 그래프). 일간지 광고 매출은 1950년부터 2000년이 시작될 무렵까지 평균 200억 달러에서 670억 달러로 정점을 찍을 때까지 불안정하게 상승했다. 해마다 약간의 변동은 있었지만 상승 추세를 거의 거스르지 않고 가끔 급상승한 모습도 볼 수 있다. 신문 광고 시장이 수십 년 동안 탄탄한 성장세를 이어간 동안 신문사는 황금기를 맞았다.

그러나 2000년도쯤 구글이 광고 무대로 진출하면서 판도가 급변했다. 구글이란 최신 매체의 등장으로 전통적인 광고업계에 위기감이 조성되었다. 구글은 이것이 기회임을 인식하고 기업과 기업의 광고를 자사의 수익으로 전환해서 매출이 급상승했다. 기존 미디어의 광고 방법에서 개선할 점을 찾아냈고, 이것은 더 이상 비밀도 아니었다. 일간신문보다 더 능숙하게 잠재 고객에게 다가갈 수 있는 관련성을 장악한 것이다.

관련성에 초점을 맞춘 것은 정말 결정적이고 예리한 분석이다. 구

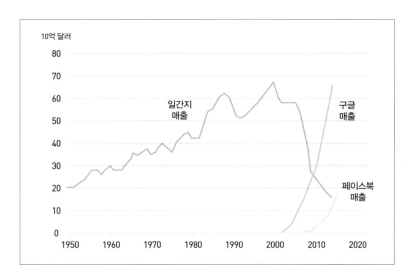

10억 달러

일간지
매출

구글
매출

페이스북
매출

1950년 이후 미국의 전통 일간지 광고 매출 추이 (2014년을 기준으로 인플레이션 감안)

출처: 구글과 페이스북의 공개 매출과 미국신문협회(The Newspaper Association of America) 자료에 근거한 블로그 카르페디엠(Carpe Diem)의 아이디어와 도표 참고[2]

글의 그 모든 가시성 변수와 구현 가능성을 고려하면 구글은 성공하지 못할 이유가 없다. 관련성 마케팅을 활용하는 한 구글은 어떻게 고객에게 도달해야 할지 고민할 필요가 없다.

구글은 광고를 최대한 많은 사용자에게 뿌려대서 쓸데없다거나 불쾌하다는 인상을 줄 필요가 없다. 대신 딱 맞는 고객에게 딱 맞는 제품의 딱 맞는 광고를 딱 맞는 시점에 보여준다는 바로 그 이상을 향해 꾸준히 달려갔다. 고객은 최고의 관련성에 근거해 최종 구매를 안 할 도리가 없다.

구글이 모든 광고 플랫폼의 상단으로 급부상한 것은 당연한 일이

지역		
지역		
• 미국		
연령		
18~65+		
성별		
남녀		
목표 대상		
조건에 부합하는 사람들		

인구 데이터 > 교육 > 교육 수준		
대학 학위		

관심사 > 추가 관심사		
분재		
난		

추가 인구 분포, 관심사 혹은 행동	추천	둘러보기
전문가 자격		☐
박사 학위		☐
학사 학위		☑
대학원 전공 과정		☐

특정 목표 집단에 정확하게 맞아떨어지는 온라인 광고를 보여주면 효과가 분산되는 것을 조금이라도 피할 수 있다. 이 인스타그램 광고는 분재와 난에 관심 있는 미국의 18세 이상 학사 학위 소지자에게만 보여진다.

출처: 페이스북 비즈니스 매니저

었다. 구글이 광고로 과하다 할 정도로 성공한 데다 광고 플랫폼에서 광고한 기업들도 이 점을 즉각 이해했으므로 구글의 고객 수는 점점 늘어났다.

페이스북도 방법은 약간 다르지만 비슷한 경로를 따랐다. 이제는 광고도 잠재 고객과의 관련성과 정보 정확도를 극대화할 수 있는 지점에 내걸렸다. 더불어 데이터베이스 구축 작업에 빅데이터도 대규모로 활용되었다.

개인이나 기업이 매출액이 아닌 방법론에서 구글과 페이스북의 성공 방식과 비슷하게 가시성을 구축하려면 2가지 측면을 깊이 들여다봐야 한다.

첫째, 디지털화만이 성공의 핵심은 아니다. 미국 잡지들도 당연히 디지털 채널들을 활용해왔다. 2000년 이후 그래프에도 잘 나타나듯이 신문 매출은 아날로그 광고 예산과 거의 나란히 꺾인다. 신문이 늘 해오던 일을 디지털로 전환했다고 해서 하락세를 면하지는 못했다는 말이다.

많은 기업이 디지털화를 기회이자 위협으로 인식하고 있다는 점을 고려하면 흥미로운 상황이다. 기업가나 기업은 고객과의 관련성을 오래도록 유지하려면 디지털로 전환해야 한다는 사실에 민감하게 반응했다. 특히 신문과 잡지 등 여러 시장의 추이를 분석하고 더욱 그랬다. 아울러 회사를 창업한 사람들도 디지털화야말로 성공의 근간이자 마케팅 성공의 토대라고 확신했다.

하지만 디지털 채널과 도구를 단순히 활용하는 방식이 위기에서 벗어날 마법의 해결책은 아니다. 예전에는 효과를 톡톡히 봤지만 이제는 단순히 디지털로 대체하는 것만으로는 한계가 있다. 말하자면 디지털 과정을 제대로 작동하는 아날로그 과정과 연계해서 양쪽의 장점을 새로운 방식으로 보완하는 수준을 훨씬 뛰어넘어야 한다.

디지털화는 기업이나 서비스의 장점을 단순히 디지털로 대체하는 것이 아니라 보완하고 강화해야만 강력해진다.

> 이것이 바로 페이스북과 구글이 알고리즘과 도구를 활용하여 장악한 힘의 실체이다. 페이스북과 구글은 사람들이 끊임없이 찾아왔던 관련성 있는 콘텐츠를 더 빠르고 한 치의 오차 없이 확실하게 제시한다.

신문은 나름대로 신속하게 정보와 재미를 독자에게 전달했기에 몇 세대에 걸쳐 주류 매체로 자리 잡았다. 그러나 요즘은 유튜브, 뉴스 앱, 뉴스 티커 등의 채널들이 신문보다 훨씬 빠른 속도로 정보를 전달한다. "신문을 왜 읽어야 하는지 모르겠어요. 정보는 뉴스 앱으로 순식간에 얻을 수 있거든요." 이 말은 오늘날 일간지들이 봉착한 냉혹한 현실을 반영한다.

예전에는 관련성 분야가 딱히 정해져 있지 않다 보니 〈이코노미스트(Economist)〉의 구독자들은 경제 분야를 어느 정도 선호하나 보다 하는 식이었다. 더구나 일반적인 정보로 가득한 일간지에서 독자들이 관심을 가지는 기사만 올리겠다는 약속은 애초에 할 수 없다.

일간신문을 웹사이트에서 디지털로 제공한다고 해서 몰락하고 있는 신문을 구해내지는 못한다. 정보를 어디서나 신속하게 얻을 수 있는 디지털화 덕분에 신문도 유튜브, 구글, 페이스북, 인스타그램 같은 채널들과 맞먹는 최신 정보로 무장하기는 했다. 그러나 신문의 정보는 여전히 '인쇄 논리'에 묶여서 독자가 제 발로 신문 웹사이트를 찾아오기만을 기다리고 있다.

이와는 반대로 구글과 페이스북은 고객이 적극적으로 정보를 찾아 나설 필요가 없다. 고객의 흥미를 잡아끄는 정보를 제공하기 때문이다. 페이스북은 정보와 후원받은 광고 게시물을 나란히 배치하여 이를 활용할 가능성이 큰 사람에게만 보여준다. 또 구글은 방문객에 따라 광고를 구체적으로 선정하고 통합해서 웹사이트에 올린다. 사용자들은 아주 빈틈없는 분석에다 빅데이터의 추천과 광고계 두 거물의 알고리즘에 바탕을 둔 광고를 짜증스럽게 여길 틈이 없다.

아직 그게 다가 아니다. 디지털 채널들도 시간성을 성공 요인으로 활용한다. 사용자가 시간이 날 때마다 뉴스 앱을 열 수 있고, 작고 간편해서 주머니 속에 넣고 다니며, 인터넷을 연결해 수시로 검색하고, 사용자의 관심에 부합하는 뉴스를 전달하는 디지털 채널들은 신문에게 버거운 상대가 아닐 수 없다.

앱이나 웹사이트처럼 신문도 광고로 자금을 조달하지만, 적어도 종이 신문은 원자재와 운송 수단에 묶여 있다. 잡지도 더 이상 줄일 수 없는 최소한의 비용을 판매로 회수해야 하는데 이러한 '한계비용'도 운송비로 심한 타격을 받는다.

이 모든 요인이 전통 광고에 큰 타격을 입혔다. 업계는 비용 면에서 패배를 인정해야 했고 납품 시간도 단축해야 했다. 편집자의 지시로 지지부진한 인쇄 과정에 들어간 후 편집부에서 최종 뉴스를 확인한 종이 신문을 발송하는 것과 콘텐츠를 온라인에서 바로 찾아볼 수 있는 것과는 접근성과 과정에서 상당한 차이가 있다. 하지만 가장 영향을 미치는 것은 무엇보다 관련성이다.

관련성은 스마트 가시성의 토대다

구글과 페이스북의 대대적인 성공을 이끌었고, 또 다른 기업들도 상당 부분 따라 해볼 수 있는 기본 메커니즘은 무엇일까? 바로 관련성이다. 관련성을 최우선시하여 적시에 적절한 고객에게 적절한 제품을 제공하는 것은 고품질 스마트 가시성을 위한 필수 조건이다.

정확히 선별된 목표 대상에게 딱 맞는 관련성을 제공하기만 한다면, 소수의 고객에게만 접근해도 비즈니스에서 성공을 거둘 수 있다.

10명의 잠재 고객에게 다가가 8건의 판매를 성사하는 것이 1천 명의 잠재 고객에게 접근해서 같은 결과를 얻는 것보다 낫다. 이 차이를 만드는 것이 관련성이다. 그런데 관련성은 비용 구조에도 반영된다. 광고비는 CPM(1천 회 유효 노출당 비용)으로 정산해서 각 채널에 지급하는데 소수의 대상에게만 접근해도 충분하다면 그만큼 광고비도 줄어든다.

더 좋은 소식이 있다. 새로운 디지털 환경에서 작은 기업들은 관련 광고 콘텐츠를 게시할 공간만 예약하고, 이를 관심 있는 사용자들에게만 보여주면 되므로 광고비를 크게 줄일 수 있다. 스포츠 기사나 부고 기사에 관심이 많은 2만 명의 신문 구독자보다 목표 대상에 근접한 500명의 페이스북 사용자를 상대로 광고를 보여주는 것이 훨씬 저렴하다.

이제 이러한 성과 지향형 채널을 누구나 이용할 수 있다. 관련성에 맞춘다면 그 어느 때보다 쉽고 저렴하게 성공적인 광고를 펼칠수 있다.

페이스북과 구글이 광고만 보여줄 수 없는 이유

하지만 페이스북과 구글은 사용자들에게 동일한 광고를 노출하는 전형적인 방식을 사용하지 않는다. 자신의 비즈니스 모델에 도움이 되지 않기 때문이다. 광고주들은 페이스북과 구글이 고객의 성향을 이미 통계적으로 파악하여 그에 맞는 광고를 보여준다는 사실에 비용을 지불한다.

페이스북과 구글은 돈이 되는 광고만 보여주면 훨씬 대박이 나겠다고 생각할 수도 있을 것이다. 하지만 그런 식으로 정보를 제공하는 것을 사용자들이 두고 보지는 않는다(페이스북 사용자들은 구글 사용자들보다 광고만 있는 콘텐츠에 훨씬 관심이 덜하다). 구글은 검색 결과 상단에 두세 개의 광고 링크뿐 아니라 많은 유기적 검색 결과(광고료를 지급하지 않은 콘텐츠)도 함께 나열한다.

모든 검색 결과가 광고 의뢰를 받은 것이라면 구글이 훨씬 많은 광고 수익을 올렸을까? 구글은 광고 의뢰를 받은 검색 결과만 올리는 것이 아니라 정보에 차별을 두지 않고 포괄적으로 손대지 않은 채 보여주는 방식을 택했다. 사용자들도 의뢰받은 콘텐츠를 객관적인 정보 자료로 보지는 않을 것이다.

페이스북은 사용자가 보고 싶은 콘텐츠를 구독하면 개인은 물론 회사, 기관, 단체의 콘텐츠가 많이 올라온다. 하지만 콘텐츠 사이사이에 사용자들의 성향에 맞는 광고를 뿌린다. 페이스북에 친구나 관심 있는 정보 채널 및 단체가 올린 모든 콘텐츠가 사라지고 홍보 콘텐츠만 남는다면 어떨까? 비즈니스 관점에서는 구미가 당길지 몰라도 사용자들이 흥미를 느끼는 정보와 관련성은 떨어진다.

따라서 구글과 페이스북은 사용자가 균형이 잘 잡혔다고 생각할 수 있는 지점에서 양극단을 올바르게 조합할 방법을 찾아야 한다.

여기서 두 플랫폼 기업에게 배울 점이 2가지 있다. 첫 번째는, 관련성 있는 정보가 널리고 널린 일반 정보보다 낫다는 것이다. 두 번째는, 홍보 콘텐츠는 고객이 계속해서 접속하고 관심을 가질 수 있도록 가끔은 재미도 있고 유익한 정보 콘텐츠로 바꿔서 제시해야 한다는 것이다.

무작정 들이밀지 말고 관심을 보이는 순간을 포착하라

하지만 관련성이 콘텐츠에만 국한된다면 너무 근시안적이다. 물론 콘텐츠가 첫 번째로 중요한 관련성과 밀접하게 연결된 것은 사실이다.

관련성에서 두 번째로 중요한 것은 시간성이다.

가족들과 저녁 식탁에 둘러앉아 있는 모습을 상상해보라. 그때 갑자기 전화벨이 울린다. 즐거운 저녁 시간을 방해받고 싶지는 않지만, 혹시 급한 일일까 싶어 마지못해 전화를 받는다.

전화한 사람은 보험설계사로 1년에 몇백 유로를 절감할 수 있는 자동차 보험을 제안한다. 게다가 당신도 마침 자동차 보험을 바꿔볼까 생각하던 터였다.

보험설계사는 당신이 일전에 계약한 보험회사의 직원이다. 기존 계약에 관해서도 잘 알고 있기에 그의 말에 신뢰가 가는 데다 그가 제안한 내용도 가치 있다. 다만 타이밍이 좋지 않다. 그래서 당신은 가족들과 식사 중이니 나중에 다시 전화해달라고 부탁한다.

내용만 놓고 보면 보험설계사의 제안은 관련성이 있으나 시간성을 놓쳤다. 이미 푸시 마케팅(push marketing, 강매)과 풀 마케팅(pull marketing, 고객 참여 유도) 간의 줄다리기는 회사에 불리한 쪽으로 가고 있다. 고객이 (사실은 솔깃한) 제안을 막아섰으니, 회사는 "그럼 나중에 다시 전화하겠습니다"라고 한 다음 연락을 재시도해야 한다.

이처럼 회사의 자원을 소모하고 고객의 일상을 방해하면 결국 회사의 판매 기회가 줄어들기에 썩 괜찮은 방법이 아니다. 가끔은 고객이 "아뇨, 됐어요. 제가 연락하죠"라며 적극적으로 나서야 한다.

같은 날 밤 TV에서 흥미진진한 영화를 하고 있다고 가정해보자. 가장 숨죽이는 순간, 이야기가 절정에 다다른 바로 그때 광고가 나온다. 시청자가 자리를 뜰 수 없게 하는 '클리프행어(cliffhanger, 사건이 극적인 상태에서 종결되었다가 그다음에 해결되는 구성 - 옮긴이)' 전략이다. 주인공이 절벽에 매달려 있고 과연 이 난관을 헤쳐나갈 수 있을지 궁금증이 폭발 직전인 그 순간을 노려 광고가 나온다.

이때 광고하는 속내는 뻔하다. 좋아하는 주인공이 살아남을지 궁금한 시청자들이 광고를 끝까지 보게 하려는 의도이다. 시청자가 광고가 나오는 동안 다른 일을 보러 자리를 뜨지 않도록 어떻게든 TV

앞에 붙들어두려는 속셈이다.

하지만 여기에도 문제가 있다. 하필이면 긴박한 순간에 광고가 뜨면서 몰입을 방해한다. 또한 방해 마케팅은 관련성 있는 내용이라도 고객에게는 스팸으로 인식된다. 자동차 보험을 변경할까 고민하고 있다 해도 그 순간에는 고민할 때가 아니다.

한두 주 후에는 상황이 완전히 바뀔 수 있다. 고객이 자동차 대리점에 앉아 있고 꿈에 그리던 차를 막 구매했다. 중개인은 신속한 거래를 약속하며 번호판과 지불 방식, 전자보험 확인 절차만 마무리하면 된다고 한다.

불과 몇 주 전 TV 광고를 할 때도 관심이 없던 보험회사의 짜증스러운 스팸 마케팅이 갑자기 솔깃한 제안으로 바뀐다. 이전에 귀찮은 듯 반응했던 고객이 보험 회사로 직접 연락하려고 한다. 푸시 마케팅이 풀 마케팅으로 바뀌는 순간이다. 저녁 식사 시간에 전화해서 홀대받던 보험설계사가 갑자기 아주 흥미로운 대화 상대로 바뀐다. 고객이 보험 이야기를 먼저 꺼냄으로써 관련성과 시간이 충족되며 보험사의 제안이 고객에게 솔깃하게 다가온다.

스마트 가시성에서 관련성이란 (내용과 시간 2가지 면에서) 무가치한 가시성의 바다에 떠 있는 중요한 섬이나 마찬가지다. 이런 섬들은 가치가 높은 스마트 가시성을 제공한다. 고객은 보험회사가 자신들의 문제를 해결해줄 수 있다는 확신이 설 때만 계약하려고 할 것이므로 관련성은 기본일 수밖에 없다. 고객은 문제를 해결할 시기가 되어야만 보험에 가입할 것이다.

왕의 권위를 빌리는 전략

권위 있는 사람이 방에 들어오면 보통은 아주 빠르게 알아채기 마련이다. 그 사람의 행동이 아니라 주변인들의 반응 때문이다.

영국에서 열리는 한 연회에 초대받았는데 영국 왕도 참석한다고 가정해보자. 이런 초대에 한껏 부풀어 다른 손님들처럼 당신도 일찍 도착한다. 연회장에 들어찬 손님들은 모두 선 채로 환영 음료를 마시며 대화를 나누고 있다.

그런데 왜 이런 연회에 이렇게까지 주목할까? 왕이 참석하는 연회에는 손님들을 아주 극소수만 초대하기 때문이다. 높은 권위를 자랑하는 왕을 만나기란 여간 어려운 것이 아니다. 왕이 궁으로 사람들을 초대하는 것도 아니고, 초대한다고 해도 아주 까다롭게 선정한 사람들만 참석한다. 말하자면 권위자는 스스로를 귀하디귀한 존재로 만든다.

그러나 환영 음료를 마시고 있는데도 왕은 아직 도착하지 않는다. 그래도 관심은 이미 왕에게 쏠린 상태이다. 모두 왕의 등장을 알리는 신호를 기다리고 있다. 어떤 문이 열리며 왕이 들어올까? 왕의 수행원은 어디서 나타날까? 왕과 몇 마디라도 주고받는 일이 고귀한 목표가 될 터였다. 어떤 주제에 대해 자세히 논한다기보다 왕과 몇 마디라도 주고받아야 나중에 다른 사람들에게 자랑이라도 할 수 있으니 말이다. 왕과 몇 마디 나눠봤다면 그만큼 중요한 사람으로 여겨질 것이다. 이처럼 권위자는 참석하지 않아도 사람들이 관심을 쏟는다.

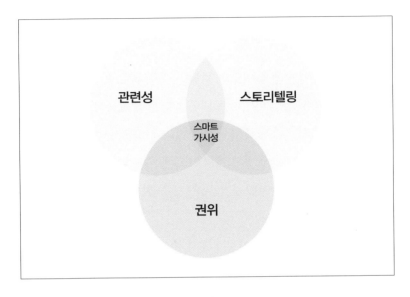

관련성과 스토리텔링에 권위가 서로 겹친다.

출처: 도표 원본

　권위자는 공간과 시간에도 영향을 미치며, 나아가 행사의 취지까지 전달한다. 왕이 그곳에 나타나지 않는 한, 본격적인 행사는 시작되지 않는다. 왕이 참석하지 않는다면, 참석자 전원에게 행사의 가치가 떨어질 것은 분명하다. 나중에 '왕도 참석하려고 했던 연회에 초대받은 적 있어'라고 말하는 것은 아무 의미가 없다. 권위자는 그들이 없다면 무의미했을 상황에 의미를 부여한다.

　마침내 왕이 등장할 즈음 되면 경호원이 방으로 들어온다거나 갑자기 부산한 움직임을 보인다. 드디어 왕이 나타나고 모든 관심이 그에게 집중된다. 왕은 이어서 몇 마디 환영의 인사를 한다. 연회에 참석한 왕에게 모두 최고의 존경을 표하며 귀를 기울인다.

이런 일이 왕한테만 해당하는 것은 아니다. 다른 권위자들도 조용하지만 모두 그들의 목소리에 귀 기울인다는 사실만 보더라도 존재감이 대단하다. 지난 가족 파티에서 차분하면서도 사려 깊은 말로 사람들을 자기 주위로 끌어들였던 손님을 떠올려보라. 그들이 하는 말에는 모두와 관련된 내용이 담겨 있다. 권위를 식별하는 방법은 함께 어울리는 사람들이 그들의 말에 귀를 기울일 기회를 엿보고 있느냐 하는 것이다.

권위는 명확하게 구분 짓는 틀(framing)이 있게 마련이다. 종종 사진을 끼운 액자처럼 여러 외부 상황을 통해 권위를 인식한다. 하지만 이 액자라는 은유를 너무 협소하게 생각하면 안 된다.

루브르 박물관의 〈모나리자〉도 액자에 들어 있는데 이 액자가 어떻게 생겼는지 알려면 대개 구글을 검색해야 할 것이다. 유난히 거창한 액자도 아니어서 〈모나리자〉가 액자 덕분에 유명세를 탄 거라고 한다면 분명 주제넘은 추정이다. 하지만 〈모나리자〉는 더 큰 액자에 끼워져서 루브르 박물관에 걸려 있다. 전시실도 액자의 일부인 셈이다.

세계적으로 유명한 루브르 박물관을 방문한다면 무엇보다 〈모나리자〉를 보려고 할 것이다. 이 상징적인 그림이 걸려 있는 전시실에 들어서는 순간 〈모나리자〉 왼쪽으로 호사스러운 자태를 뽐내며 나란히 걸려 있는 화려한 대작들이 꽤 많이 보인다. 그래도 전시실 앞에서 고대하며 기다리는 것은 〈모나리자〉 딱 한 작품이다. 〈모나리자)는 관객들이 가까이 다가서지 못하도록 다른 작품들과는 사뭇 다르게 걸려 있고, 보호 차원에서 방탄유리 안에 전시된 이 작은 그림에 대부분의 눈이 쏠린다.

고딕 양식의 대성당에 들어선 것처럼 관람객의 시선은 전시실에 들어선 순간 반사적으로 위로 향하는데(알고 보면 길고 높고 좁다란 창문 디자인 때문이다), 여기서도 창틀이 관심을 유도한 것이다. 이처럼 권위자는 틀을 통해 관심을 한데 모아서 가야 할 방향을 알려준다.

우리가 권위자를 접하는 틀 역시 다른 특징을 갖고 있다. 흰색 의사 가운이나 판사복 같은 특정 휘장이다.

은행에 가서 창구 앞쪽에 서 있는 안내원에게 말을 거는 것과 따뜻한 환대를 받으며 VIP룸으로 안내받는 것은 차이가 있다. 은행 지점장과 이야기할 기회를 얻을 수도 있다. 지점장은 직원보다 권위가 높아서 결정권도 많고 고객의 다른 문제도 해결해줄 수 있다.

이런 경우 지점장이라는 틀이 고객이 갖게 되는 권위의 인식 정도를 결정한다. 이처럼 틀은 다양한 방식으로 어떤 사람이나 기관의 권위를 세워준다.

권위에는 시간이 필요하다

시간도 중요한 요인이다. 때로는 눈에 잘 띄지 않는 세세한 부분들을 살펴보면 이 점이 명확히 드러난다. 은행 지점장을 예로 들어보자. 아마 지점장의 연령이 살짝 높다고 예상할 것이다. 은행에 들어가 지점장이 누구일까 살펴볼 때 이제 막 들어온 것처럼 보이지는 않는 직원을 찾을 것이다. 가시성과 권위와 관심에는 아주 미묘한 힘이 있다.

나이 든 직원을 지점장이라고 생각하는 이유는 그 정도 지위에 오르기까지 시간이 걸린다는 단순한 추정 때문이다. 은행은 경험도 없고 전문 지식도 없는 사람을 그런 중요한 자리에 두지는 않을 것이다. 시간이란 결정적인 요인은 권위에도 영향을 미치며 능력과 경험, 비전 등의 가치들이 시간을 통해 간접적으로 전달된다.

하지만 이것은 진부하고 판에 박힌 생각이기도 하다. 어떤 은행은 충분히 경력을 갖춘 적임자를 찾지 못해 30년 근속한 은행원이면 일단 높은 자리에 앉히고 본다. 또 은행은 직위가 높은 자리에 이런 경력자들을 앉히므로 젊은 직원은 지방에 있는 작은 지점의 지점장이 된다. 그렇다고 젊은 직원들의 능력이 부족하거나 가치 있는 조언을 해주지 못한다는 의미가 아니다. 그러나 고객들이 얼마나 진부한 생각을 많이 하고 다른 사람들에게 권위를 어느 정도 부여하는지 살펴보는 것도 흥미로운 일이다.

따라서 특정한 틀에 더해 시간도 강력한 권위를 떠받치는 두 번째 축으로 작동한다. 이런 사실을 깨닫고 마케팅도 그에 맞게 설계하는 기업이 많다. 가장 눈에 띄는 예는 회사 로고에 'since 1876' 또는 'Est. 1912'와 같은 창립 연도를 강조하는 것이다.

연륜, 경험, 과거의 성공 사례는 이야기를 통해 권위와 연결된다. 또 이러한 것들은 모두 과거의 이야기이므로 현시점에서 잠재 고객에게 알릴 수단이 필요하다.

이야기와 시간을 결부할 수 있다면 권위는 객관적인 정보원으로 인정받을 수 있다. 많은 경험을 쌓아온 사람은 전문가로 인식된다. 오랜 시간 동안 성공과 도전, 아마도 실수와 실패에 이르기까지 수많은 경험들이 쌓여 정직한 권위를 만들어낸다. 정직한 권위는 정직한 정보와 마케팅을 보장한다.

그러나 권위는 훨씬 더 많은 일을 해낸다. 권위는 고객이 객관성마저 중요하지 않게 여기도록 만들 수 있다. 권위자의 (심지어 편향된) 안내를 따른다는 말이다. 사람들이나 기업이 권위를 활용할 수 있다면 관련성을 정의하고 믿을 만한 이야기를 해줄 특권도 생기기 때문에 어느 정도는 도덕적 책임이 따른다.

당신은 권위자가 되어야 한다

얼마 전 뱅크시(Banksy)의 그림 한 점이 경매에 부쳐졌다. 뱅크시라는 인물은 여전히 베일에 가려진 예술가이지만 작품은 세간의 이목을 끈다.

뱅크시의 〈풍선을 든 소녀(Girl with Balloon)〉는 액자에 담겨 경매에 부쳐졌다. 여기서도 액자 자체가 특별히 웅장하지 않아 그림의 가치를 높여주지 않았다(적어도 그때까지는 그랬다).

그런데 경매가 끝난 후 그림이 갑자기 액자 밑으로 내려가더니 갈기갈기 갈라졌다. 액자에 감쪽같이 숨겨놓은 파쇄기가 작동한 것이다. 그림의 절반이 분쇄되어 액자 밑으로 너덜너덜 달려 있었다. 바로 직전에 이 그림은 120만 유로(약 15억 원)에 낙찰되었고, 부분적으로 훼손되고 나서도 그림의 가치는 사라지지 않았다. 작품의 가치

가 20배나 뛰었으니 말이다.[3]

기술적으로 보면 액자 때문에 값이 뛰었다고 볼 수도 있겠지만 그보다는 관람객이 경악하며 쳐다보던 과정 자체에서 가치가 치솟았다. 가치 상승은 예술가의 권위를 구체화한 행동 반경과 틀에서 비롯된다.

일종의 틀을 중심으로 성장한 이야기들은 권위의 위상에 상당한 영향을 미친다. 스마트 가시성의 양대 축인 권위와 이야기를 분리해서 생각하고 각각을 다시 강조할 때 그 지점에서 이 둘은 교차한다.

시간이 쌓이면서 생겨난 다양한 이야기들은 개인이나 기업의 권위를 인지하는 데 중요한 역할을 한다. 이런 이야기에서 권위자는 여러 특징과 단단히 결부되며 길잡이 노릇을 한다.

예술가 뱅크시는 알 수 없는 인물이다. 가명으로 활동하는 이 예술가가 집단인지 여성인지 남성인지도 확실히 밝혀지지 않았다. 하지만 분명한 것은 뱅크시는 다른 방식으로 예술에 접근하고 전통적인 구조와 신념에서 완전히 벗어난 예술을 선보인다.

가령 뱅크시의 그라피티(길거리 벽면에 낙서처럼 그리거나 페인트를 분무기로 뿜어 그리는 그림 - 옮긴이)는 범상치 않은 장소에 나타나고 정치나 사회적 주제를 담고 있어서 좋은 쪽으로든 나쁜 쪽으로든 널리 알려졌다. 어떤 요청이나 허가를 받지도 않고 예술품을 박물관에 놓아두고, 정치적인 분쟁 지역의 벽에 하고 싶은 말들을 스프레이로 뿌리는 거리 예술을 대중문화의 상징으로 끌어올렸다.

그런 일은 사람들의 관심을 끌어모으는데, 권위와 틀이 하는 일이 이런 것이다. 권위자들은 강력하다. 뱅크시가 예술을 남들과 다르게 생각한다는 사실, 패턴을 깨고, 반복적으로 사람들을 깜짝 놀라게 한다는 사실은 뱅크시의 예술에서 필요불가결한 부분이다. 그래서 구매자들은 거실 벽에 예술 작품을 걸면서 자신이 하려는 말을 분명히 전한다. 예술은 고객들에게 감화를 줄 수 있고, 세상을 비판할 수 있으며, 구매자에게 자유로운 영혼을 부여한다. 권위자들은 그러한 핵심 가치를 대변한다.

하지만 뱅크시의 예술은 건물 벽이나 외부 어딘가에 스프레이로 뿌린 스텐실 그라피티이기 때문에 거실 벽에 걸어둘 수 없다. 뱅크시의 작품을 치우기도 어렵고 전통 작품처럼 틀에 가두기도 어렵다. 이런 점에서 뱅크시는 꽤 철저하지만 뻔하기도 하다.

그런데 갑자기 뱅크시의 예술이 기존 스타일을 깨고 경매에서 입찰에 부쳐졌다. 종이 위에 그려져 옮길 수도 있는 그림은 이내 절반이 너덜너덜해지면서 다시 부조리한 상태가 되어 '전형적인' 뱅크시의 예술로 되돌아갔다. 어쩌면 뱅크시의 예술은 팬들이 좋아하는 것보다 훨씬 보수적이라 자신만의 패턴을 깨지 않으려고 했던 것은 아닐까?

정말 그렇다면 뱅크시 예술의 권위는 무엇보다 진실성에서 비롯된다. 우리는 마치 우리가 무엇을 기대하는지 알고 있는 기분이다. 뱅크시의 경우에는 놀랄 준비가 되어 있다는 뜻이다. 순간순간 유쾌하고 (뻔하기에) 편안하게 예상할 수 있다. 사람들은 이처럼 충분히 예상할 수 있도록 돕는 안내 기능과 안전하다는 느낌을 좋아한다.

"우리 집 소파 위에는 뱅크시의 작품이 걸려 있어요" "다음에는 어디서 나타날지, 거기서 무엇을 할지 절대 알 수 없는 완전 반항적인 거리 예술가 아닌가요?" 고객에게 권위는 명확성, 진실성, 신뢰성에서 비롯된다.

벤츠는 벤츠이기 때문에 산다

고객은 가시적인 콘텐츠와 홍보성 메시지가 넘쳐나는 가운데 안내 기능이 있는 업체를 발견하면 뜻밖의 행운을 얻었다고 생각하며 제품을 구매하거나 서비스를 예약하고 싶을 것이다.

뱅크시의 작품을 사면 어떤 말이 따라붙을지 알 수 있다. 벤츠를 사는 사람은 비싼 값을 치러서라도 얻고 싶은 차의 속성, 그들이 세상에 보내는 메시지가 무엇인지 분명히 알고 있다. 공인된 심장 전문의에게 의견을 구하는 사람들은 신속하게 방향을 정하고 싶기 때문이다. 환자들은 "긴장하지 마세요. 저한테도 생애 첫 심장 수술입니다"라는 말을 듣고 싶은 것이 아니다.

하지만 이런 안내 기능에는 진실성이 있어야 한다. 진실성이 있어야 틀을 분명히 짤 수 있고, 그 틀 안에서 권위자가 경험, 능력, 카리스마를 바탕으로 고객을 위해 안내 기능을 수행할 수 있다.

권위 있는 것들이 눈에 띈다

권위는 관심을 유도하는 능력에서 가장 잘 드러난다. 한편 권위는 주변 환경을 결정하는 방법이라고 정의하는 것이 가장 적절하다. 권위자들은 깊이 있는 해석 능력을 가지고 있다. 그들은 해당 분야에서 담론의 내용을 정하고 맥락을 형성하기 때문에 다른 사람의 결정에 영향을 미친다. 가령 유명한 디자이너 칼 라거펠트가 올여름 색은 녹색이라고 하면 그의 권위를 인정한 이들은 올여름 트렌드로 녹색을 받아들인다.

특히 예술 분야에는 이런 현상이 널리 퍼져 있다. 예술적 담론은 대개 개념을 잡거나 내용을 규정하기도 어렵다. 특히 현대미술을 보면서 '나도 저 정도는 그리겠다'라는 기분이 자주 드는 것이야말로 확신이 없다는 방증이다. 바넷 뉴먼(Barnett Newman)의 〈단일성 6(Onement VI)〉은 밝은 청록색 세로선이 파란색 화면을 가로지른 그림일 뿐인데, 소더비 경매에서 4,400만 달러(약 500억 원)에 낙찰되었다면 방향성과 설명이 필요하다. 미술관 안내서에 미술 전문가의 전문 지식이 인쇄된 것만 보더라도 방향성과 설명이 권위를 만들어 낸다는 것을 알 수 있다.

하지만 미술 작품 하나에 그런 값어치를 매기는 원동력은 무엇일까? 답은 전문가의 유도로 증폭된 관심에서 찾을 수 있다.

가령 젊은 미술가가 첫 전시회를 할 때 우연한 기회가 도움이 되기도 한다. 아마도 이 미술가는 작품을 선보일 유명한 장소를 찾아냈을 수도 있다. 그러다 운이 좋아 작품이 처음으로 언론의 관심을 받으며 미술 대회에 초대받는다. 훌륭한 미대 교수들, 즉 권위자들이 심사위원으로 참석하고 그중 한 명이 이 미술가의 작품에서 위대한 예술성을 알아본다. 아마도 이 특별한 작품이 심사위원의 개인적

열정이나 전문가적 소견과 맞아떨어졌을지도 모른다.

어쨌든 이런 계기로 이 교수가 다른 심사위원의 의견보다 설득력이 있거나 그들을 설득하여 대회 우승자로 이 작품에 왕관을 씌워준다.

그 후 이 미술 작품은 경매로 판매되는데 이때도 운이 작용한다. 두 입찰자가 관심을 보여 입찰 경쟁이 뜨거워졌다. 그렇게 낙찰된 가격은 이후로 특별한 화가의 작품을 낙찰받기 위한 지향점이 될 것이며, 그렇게 예술 작품에 대한 시가가 정해진다.[4]

이 과정에서 예술적 창의성에 바탕을 둔 객관적 기준은 몇 개 되지 않는다. 오히려 운이 중요한 요인으로, 작품의 가치는 주로 관련자들의 권위에서 비롯된다. 입찰에 참여한 교수, 경매 입찰자, 전문성을 갖춘 경매 회사, 추정 가격은 물론 미술 잡지에 실린 논평 등 모든 요소가 해당 예술 작품의 가치에 하나의 권위로 영향을 미친다.

물론 예술적 표현과 예술성이 운으로만 구현되는 것은 아니다. 하지만 운이라는 것도 권위에 힘입어 강력해지면 모종의 역할을 할 수 있다. 미대 교수와 같은 권위자에게는 작품을 해석하는 힘이 있기 때문이다.

더욱이 권위는 세습되는 면도 있다. 일부 기업은 유명인의 권위를 내세워 특정 분야에서 혜택을 누리고자 한다. 또 어떤 회사들은 창립자의 권위와 해석하는 권한을 활용한다. 미국의 농구 선수 마이클 조던이 나이키 운동화를 가장 좋아한다고 하면, 그 운동화는 농구 전설의 권위를 고스란히 물려받는다. TV 리얼리티 프로그램 〈드래곤스 덴(Dragon's Den)〉(일본 원작)이나 〈샤크 탱크(Shark Tank)〉(〈드래

곤스 덴)의 미국판)에서는 노련한 기업가들이 깐깐한 배심원으로 등장해 야심만만한 창업가들에게 투자금을 (작위를 내리듯이) 준다. 그러면 창업자의 제품은 열정적으로 좋은 제품을 개발하고 이제는 제품을 열심히 설명하는 창업자의 권위와 그들의 모든 특성뿐 아니라 투자자들의 권위까지 물려받는다.

하지만 대물림된 권위는 어느 선까지만 작용할 뿐이며 특히 가시성을 창출해내는 초기에 유용하다. 권위에는 스마트 가시성보다 유리한 점이 한 가지 있다. 권위가 높은 사람이 관련 사안을 지적하면, 그 문제들이 느닷없이 순식간에 어떤 관련성을 지니게 된다는 점이다.

그러므로 권위는 가시성과 상호작용을 한다. 권위가 (특히 마케팅에서 전략적 이점을 보여주며) 가시성을 지휘할 수 있다고 해도 권위 자체가 본질적으로 가시성에 의지해 살아간다. 미술의 사례와 같이 가시성은 세습된 권위처럼 강력한 관심을 불러일으킨다는 점에서 초기 권위의 시작점인 셈이다. 사람이나 브랜드는 항상 스스로 권위자가 되기 위해 늘 자신의 가시성을 주시해야 한다. 다른 사람의 눈에 띄어야만 비로소 권위자가 되는 것이다.

가장 중요한 첫 단계는 딱 맞는 틈새시장을 선택하는 일이다. 가시성을 두고 많은 경쟁자가 서로 다투는 대규모 시장보다 작은 틈새시장에서 가시성을 확보하고 권위자가 되는 것이 더 수월하다. 정확하게 규정된 틈새시장에서는 눈에 돋보이기도 더 쉽다.

아울러 누구에게 그리고 어떤 환경에서 눈에 띄어야 하는지도 중요하다. 가시성은 계속 확장되는 속성이 있어서 통제하지 않으면 부적합한 환경에서도 권위에 영향을 미친다. 그러므로 삼류 리얼리티 프로그램에서 범위는 넓지만 가치가 절하된 가시성을 확보할지, 아니면 순 사용자 도달 범위는 좁아도 가치는 단연코 더 높은 전문 심포지엄에서 작은 가시성을 확보할지 꼼꼼하게 살펴봐야 한다.

시청자나 잠재 고객들은 뭐든 고정관념으로 단순하게 받아들이기 때문에 무대를 선택할 때는 앞뒤 정황을 염두에 두고 결정해야 한다. 이른바 '뿔 효과(horn effect, 하나의 단점으로 전체를 부정적으로 생각하는 편향 - 옮긴이)'는 미국의 심리학자 에드워드 리 손다이크(Edward Lee Thorndike)가 처음으로 주장했다. 뿔 효과에 따르면 사람들은 개인의 가장 두드러진 (부정적) 특징들을 그들의 전반적인 성격을 측정하는 잣대로 삼는다고 한다.

예를 들어 걸핏하면 시간을 어기는 사람은 미덥지 않은 사람으로 인식된다. 뿔 효과는 보편성과 단순함을 추구하는 것과 비슷하다. 편견도 같은 방식으로 작동한다.

기업이나 개별 서비스 업체도 자신의 가시성을 주의 깊게 살펴야 한다. 불리한 가시성, 소위 말하는 '독성 가시성'은 정확히 이런 원리로 작용한다. 시청자는 개별적인 가시성을 보고 고정관념을 가지는데 특히 의구심이 드는 요소들은 부정적인 고정관념으로 받아들인다. 후광 효과는 뿔 효과와 정반대 개념이다. '후광'이란 '~보다 강하게 빛난다'는 뜻이다. 말하자면 어떤 사람에게 단 한 번이라도 강한 인상을 받은 긍정적인 특징들은 이후에도 변함없이 따라붙는다는 말이다.

기업이나 브랜드, 인플루언서도 마찬가지다. 인플루언서의 후광 효과는 사뭇 비판적 시선을 받기도 하고 과학적 담론의 시험대에 오르기도 한다. 인플루언서는 자신들의 팔로어에게 막강한 권한을 행사한다. 이들은 틈새시장에서 가시성을 확보하고 그들을 추종하는 (종종 젊은) 팔로어들을 압도하는 막강한 해석 능력도 보유하기에 무의식적으로 권위자로 인식된다.

후광 효과를 얻으면 팔로어는 무비판적인 사람들로 변한다. 인기 많은 인플루언서에게 한결같이 따라붙는 찬사는 추천 제품이나 행동에 가해질 수 있는 어떤 비판보다 강력하다.

얼마 전까지만 해도 사람, 기업, 제품이나 솔루션과 관련한 정보를 수집해온 고객들이 지금은 수집하는 정보의 양을 줄이고 있다. 기업으로서는 정말 눈이 휘둥그레지지 않을 수 없다. 기업은 항상 그들의 잠재 고객에게 많은 정보를 제공하고 싶어 한다. 그러다 보니 솔루션에 관한 정보를 상당량 흘리기도 하고, 논거를 최대한 많이 열거해 잠재 고객에게 확신을 주려고 한다.

기업이 고객에게 더 많은 정보를 제공할수록 주어진 정보를 단순한 패턴으로 전환하는 고객도 더 늘어날 것이다. 고객의 관심은 정보를 모으는 볼록렌즈와 같다. 더 많은 빛을 볼록렌즈에 쏘일수록 (제품 정보의 가시화) 단일 지점에 모이는 빛도 더 많아진다. 이처럼 기업도 이런 정보 감축 과정을 직접 해내고 정보를 통해 고객의 마음속에 어떤 메시지를 구축할지 결정해야 한다.

기업의 권위는 고객의 관심을 집중시키는 볼록렌즈인 셈이다. 권위에는 고객의 관심이 어디로 향해야 할지 방향을 정하고, 적어도 구매 여부를 결정하는 고객에게 어떤 정보가 필요한지 결정할 권한이 있다.

권위는 높은 수준의 해석 능력으로 고객이 자사의 제품을 의심스러워할 때 나타나는 여러 문제들을 극복한다.

제품이 문제 해결에 효과가 있고 사람들이 아무리 흠을 잡지 않아도 고객이 제품을 지나치게 꼼꼼히 따져보는 것은 기업의 입장에서 문제이다. 잠재 고객에게 회의적인 생각을 하거나 제품을 시험해볼 시간이 무한정 있지는 않다. 하지만 그와 동시에 고객은 제품을 잘못 구매할까 봐 정확하게 알고 싶어 한다. 결론적으로 말하면 검증 절차가 길수록 판매 가능성이 떨어진다.

권위는 이러한 간극을 메우고 고객을 안심시킨다. 권위는 이런 자체적인 해석 능력과 관심을 유도하는 역할로 힘을 얻는다.

강력한 브랜드는 이런 해석 능력을 유용하게 활용한다. 기업이 틈새시장을 찾아 가시성을 갖춘 강력한 브랜드를 구축하려는 가장 중요한 이유 중 하나가 바로 이 해석 능력 때문이다. 일례로 바이어스도르프(Beiersdorf) 자체는 브랜드 가치가 비교적 낮아도 소속된 니베아(Nivea)는 최상위 피부 미용 브랜드이다. 니베아는 시간, 가시성, 오랫동안 축적된 신뢰로부터 얻은 권위를 가지고 있다. 이런 브랜드들은 "크리넥스 있어?" "그거 구글하자"처럼 보통명사로 쓰이며 국민 브랜드가 된다. 이런 권위를 지닌 제품들은 사람들의 마음속에 단단히 뿌리박혀서 브랜드명이 곧 그런 제품 유형을 의미한다. 이제 경쟁 제품들은 아무리 노력해도 이런 권위 있는 제품 주변에 얼씬도 하지 못한다.

애플이 아이폰 신제품을 출시하면 그 즉시 시장을 규정하고 자동으로 업계 표준이 된다. 따라서 애플과 경쟁하고 싶다면 애플을 능가해야 한다. 제품의 특성은 물론 조금이라도 약점이 있다면 자사 브랜드 인식에 영향을 미치지 않도록 바람직한 방식으로 애플을 능가해야 한다.

애플은 정확성, 간결한 디자인, 비산 방지 유리 디스플레이나 무선 헤드폰 등을 브랜드 권위로 해석한다. 이는 권위를 인정하는 또 다른 방식이며, 바로 이런 점 때문에 애플 같은 지위를 모두가 원하는 것이다. 하지만 이런 특징들은 단순히 전화를 거는 것과는 사실상 아무런 관련이 없다.

흥미롭게도 권위와 권위적인 행동에는 커다란 차이가 있다. 권위 있는 교사는 조용하고 차분하며, 학생들이 어떤 행동을 해야 하거나 해서는 안 되는 이유를 굳이 길게 설명할 필요 없다. 그래도 학생들은 기꺼이 규칙을 따르고 열심히 배운다. 교사가 권위라는 힘을 빌려 지식을 전달하기 때문이다.

꼭 반대로 해야 직성이 풀리는 교사들도 있다. 그들은 어떤 행동을 하거나 하지 않으면 어떤 결과가 생길 것이라며 으르대고 소리치고 벌을 준다. 이들이 더 좋은 교사일 수는 없다.

하지만 잠재 고객들은 자신의 의지에 따라 가시성에 관심을 기울일지 말지 결정한다. 고객들은 언제든 채널을 바꾸거나 한눈팔 수 있다. 가시성은 늘 수신자의 호의에 기댈 수밖에 없기에 진정성이 없는 회사는 가시성을 얻는 데 실패하기 마련이다.

궁극적으로 사람들이 어떤 이야기를 듣고 믿을지는 권위에 달려 있다.

당신은 혹할 만한 이야기가 있는가?

제품이나 서비스가 확실히 고객과 관련이 있고 제공자가 고객을 유도하는 데 필요한 권위도 갖췄다면 이제는 좋은 이야기만 있으면 된다.

관련성과 권위는 방법만 알면 쉽게 만들어낼 수 있는 스마트 가시성의 강력한 축이다. 하지만 관련성과 권위는 스스로 이동이 불가능하기에 효율적으로 고객에게 도달하려면 이동 수단이 필요하다. 가시성이 없는 회사는 운에만 의존한 나머지 고객이 어쩌다 회사를 발견하여 관련성과 권위를 체험해보기를 바란다. 관련성과 권위는 촉매 없이는 세포에 도달할 수 없는 체내 필수 영양소이다. 스토리텔링은 당신의 사업에 촉매 기능을 하며 매출을 보장한다. 이야기는 가시성의 촉매제인 셈이다.

스토리텔링은 정보, 관련성, 권위만 전달하는 것이 아니라 촉매 역할도 한다. 사람들은 좋은 정보를 원하지만 늘 부족함을 느끼고 찾아다닌다. 따라서 이야기가 촉매제가 되어 흥미로운 형태의 콘텐츠가 제시된다면 마치 마법처럼 고객의 눈에 보일 것이다. 좋은 이

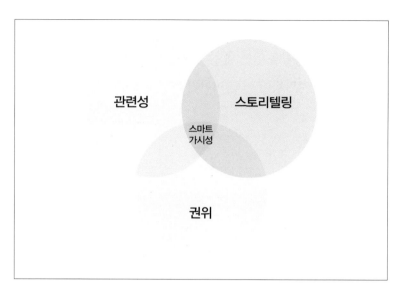

스토리텔링은 관련성과 권위의 영역을 보완한다.

출처: 도표 원본

야기가 이 모든 것을 다 한다.

스토리텔링을 이해하는 데는 2가지가 도움된다.

첫 번째는 '매출의 7차례 접점 규칙'이다. 마케팅에서는 고객이 제품을 사기로 마음먹기까지 7차례의 접점이 필요하다. 고객이 제품을 꼼꼼히 살펴보기를 원하고, 첫 번째 접점이 고객에게 아직 적절한 구매 시점이 아닐 수 있거나 내용물이 아직은 고객에게 적절한 관련성이 없을지도 모르기 때문이다.

하지만 공급자가 이전 접점에서 고객을 대상으로 충분한 권위를 구축하지 못했기 때문일 수도 있다. 잠재 고객은 접점마다 기업과 제품에 대해 조금씩 더 알아가다 보면 신뢰가 쌓여 구매하고 싶은 마음이 생길 수 있다. 따라서 7차례 접점을 거칠 때 한 접점에서 고객에게 전달된 정보가 다음 접점에서도 계속 게시되어야 제값을 한다. 그렇지 않으면 기업은 매번 처음부터 다시 시작해야 한다.

> 본질적으로 스토리텔링은 가시성이 구축될 때마다 저장되어 영원한 정보로 전달되는 과정이다. 이야기는 가시성을 저장하는 동시에 부수적으로 회사의 브랜드도 구축한다.

그런데 '7차례 접점 규칙'에서 7이라는 숫자는 그리 중요하지 않다. 제품에 따라 접점이 더 많이 또는 더 적게 필요할 수도 있다. 충동구매는 한 차례 접점만으로 성사되지만 가격이나 이윤이 높은 제품을 충동구매하는 일은 드물다. 한편 복합 생산 라인의 자본재 같은 일부 제품들은 15차례 접점 후에 판매되기도 한다. 어느 쪽이든 하나를 팔기 위해 대개 여러 접점을 거쳐야 한다.

두 번째는 사람들이 이야기를 특히 잘 기억한다는 것이다. 가령 많은 서사시는 태곳적부터 오늘날까지 수 세대에 걸쳐 전해 내려오고, 심지어 기록되지 않고도 제국과 문화권에서 살아남았다. 이런 이야기들은 2,500년 후에 발굴된 고대 파피루스에도 등장하지 않고 수천 년 동안 구전되어 왔다. 오이디푸스 이야기, 오디세이, 성경에 나오는 우화는 오늘날에도 여전히 사람들의 입에 오르내리며 누구나 대략적인 내용을 안다. 때로 단일한 서사 패턴이나 이야기에서 특히 강한 인상을 주는 부분만 이런 식으로 구전된다. 이야기가 계속 남게 된 데는 인간의 기억력과 관련이 있다.

우리는 사실보다 이야기를 더 잘 기억한다. 단순한 정보보다 이야기 듣는 것을 좋아하고, 남들에게 들려주려고 한다. 이야기를 통해 고객에게 특별히 접근할 수 있고, 이야기를 일화로 바꿔 전달하는 것만 보더라도 바이럴 마케팅(SNS 등을 통해 판매를 촉진하는 방법 – 옮긴이)과 유사한 면이 있다.

따라서 이야기를 빼놓고 가시성 유지를 논할 수 없으며, 가시성이 유지되어야 고객들이 여러 접점을 거치면서 기억하게 되고, 접점마다 신뢰가 생기며 관심을 가진다.

이야기는 감정을 먹고 산다

이야기가 특히 잘 기억되는 이유는 사람들이 공감대를 형성하고 싶어 하기 때문이다. 그렇기에 사람들은 이야기 속의 감정을 빠르게 이해하고 자신 있게 해석할 수 있다. 이야기는 독자나 시청자를 여정으로 이끌고, 묘사된 감정은 공감을 일으키며, 이야기를 구성하는 이미지는 잘 기억된다.

이것은 마치 추억으로 남은 멋진 휴가와 같다. 추억에 빠질 때면 정보는 늘 감정보다 뒷자리로 밀리게 마련이다. 여행지에서 돌아오면 얼마 지나지 않아 호텔 이름이나 객실 번호는 다 까먹듯이 말이다. 이런 정보들은 더 이상 안내 기능을 하지 않는다.

하지만 특별한 이야기는 끈끈하게 달라붙는다. 산책길에서 만난

이야기는 오랜 시간에 걸쳐 정보를 담아둔다.

고대 그리스인들은 다른 무엇보다 민주주의를 창시했다고 알려져 있다. 민주주의의 중요한 요소 중 하나가 정치(politics)라는 개념이 파생된 시민의 집회 폴리스(polis)였다. 그때도 지금처럼 정치적 총회에서 변론을 주고받고 결정을 내리는 과정에서 서로 비판하며 불꽃 튀는 연설을 했다. 고대 그리스인들은 이러한 연설을 매우 강조했고 설득력을 높이려고 많은 방법을 동원했다. 설득력을 높이는 가장 효과적인 수단이 수사학이었고, 총회에 나가 유창하게 연설하는 것은 중요한 일이었다.

고대 그리스에서는 사람들의 기억력을 떨어뜨린다는 이유로 글쓰기를 오랫동안 경원시했다. 총회에서 훌륭한 연설을 하고 싶은 사람들은 몇 시간씩 이어질 연설 내용을 외워야 했고, 그럴 때면 효과가 좋은 이야기를 하나의 기법으로 사용했다. 그리스인들은 뭔가를 암기할 때 '기억의 궁전(memory palace)'을 활용했다. 날마다 연설 장소인 총회로 걸어가는 자신의 모습을 떠올리며 연설 내용 하나하나를 상상 속에 저장했다. 그날의 연설이 전쟁을 호소하는 내용이라면 아마 상상의 여정 속에서 죽은 적군의 시체를 신전의 첫 계단에 내려놓았으리라. 그런 이미지들은 기억하기도 쉽고, 무엇보다 아주 오랫동안 머릿속에 남는다.

연설가는 이런 기법을 이용해 연설에 필요한 수많은 핵심어를 이미지로 기억하고 연설문을 작성했다. 이미지는 감성적인 면이 강해서 기억하기 쉽기 때문이다.[5]

마음씨 좋은 이탈리아 할머니가 자기 집 정원에서 갓 딴 토마토를 건네기에 하나 받아먹었더니 전에는 한 번도 맛보지 못했던 맛, 슈퍼마켓에 파는 토마토가 흉내 낼 수 없는 맛이었다는 이야기도 그렇다. 불현듯 당신 기억에 저장된 정보, 할머니를 뜻하는 이탈리아어

'논나(nonna)'라는 단어는 왜 아직도 머릿속을 맴도는 걸까? 강한 감정을 자아내는 이야기는 기억에 단단히 붙어 있기 때문이다.

이야기가 제대로 감성을 자극하면 대다수 기업은 홍보 메시지와 관련하여 상당히 가치 있는 뭔가를 달성할 수 있다. 이야기는 고객에게 기억해야 한다는 부담을 주지 않으면서도 많은 사실을 전달한다. 이렇게 하면 고객이 정보를 더 잘 기억하고, 강력한 감정적 연대감을 느끼면서 다른 사람들과 즐겁게 이야기를 공유할 것이다.

기업은 고객에게 정보를 쉽게 전달할 수 있는 훌륭한 촉매를 획득한 셈이다. 궁극적으로 사실과 주장을 잠재 고객에게 전달해야 고객이 이를 활용해 구매 결정을 한다는 말이다.

잠재 고객은 단순한 정보를 별로 원하지 않지만, 이야기로 잘 풀어내면 거부감 없이 받아들일 수 있다. 고객은 정보를 가지고 결정을 내리고, 관련성과 권위를 확인하고 싶어 한다. 하지만 그러기 위해서는 노력과 조사가 필요한데, 이런 일들이 귀찮다는 생각이 들면 나중에 후회하느니 차라리 거래하지 말자는 결정을 내릴 수도 있다. 그러므로 훌륭한 이야기를 통해 의사 결정 도구를 고객에게 제시하는 일이 무엇보다 중요하다.

리버우르스트(돼지 간 소시지)에 구충제를 끼워 강아지에게 먹이는 것처럼 이야기와 정보의 관계도 이와 비슷하다. 정보를 이야기 속에 잘 숨겨놓으면 실제로는 그리 탐탁지 않은 정보라도 반갑게 받아들인다. 그런 정보는 나중에라도 고객에게 영향력을 행사할 수 있다.

전반적으로 이야기는 제품의 혜택을 보여줄 수 있다는 점에서 더할 나위 없는 장치다. 따라서 이야기의 두 번째 기능은 여러 감정이 촉매처럼 이야기 속에 담긴 정보를 전달하고 강화하는 것이다.

이야기로 정보를 전달한다는 것을 충분히 이해하려면 잠재 고객이 제품의 정보를 얼마나 기억하는지 따져볼 필요가 있다. 고객은 당연히 이런 노력 따위는 하지 않는다. 차량의 기술적인 정보를 오랫동안 기억하려면 상당한 에너지를 쏟아부어야 한다. 게다가 자동차는 세상의 그 어떤 제품보다 감정에 호소한다. 자동차는 세제나 헤어스프레이 같은 일상용품과 완전히 다르다. 이런 제품을 판매하려면 정서적 콘텐츠에 의존해야 한다.

이야기를 전달하는 기술은 인류의 역사만큼이나 오래되었다. 디지털 정보와 넘쳐나는 광고 메시지의 시대에도 이야기를 전달하는 기술은 여전히 중요하다.

요즘은 스토리텔링을 마법의 마케팅으로 여기는 경향이 강해지고 있다. 이제는 지역 비즈니스 협회들도 스토리텔링과 관련한 정보를 얻을 수 있는 행사와 연수 과정을 개설할 정도이다.[6] 스토리텔링은 혁신적인 마케팅 기법에서 일상 업무로 전환되고 있다.

아이폰이나 아이패드의 제품 시연에서 강력한 이야기들을 담아내 유명해진 애플 같은 세계적인 대기업만이 스토리텔링으로 차별화를 꾀하는 것은 아니다. 중소업체들도 꽤 오래전부터 스토리텔링으로 마케팅 전략을 개선하는 방법을 모색하고 있다.

스토리텔링을 수익성 좋은 마케팅 전략으로 받아들이지 않는 중소업체가 여전히 많다. 하지만 스토리텔링은 적은 비용으로 탁월한 효과를 거둘 수 있기 때문에 중소기업이 잘 활용하면 경쟁 우위를 선점하는 데 아주 유용하다. 많은 기업들이 아직 자사의 마케팅에 맞는 좋은 이야기를 찾아내지 못했기에 소비자들은 기존의 이야기에 기꺼이 관심을 기울이면서도 전통적이고 단순한 홍보용 콘텐츠와 전혀 다른 이야기도 고대한다.

이야기의 영향력과 활용 방안이 아직도 미심쩍다면 다음 질문들을 해보자.

1. 이야기가 없는 단순 정보는 어떤 효과가 있을까? 지난번 슬라이드 80개짜리 파워포인트 시연에 나왔던 콘텐츠는 뭐였는가? 지금까지 기억나는 사실과 이해한 내용을 5가지만 말해보라. 아니면 음식물 처리기나 드릴, 혹은 자주 사용하는 어떤 다른 기기의 성능을 열거해보라. 결국 이야기와 결부되지 않은 단순 정보는 삽시간에 날아가 버린다.

2. 인스타그램, 왓츠앱, 페이스북에서는 콘텐츠를 왜 '스토리'라고 부를까? 사람들이 자신의 이야기를 전하고 다른 이야기들도 알고 싶어 하기 때문이다. 이런 채널들은 작은 이야기들을 아주 적절한 방식으로 본질에 맞게 전달한다.

3. 제품 자체는 좀 이상한데 이야기가 훌륭하면 잘 팔리는 이유가 뭘까? 사람들은 참으로 마음이 넓어서 때로는 제품 자체보다 더 가치 있는 이야기에 귀를 기울이기 때문이다.

'펫록(Pet Rock)'을 한번 살펴보자. 펫록은 책임질 일은 하지 않으려고 하는 사람들한테 판매하는 애완용 돌이다. 미국 아마존에서는 20달러 정도면 이 '애완돌'을 구입할 수 있다. 살아 있는 강아지처럼 건초를 깐 종이 우리에 담긴 돌을 구입하는 것이다. 사실 애완돌을 실제 사용하는 데는 한계가 있으므로 사람들은 보통 장난 삼아 선물로 주거나 방문객에게 나눠준다. 그런데도 펫록은 판매 첫해에만 백만 달러 이상의 수익을 올렸다.[7]

하지만 이야기 자체에도 고유의 장점이 있다. 특히 마케팅 효과가 분산되는 대규모 광고는 제작비가 점점 많이 드는 데 비해 효과는 미미하다. 텔레비전과 라디오 광고도 돈이 엄청나게 들고, 전국에 배포되는 신문에 대대적으로 나가는 광고 캠페인도 비용이 만만치 않다. 메시지로 차별화를 꾀하지 못하면 오히려 안 하느니만 못하다. 값비싼 방송 캠페인이나 효과가 분산되는 광고 없이도 좋은 메시지를 누구보다 열정적인 고객에게 전달하는 저렴한 마케팅이 훨씬 더 낫다.

이야기에는 감정을 불러일으키고 정보를 전달하고, 나아가 제품의 약점까지 보완하는 힘이 있다.

당신은 어떤 진정성 있는 이야기가 있는가?

좋은 이야기를 만드는 데 필요한 것은 기본적으로 자신의 상상력과 자신의 제안이 무엇인지 아는 이해력이다. 좋은 이야기에는 고객이 솔깃할 수밖에 없으므로 훨씬 저렴한 인쇄 마케팅으로도 재빨리 고객의 관심을 끌 수 있다.

그러려면 기업은 자사만의 고유한 이야기가 무엇이고 어떤 점에 고객이 귀 기울이는지 파악해야 한다. 회사의 역량을 알리는 새로운 방법을 모색하고 회사와 제품에 대한 새로운 시각도 필요하므로 시간이 소요될 수밖에 없다. 하지만 이탈리아 생수 브랜드 아쿠아파나(Acqua Panna)에서 볼 수 있듯이 효과가 입증된 이야기, 말하자면 오랜 전통과 노르망디나 토스카나처럼 사람들이 열망하는 역사적 장소가 결합된다면 해볼 만한 시도이다.

이야기는 실제 업무를 보는 데 도움되는 분류 작업과 비슷하다. 한창 놀고 있는데 어질러놓은 장난감을 정리하라는 말을 들은 어린 아이를 상상해보자. 아이에게 "장난감 좀 치워!"라고 한다면, 아이는 뭘 어떻게 하라는 건지 몰라서 싫다고 할 것이다. 그러나 아이에게 장난감을 색깔별로 구분해서 제각기 상자에 넣으라고 하거나, 아니면 자동차 장난감은 이 상자에, 인형은 저 상자에 넣으라고 하면 아이는 장난감을 어떻게 치워야 하는지 금방 깨닫는다. 할 일이 명확해졌으므로 실행하기도 쉬워진다.

최근에 회사들은 유사한 문제에 직면했지만 대부분 쉽게 해결할 수 없었다. 회사는 문제를 깊이 이해하고 있으므로 관심 있는 누구에게라도 사업 역량과 제품 하나하나에 얽힌 정보를 끝도 없이 줄 수 있을 뿐 아니라 제품의 모든 장점과 고객에게 돌아갈 혜택들까지 속속들이 알고 있다. 하지만 회사는 제품에 대해서는 너무 잘 알고 있지만 회사의 진정한 능력, 고객에게 줄 수 있는 최상의 혜택, 고객의 요구를 전체적으로 보지 못한다.

아쿠아파나
병에 담긴 토스카나의 맛

자연이 준 진짜 선물

아쿠아파나는 토스카나 언덕을 타고 내리는 샘물을 천천히 정화하여 병에 담아낸 생수로 1564년까지 거슬러 올라가는 유서 깊은 자연의 선물입니다. 토스카나 맛의 상징으로 전 세계 실내외 어디서든 음용되고 있습니다.

완벽한 균형을 이룬 맛

토스카나 지역에서 샘솟는 천연 용천수를 투명한 병에 담은 아쿠아파나는 각종 미네랄이 균형을 이루며 독특한 맛을 내기에 소믈리에와 셰프는 물론 전 세계 미식가의 최애 생수로 사랑받고 있습니다.

물에도 배경 이야기가 깃들어 있다. 네슬레 그룹의 고급 생수 아쿠아파나는 '토스카나' '피렌체' '메디치 가문'과 같은 역사적이고 감성적인 단어를 엮어 물의 이야기를 만들어냈다. 1564년이라는 연도는 유서 깊다는 것을 강조한다. 독일에서 아쿠아파나는 1리터에 1.2유로인 데 반해 알디(Aldi)의 자체 브랜드 퀠브룬(Quellbrunn)은 리터당 0.13유로에 불과하다. 가격만 놓고 보면 아쿠아파나가 900% 이상 비싸다.

출처: 네슬레 마르크트플라츠(Nestlé Marktplatz)(https://www.acquapanna.com/intl/)

사람들은 오히려 BBC 라디오 프로그램 〈무한 원숭이 우리(The Infinite Monkey Cage)〉에서 게스트를 초대해 과학 현상을 쉬운 용어로 설명해주는 물리학자 브라이언 콕스(Brian Cox)와 배우이자 코미디언인 로빈 인스(Robin Ince)[8]의 말에 귀 기울인다. 과학책을 읽는 것보다 훨씬 이해하기 쉽기 때문이다. 사실 책은 특정 부분이나 주제를 훨씬 깊이 파고들고 미묘한 차이까지 놓치지 않고 잘 설명한다. 하지만 과학책을 선택하는 독자는 훨씬 적기 때문에 책이 전달하는 지식의 양도 그만큼 적다.

정보량이 많으면 전달하는 데 방해가 된다. 왜냐하면 차이를 만드는 것은 풍부한 정보량이 아니라 이야기이기 때문이다. 그래서 가끔 많은 정보량이 불리하게 작용하기도 한다.

기업에 대한 세세한 지식과 다양한 역량에 관한 정보를 덜어내고 그 자리에 짜임새 있고 재미있는 이야기를 채워 넣으면 가치가 더해지고 구성이 매끄러워진다. 회사는 제품을 새로운 시각에서 보고 장점을 더 분명히 전달할 수 있고, 고객은 제품을 제대로 이해하는 데 도움이 된다.

회사가 제품을 정확히 정의할 수 없다면 고객이 어떻게 제품의 혜택과 접점을 찾을 수 있겠는가? 많은 회사와 사업가들은 판매하는 제품이나 서비스를 한 문장으로 요약하는 데 애를 먹는다. 1시간이 주어지면 자신 있게 설명할 수 있다고 하지만 그리 오래 들어줄 사람이 누가 있겠는가?

고객이 자발적으로 접점을 찾아 나서는 경우는 드물다. 확실히 찾고 있던 제품인지 확인하려고 좀처럼 보이지 않던 관심을 아주 잠깐 보일 뿐이다. 최악의 경우 아주 강렬한 이야기로 분명한 메시지를 전했거나 아예 메시지조차 전하지 않았던 경쟁사의 제품을 살지도 모른다. 불공평하지만 그럴 수도 있다.

고객은 최상의 제품이나 최우수 기업의 제품을 구매하려는 게 아니다. 두 번째, 심지어 다섯 번째로 괜찮은 제품을 살 수도 있다. 어쨌든 가장 알기 쉬운 제품을 산다. 고객은 가장 좋은 이야기를 담은 제품, 제품의 특징과 혜택이 한눈에 들어오고 문제를 해결할 수 있다는 기대감을 주는 제품을 구매한다.

이야기는 내외적으로 기업의 역량을 어떻게 전달할지 얼개를 짠다. 이야기는 더 빨리 영향을 미치고, 더 많은 관심을 끌어내고, 여운도 오래간다. 스토리텔링에 대한 이해가 없는 기업은 관련성이 충분하다고 생각하고 이야기를 통해 가시성을 제공하려는 노력을 하지 않기 때문에 비즈니스에서 상당히 불리한 조건에 놓인다.

이야기에 생동감을 불어넣어 끼워 넣기

구성과 더불어 감정도 이야기의 효과를 높이는 데 중요하다. 오늘날 텔레비전 시청자, 인터넷 사용자, 신문 독자들은 모두 많은 광고와 광고 메시지를 접한다. 연구에 따르면 한 사람이 하루에 수천 개의 광고를 접한다고 한다. 이쯤 되면 가시성과 관련해 광고에서 신경 써야 할 지점이 어디인지 분명해진다. 경쟁하는 수천 개의 정보 가운데 두각을 나타내는 것이 광고의 첫 번째 단계이자 핵심 과제이다. 가시성 자체만으로는 성공할 수 없다.

기업이 전달하고자 하는 내용을 체계화하고 제품의 혜택을 그럴 듯하게 전달할 수 있는 이야기라면 초기에 고객의 관심을 끌기만 하면 된다. 공감을 얻거나 감동을 주거나 깜짝 놀랄 만한 이야기라면 쉽게 관심을 얻을 수 있다.

감정은 잠재 고객의 관심을 끄는 특별한 열쇠다. 하지만 제품이나 서비스에 감정을 녹여내기가 쉽지 않다. 가령 세탁기나 DIY 매장을 감정과 연결했다고 해서 실제로 감정 이입이 되지는 않는다.

수신자들은 발신자들과 감정적으로 연결되기를 바라며 항상 그들을 주시한다. 게다가 수신자들은 공감 능력이 매우 뛰어나서 불과 몇 초 만에 감정을 파악한다. 이것은 특히 사람들을 실제로 만났을 때 가능한 짧은 시간 내에 상대의 감정을 읽는 습관이 들어 있기 때문이다. 이런 습관은 확실히 인류 진화에서 비롯되었고 이제는 사회적 성공 요인이 되었다.

감정은 일반적으로 가시성을 생성할 좋은 기회로 활용될 수 있다. 시청자들은 광고의 이야기를 보자마자 주인공의 감정을 빠르게 해석한다. 특히 긍정적이거나 부정적인 감정들이 잘 기억될 수 있는 것처럼, 콘텐츠가 쏟아지는 가운데서도 두드러질 가능성이 크다. 감정은 가시성을 붙잡아두고 저장할 뿐만 아니라 수많은 정보와 광고에 치여서 쉽게 무시해버리기 쉬운 잠재 고객의 관심을 재빨리 끌어낸다.

실생활에서도 마찬가지다. 우리는 지하철에서 무수히 스쳐 가는 무표정한 얼굴들 중에서 웃는 얼굴과 우는 얼굴을 제일 먼저 알아볼 것이다. 그저 하품하거나 활짝 웃기만 해도 관심이 집중된다. 의심

삼성은 눈길을 사로잡는 광고를 방영했다.

아프리카를 배경으로 타조 한 마리가 다른 타조들과 평범한 일상을 보내고 있다. 타조는 먹을 것을 찾아 나서다 어떤 집의 식탁을 보게 된다. 타조는 식탁에 놓인 먹다 남은 부스러기를 부리로 집어 먹는다.

식탁에는 남은 음식 외에 가상현실(VR) 안경도 있는데 어쩌다 미끄러져서 타조의 눈에 걸쳐진다. 흔들어도 떨어지지 않는 안경을 통해 타조의 눈앞에 자신이 마치 구름 위를 날아다니는 듯한 가상현실이 펼쳐지며 엘튼 존의 '로켓맨(Rocket Man)'이 배경음악으로 깔린다.

첫 충격에서 벗어난 타조는 비행 영상을 차츰 즐기기 시작하더니 아프리카 사바나 한복판에서 날아가는 모습을 흉내 내기 시작한다. 이 장면이 관객의 공감을 사도록 음악은 더욱 빨라지며 분위기를 한껏 북돋운다. 하늘을 나는 것은 누구나 품고 있는 꿈이기에 모든 사람들을 감정적으로 연결하여 마치 손으로 만져질 듯하다. 타조 역시 날 수 있다는 욕망을 품기 시작한 것처럼 보인다.

이 광고를 어떻게 해석할지는 시청자의 상상력과 공감 능력에 달려 있지만, 광고 효과는 아주 좋았고, 특히 또 빨랐다. 영상에 담긴 여러 감정이 시청자의 관심을 순식간에 사로잡았다. 자꾸 뛰어오르고, 또 비틀거리고 넘어져도, 하물며 밤에도 VR 안경을 통해 날아다니는 영상을 보며 하늘을 나는 꿈을 꾸지만 결국은 날지 못하는 타조를 우리는 불쌍하게 여긴다. 실패하고 또 실패하다 간신히 하늘로 정말 날아오른 타조를 다른 타조들은 믿지 않는다는 듯 바라본다. 이 광고는 '불가능을 가능하게 하라'는 문구와 함께 삼성이나 삼성 제품을 언급하는 것으로 끝난다.

재미있으면서도 사람들 뇌리에 오래 남는 광고가 바로 이런 것이다.

할 여지 없이 단 몇 초 만에 그럴 수 있다.

따라서 감정에 기댄 광고는 한결 수월하게 제안할 수 있고, 사람들이 감정을 바로 읽고 해석하며 결합하기까지 한다는 점도 활용할 수 있다. 사람들은 심지어 동물이나 사물을 통해 묘사된 감정까지 감지하고 해석하는 데 능하다.

어제저녁 TV 뉴스 직전에 어떤 광고가 나왔느냐고 물어보면 대부분의 사람들은 대답하지 못한다. 일반적으로 광고에 무관심한 데다, 하나같이 중요하지 않은 콘텐츠이기 때문이다. 콘텐츠의 가시성은 종종 순식간에 휙 지나가 버려 머릿속에 남지도 않는다. 하지만 몇 가지 광고에 대해서는 확실히 대답한다. "'미어캣 비교하기(Compare the Meerkat)' 광고에 나오는 미어캣 알아요?" 또는 "몇 년 전 슈퍼볼 중간 광고에 나온 폭스바겐의 독특한 광고 '더 포스(the Force)' 혹시 아세요?" 시청자들은 짜증, 즐거움, 슬픔, 애정과 같은 강하고 특정한 감정을 자극하는 뛰어난 광고들을 기억한다.

이야기는 권위를 활용한다

이야기의 역할은 또 하나 있다. 고객에게 전달하기 힘든 가치나 회사가 실제로는 가지고 있지 않은 가치로 브랜드 자체를 풍성하게 만든다.

감정에 호소하는 또 다른 최고의 사례는 독일 슈퍼마켓 에데카(Edeka)의 광고이다. 한 할아버지가 크리스마스를 맞아 가족을 초대한다. 그런데 딸이 자동응답기에 올해는 크리스마스를 함께 보내지 못할 것 같다는 메시지를 남긴다. 전화 너머로는 손녀가 웃으며 "할아버지, 할아버지"라고 부르는 소리가 들린다. 강렬한 이미지 전환으로 주변 색채가 어둑어둑해지고 빛도 침침해지는 가운데 생각에 잠겨 창밖을 내다보던 할아버지의 눈길이 자신에게 온 크리스마스 카드로 향한다. 할아버지는 믿을 수 없을 정도로 슬퍼한다. 적어도 우리는 그렇게 이해한다.

여기서 광고는 회색빛의 단조로운 창밖 풍경, 침침한 실내조명, 노인의 무거운 표정, 더딘 움직임 등 영화와 비슷한 패턴을 교묘하게 활용한다. 이 광고를 보는 순간 우리는 주인공의 감정 세계로 순식간에 빨려 들어간다. 회색빛 세상, 어둑한 실내, 노인의 행동은 하나같이 모두 시청자들이 빠르고 정확하게 해석하도록 제시되는 고정관념들이다.

특히 흥미로운 점은 시청자들이 자기 눈앞에서 펼쳐지는 장면에 이의를 제기하지 않는다는 것이다. 이런 장면을 어떻게 해석할 것이며, 여기에는 어떤 분명한 패턴이 있는지 시청자들이 능히 추론할 수 있다면 결코 의문을 표하지 않는다.

이런 장면 직후 '크리스마스용 거위 고기, 마리당 11.9유로, 지금 에데카에서 준비하세요'라는 제품 정보를 내보냈다면 고객의 고민은 훨씬 더 컸을 것이다. 말하자면 어디 다른 곳에서 더 좋은 가격이나 더 좋은 품질의 거위 고기를 살 수 있는지, 이 가격에 동물 복지까지 신경 쓸 수 있는지, 그 정도 할인이면 크리스마스용으로 한 마리 사겠다고 슈퍼에 새벽부터 뛰어갈 필요는 없지 않은지 생각이 많아질 것이다.

이 시점에서 고객은 오히려 광고에 의문을 품지 않고 이야기 속 '슬픈 할아버지'라는 고정관념이 전달하는 감정을 기꺼이 받아들인다. 그렇지 않다면 고객은 제품의 특성과 사실을 두고 날 선 질문을 던지고 이리저리 비교하고, 제품의 특성과 혜택뿐 아니라 거창한 생산성까지 믿으라고 강요하는 회사를 미심쩍게 볼 것이다. 하지만 그 대신 몽유병 환자처럼 광고의 이야기를 아무 비판 없이 그대로 받아들인다.

이어지는 에데카 광고에서는 노인의 친척들이 우편물을 받는 장면이 나온다. 시청자들이 편지 내용을 보지는 못하지만, 친척들이 비통하게 눈물을 흘리고 절망하는 모습을 보니 부고장을 받은 듯하다. 이제 참으로 가슴 아픈 광고가 되었다.

친척들은 장례식에 참석해 각자에게 아버지이자 할아버지인 노인에게 마지막 인사를 표하려고 서둘러 집을 나선다. 모두 돌아가신 분의 집에 도착해 서로 상봉한다. 그런데 뒤쪽 방에서 노인이 불쑥 나타나 반갑게 인사하자 모두 깜짝 놀란다. "너희 모두를 한곳에 모이게 할 방법이 달리 없었지 뭐냐?"⁹ 잠시 뒤 할아버지와 함께 크리스마스를 성대하게 축하하는 가족의 모습이 나온다.

에데카 광고는 패턴을 깨며 감정을 강력하게 끌어낸다는 점이 돋보인다. 시청자들은 가족의 슬픔에 공감하며 할아버지가 살아서 건강하게 등장하기 전후로 가족과 똑같은 심정으로 슬픔과 기쁨을 오가는 극적인 감정 기복을 체험한다.

일부 시청자는 자신들이 가족에게 소홀한 것 같은 느낌이 들어서 조금 착잡한 마음이 들지도 모른다. 그런 사람들은 광고를 보고 느낀 감정들을 더 키우고 더욱더 채워가며, 감정과 가치를 연결한다. 어쩌면 친척이나 친구들을 자주 만나지 못했다는 감정을 공유하고 정서적 유대감을 형성한다. 이는 단순한 제품 정보만으로는 결코 얻을 수 없는 효과이다.

그러나 이 광고가 눈물샘에 호소하는 진부한 주제로 감성팔이에 나선 것은 아니다. 죽음과 죄의식과 책임이라는 주제는 전형적인 광고 주제도 아니고, 하물며 소비재 광고에서는 말할 필요도 없다. 이러한 주제들은 아무튼 노인이 죽지 않고 크리스마스를 모두 함께 축하할 수 있다는 사실을 깨달은 뒤에 느끼는 따뜻하고 행복한 감정과는 대비되는 장치다.

따라서 첫째, 이런 감정들이 계속해서 놀라움을 안기며 광고 전반에서 두드러지게 나타난다. 둘째, 이런 감정들은 시청자들이 공감하고 심지어 슬픔과 기쁨을 강력하게 대비시킴으로써 고조되는 독특한 감정들과 결부된다. 셋째, 시청자가 여전히 쉽고 빠르게 이해할 수 있는 감정들이다. 죽음과 슬픔은 장편 영화나 소설 등에서 흔히 다루는 주제이지만, 소비재 광고에서는 거의 다루지 않는다고 해서 시청자들이 이해하기 어려운 것은 아니다.

에데카 광고는 상업 광고에는 좀처럼 등장하지 않는 강력한 감정들의 틈새를 발견했다. 그리고 강한 대비를 이루며 고객의 관심을 끄는 이런 감정들이 자연스럽게 광고 메시지에 어우러질 수 있다는 것을 분명히 보여준다.

에데카 광고는 난무하는 광고 콘텐츠 속에서 차별화하는 훌륭한 스토리텔링의 또 다른 필요조건을 충족한다. 바로 예상치 못한 반전으로 놀라움을 선사하는 것이다. 수많은 광고 메시지가 하루가 멀다 하고 소비자를 공략하는 때에 놀라움이야말로 가장 좋은 이야기 도구임에 틀림없다.

이야기가 먼저, 제품은 그다음

이런 광고에서 제품은 조연에 불과하여 크리스마스 만찬 식탁에서 지나가는 이야기 정도로만 등장한다. 여기서 전달하는 것은 크리스마스를 사랑하는 가족들과 함께 보내기를 바라는 감정이다.

에데카는 이야기를 통해 자사의 이미지에 단순한 제품 설명만으로는 전달될 리 없는 감정을 채워 넣는다. 에데카는 돌연 사랑과 관심을 넘어 가족에 대한 책임, 가정의 따스함, 팍팍한 현실 속에서도 옳은 일을 한다는 안도감을 보여준다. 이것은 분명 좋은 스토리텔링의 특징이다. 에데카 브랜드는 이야기에 대한 정서적 도덕적 공감에서 우러난 여러 감정과 제안에 자리를 양보하는데, 그래야만 더욱더 이야기의 혜택을 끌어낼 수 있다. 목청껏 요구하기보다 차분한 접근이 핵심이다.

그것이 요란하고 짜증 나는 광고 콘텐츠가 넘쳐나는 상황에 현명하게 대처하는 방법이다. 제품의 특징을 단순히 나열하고 제조사가 제품의 장점을 줄줄이 열거하는 방식은 요즘 소비자에게 더 이상 먹히지 않는다. 사람들은 브랜드와 제품의 특징을 비교하고 미심쩍어

하며 자신만의 구매 방식을 찾고자 한다. 결국 제품 자체가 아닌 오히려 제품으로 성취할 수 있는 목표, 제품 하면 떠오르는 가치와 감정, 또 구매를 통해 주변에 전달되는 메시지에 관심을 보인다.

하지만 기업은 목표 달성 방법에만 치중한 나머지 이런 목표들을 고객과 함께 필사적으로 성취해야 고객의 목표가 기업의 목표가 된다는 사실을 간과한다.

이야기의 역할이란, 고객이 제품에서 연상할 수는 있지만 제품 설명서만으로는 도통 알 수 없는 여러 가지 요인을 끌어내는 것이다. 영리한 스토리텔링은 이런 요인들을 배가할 수 있다.

크리스마스 직전에 마트에서 쇼핑한다고 상상해보라. 쭉 늘어선 진열대와 계산대 앞에 진을 치고 있는 사람들만 봐도 골치가 지끈거릴지 모른다. 북적이는 마트는 광고에 등장하는 '집' 또는 '가족과의 유대감' 같은 뭉클한 느낌과 사뭇 다르다. 광고와 스토리텔링만이 이런 감정을 만들고 쉽게 얻을 수 없는 도덕적 가치를 브랜드와 연결한다. 이런 접근법은 기본적으로 2가지 문제를 동시에 해결한다. 첫째는, 주장에 주장을 거듭하지 않고 제품을 광고하는 방법을 발견한다. 둘째는, 제품 자체의 속성으로 보기 어려운 가치를 성공적으로 제품에 덧붙여 브랜드를 한결 돋보이게 만든다.

이러한 가치들이 익숙한 서사 패턴과 깜짝 놀라는 순간 사이에서 적절히 균형을 맞추며 이해할 수 있는 이야기로 짜여 있기에 시청자들은 진정성 있고 정직한 마케팅으로 인식한다. 에데카가 판매 제품의 특정 기능을 중심으로 광고했더라면 훨씬 더 의심적은 감정이 들었을 것이다.

효과적인 이야기 패턴은 항상 성공한다

스토리텔링은 강한 감정들을 한데 합쳐 일깨우는 기능을 한다. 이러한 감정들을 끄집어내서 백색 소음에 그쳤을 광고 콘텐츠를 달라 보이게 한다. 이야기로 전달되는 강한 감정들은 브랜드에 대한 애착을 생성한다. 사람들은 이야기의 패턴을 재빨리 파악하는 데 능숙하기에 이야기를 통해 메시지가 잘 전달된다. 시청자들은 편지 내용을 몰라도 그것을 읽은 친척의 반응만으로 노인에게 무슨 일이 일어났음을 직감한다. 말이나 글로 설명하지 않아도 순식간에 느낌이 온다.

스토리텔링은 기업도 쉽게 따라 할 수 있는 마케팅 요소이다. 효과를 보려면 같은 구조와 패턴, 누구나 이해할 수 있는 요인이 있어야 한다. 이러한 패턴은 비교적 쉽게 재생할 수 있다. 스토리텔링은 몇몇 주요 지점에 참신한 순간들만 짜 넣어 발전시키면 된다. 고객은 몇 안 되는 비슷한 이야기들에 만족하므로, 이를 좀 더 다듬기만 하면 된다.

좋은 스토리텔링은 시청자들을 혼란에 빠뜨리지 않고 관심을 끌 정도로 놀랄 만한 내용을 살짝 섞어서 익숙하고도 편안한 느낌을 준다.

사람들에게 영감을 줄 수 있는 우리 기업만의 이야기가 무엇인지 한 번쯤 자문해봐야 한다. 그다음 이야기의 요점만 추려서 효과적으로 전달해야 한다. 최고의 이야기는 짧은 법이다. 좋은 이야기는 고객에게 명확한 접점을 제공하며, 그러기 위해서는 우선 기업이 고객에게 무엇을 제공하고 싶은지 명확해야 한다.

WHW(누가 어떻게 무엇을) 원칙은 실패하지 않는다

일반적으로 기업이 제품 홍보용 스토리텔링을 짤 때는 옛날부터 내려오는 영웅담처럼 문제를 해결하고 목표를 달성하는 과정을 보여주는 것이 효과적이다. 할아버지한테 바치는 꽃 이야기든, 스티브 잡스 이야기든, 아니면 레드불 협찬을 받은 극한의 스카이다이버 펠릭스 바움가르트너(Felix Baumgartner)의 이야기든 상관없다. 이들은 모두 도전에 맞서거나 세상을 모험 가득한 놀이터로 만드는 영웅처럼 행동한다.

좋은 이야기의 주요 패턴과 스타일을 형성하는 요소들을 모두 뽑아내서 성공적인 스토리텔링에 맞는 요소들로 바꿔볼 수 있다. 좋은 스토리텔링에는 WHW, 즉 '누가 무엇을 성취하기 위해 어떻게 행동하는가(Who acts How to achieve What?)'라는 원칙이 드러나야 한다. 좋은 이야기는 WHW 원칙에 맞는 요소들이 잘 버무려져 있다.

심지어 광고로 고객을 설득할 때도 나중에 찾아볼 회사가 정확히 어디인지, 어떤 회사의 광고인지를 분명히 명시할 필요가 있다. 삼성이 광고 끝부분에 광고 문구를 빠뜨렸다면 하늘을 나는 타조 광고는 고객을 설득하기 어려웠을 것이다. 말하자면 고객이 이제 막 날개를 달고 VR 안경이나 새 TV 세트를 구매하려는 찰나였는데, 어떤 제조업체가 이러한 환상의 세계를 열어놓았고, 그런 훌륭한 시각적 경험에 대한 권위자로 부상했는지 알 도리가 없을 테니 말이다.

또한 고객이 제품을 살 때는 구매 '목적'이 무엇인지, 그래서 제품이 목적을 달성하는 데 '어떻게' 도움될지 알아둘 필요가 있다.

정보는 좋은 스토리텔링 뒤에 조용히 묻어가는 것이 좋다. 하지만 정보도 고객의 감정, 사진 및 기대가 뒤따를 수 있는 이야기의 중추가 되어야 한다. 결국 이야기는 고객에게 필수 정보를 전달하고 구매 결정을 돕는 수단이다.

정보는 변경과 압축을 거쳐 스토리텔링의 일부로 고객과 효과적으로 연결할 수 있는 가능성을 만든다. 그래도 고객이 어떤 회사 제품을 구매해야 하는지, 고객이 문제를 해결하거나 원하는 것을 얻으려면 회사가 무엇을 할 수 있는지 전달되어야 한다.

오디세우스는 더 나은 인물이 되어서 돌아오려면 모험을 해야 한다는 모험 이야기의 전형이다. 밴라이프(vanlife, 밴이나 작은 자동차에서 지내는 라이프스타일 - 옮긴이) 블로거의 팔로어들도 멋지고 환상적인 삶을 꾸리려면 블로거가 추천하는 제품을 구입하기만 하면 된다. 이런 이야기는 구조가 명확하다. 하지만 기본적인 구조라고 해서 지루하지는 않다. 오히려 그 반대다. 이야기는 분명한 기본 구조를 중심으로 전개하면서 살을 덧붙일 필요가 있다.

- 달에 첫발을 내디딘 최초의 인물은 인류의 탐구심을 충족하고 기술이 무엇을 성취할 수 있는지를 보여주기 위해 달을 밟았다. 달 탐사는 나사(NASA)의 뛰어난 기술 덕에 가능했다.
- 베르트랑 피카르(Bertrand Piccard)는 재생 에너지가 일반적으로

사용해도 될 만큼 효율적이고 충분히 안정적이라는 것을 입증하고자 인류 최초로 태양열로만 나는 비행기를 타고 세계를 일주했다.

– 스티브 잡스는 숱한 문제와 좌절을 극복하고, 기업가로서 자신의 뛰어난 역량을 믿으며 할 수 있다고 여겼기에 애플을 현재의 성공으로 이끌 수 있었다.

이야기에는 영웅이 등장한다: 누가(who)

좋은 이야기는 자신과 동일시할 수 있는 인물, 즉 영웅이 필요하다. 영웅은 중요한 장점이 있다. 만화나 〈스타워즈〉에 나오는 슈퍼히어로의 특성과 행동 패턴을 가진 주인공은 시청자도 따라 하고 싶어 할 만한 인물로 안성맞춤이다. 그들은 목표와 비전을 추구하고, 늘 도덕적으로 옳은 결정을 내리며, 성공하기를 원한다. 그래서 고객들에게 이야기 속 영웅들은 대리인인 셈이다. 관객들은 위험한 상황에 놓인 주인공처럼 겁을 먹지만, 강력한 믿음을 가지고 좌석이나 동행인의 팔을 꼭 붙들고 지켜본다.

이런 감동은 청중의 심금을 울리는 팝송이나 동화에서도 작동한다. 이야기는 빠르게 사람들의 감정을 사로잡아 주인공들과 하나가 되어 등장인물들이 역경을 극복하는 과정을 함께 겪고 심지어 주인공의 감정에 더 깊이 빠져든다.

이것을 카타르시스(감정 정화)라고 한다. 공포, 행복, 사랑, 안도와 같은 감정들은 동시에 일어날 수 있고, 시청자들은 영상 속 상황이 결코 자신에게 일어날 수 없다는 것을 알면서도 그런 감정에 편승한다.

하지만 이러한 감정들에 어느 정도 동조하는 것은 즐거운 카타르시스이다. 해를 입을까 두려워하거나 진짜 사랑에 빠지거나 다른 감정적인 어려움을 극복할 필요도 없다. 우리는 직접 관여하는 게 아니라 살짝 맛보기만 할 뿐이니까.

가벼운 달리기처럼 무리하지 않고 다음에 더 잘 달릴 수 있도록 체력을 보강할 뿐이다. 우리가 어느새 이야기에 빠져들고 마는 이유는 카타르시스 때문이기도 하다.

이런 효과를 내려면 시청자들의 문제를 대신 겪고 극복해줄, 자신과 동일시할 수 있는 인물이 필요하다. 영웅은 시청자와 감정을 연결하는 가교 역할을 할 뿐만 아니라 이야기의 정보를 전달한다.

스토리텔링에서는 이 영웅의 역할을 다른 주인공들이 맡을 수 있다. 회사가 영웅 역할을 할 수도 있겠지만, 말이나 행동이 서로 모순되는 자가당착에 빠지면 고객은 회의적으로 보게 마련이다. 신중하지 않으면 '구닥다리 마케팅'이 될 것이다.

회사 안팎의 사람들이 이야기를 전하는 방법도 있다. 가령 영업사원이 회사의 일원으로서 스토리텔링을 조율해볼 수 있다.

영업사원은 고객의 시급한 문제를 해결해야 하는 막중한 업무를 맡는 과정을 얘기할 수도 있다. 경험담을 열성적으로 전할 대리인을 내세우면 진실해 보이고 제멋대로라는 인상을 덜 받게 된다. 그래도 팔이 안으로 굽는다고 자기 회사 쪽으로 치우칠 수밖에 없다는 문제가 남는다.

고객을 이야기의 주인공으로 변모시키는 표현상의 기교도 필요하다. 어떤 회사이든 가장 좋은 사례를 언급할 때는 이렇게 말하는 것이 좋다. "회사에서 도움도 드리고 조언도 드렸더니 고객께서 다음과 같은 비전을 달성하셨습니다. (중략) 우리 제품을 쓰면 최고의 결과가 보장되는데, 우리 회사만의 특별한 방식이 선생님께 도움이 됐나 봅니다." 이것이 고객한테 전하는 주요 골자이자 줄거리다.

자신을 영웅으로 기술하는 데 능숙한 사람들은 통상 고객과 직접 만나는 프리랜서나 자영업자, 서비스 제공업자들이다. 자신을 직접 주인공으로 내세우기에 적합한 인물이다.

자신의 영웅담을 적절히 들려주다 보면 언제 메시지를 끼워 넣어야 고객의 눈에 잘 띄는지도 알게 된다. 영웅담이 지나치게 제멋에 겨워 흐른다면 고객의 반감을 살 수도 있으니 이런 점은 당연히 조심해야 한다.

영웅담에는 실패와 도전을 극복하는 과정이 빠지지 않고 등장한다. 특히 코치나 상담 전문가, 멘토들은 어려움을 극복해낸 자신의 경험담을 곧잘 들려준다. 이런 이야기는 솔직하고 진정성 있게 들리게 마련이다.

자화자찬식 광고는 좋다고 치켜세우기만 한다는 의혹을 불러일으킨다. 사람들은 도전과 좌절, 실패를 극복한 자신만의 이야기가 더 믿을 만하다고 여긴다.

이런 이야기는 서술 기법이 상투적이다. 영웅담을 너무 노골적으로 드러내면 판에 박힌 듯 너무 뻔해서 재미없으니, 좋은 이야기에

녹아들어 전개되는 것이 효과가 가장 크다.

영웅담은 너무 뻔해서 고객이 선택할 것 같지 않다는 오해를 하지 않아야 한다. 누구나 이런 이야기를 들어본 경험이 있으며, 배경이 잘 알려진 이야기라고 해도 효력을 발휘한다.

이런 효과를 '이중 지식'이라고 한다. 장편 영화나 소설이 허구라는 사실을 알면서도 여전히 짜릿함을 느끼고 감동한다. 이야기도 마찬가지다. 시청자들이 이성적으로는 공감하지 않으면서도 여전히 그런 이야기를 찾는다. 그래서 범죄 소설이나 코끝을 찡하게 만드는 이야기에 손이 가고, 놀라운 이야기에 이끌려 일상의 스트레스에서 벗어나기도 한다.

이런 기본적인 이야기 구조를 알지도 활용하지도 믿지도 못한다면 사업상 불리하다. 그런 이야기를 자신의 이야기로 만들어 관련성과 권위를 덧붙여야 한다.

이야기 속에는 영웅답지 못한 주인공들도 간혹 등장한다. 어설프고 실수투성이인데도 호감이 가는 유형이나 (아무리 고결해도) 목적을 위해서라면 법도 어기는 로빈 후드 형이다.

일론 머스크가 바로 경쟁자들을 곤경에 빠트리는 그런 반영웅 (anti-hero)에 해당한다. 자기 회사에만 제품을 납품하도록 공급업체를 몽땅 사버린 전례 때문이다. 이렇게 업계의 판도를 뒤집으면 자신들에게는 득이 되지만 경쟁사는 상당한 타격을 입는다.

간혹 실패도 맛보고 고난도 겪는 영웅이라는 흠결 없는 이력보다는 고객의 목적에 부합하는 목표를 성취하는 것이 더 중요하다.

이야기에는 목표가 필요하다: 무엇을(what)

이야기에서 어김없이 등장하는 영웅의 실패담은 이야기의 진정성을 높인다. 하지만 성공과 마찬가지로 실패도 확실한 목표에 도달하려고 애쓰는 과정에서 일어나야 한다. 목표를 명확하게 설정해야 실패와 성공도 있다. 한 가지는 명확하다. 이야기는 '행복한 결말'로 끝나는 것이 이상적이다. 최종 결과가 실패가 아닌 한 중간에는 실패가 좀 있어도 괜찮다. 영웅들이 마음속에 단단히 품고 있는 목표를 달성하지 못하는 이야기는 적합하지 않다.

〈경위 바나비(Inspector Barnaby)〉나 범죄 시리즈 〈타토르트(Tatort)〉에서조차 시청자들은 실패담을 좋아하지 않는다. 1천 건이 넘는 사건 중에 미제 사건은 손꼽힐 정도이니 말이다.[10]

한 가지 명확한 사실은 고객은 이야기에서 분명한 목표를 기대하고, 그런 목표에 익숙하다는 점이다. 고객은 비단 이야기의 주인공만이 아니라 그들의 목표도 알고 싶어 한다. 주인공이 고객의 주요 문제이기도 한 과업을 떠맡아 자기 손으로 직접 해결하는 평행 구도가 말 그대로 고객들을 이야기 속으로 끌어당긴다. 그들은 영웅이 어떻게 난국을 헤쳐나가는지 알고 싶어 한다. 기업은 고객들이 자신에게 도움될 만한 제품을 구매하는 식으로 영웅의 행동을 그대로 따라 할 것으로 생각한다.

사람들은 작은 것을 보고 큰 것을 추론하기를 좋아한다. 부분으로 전체를 파악하는 '파르스 프로 토토(pars pro toto)'는 효율적이면서도 편리하다. 고객들은 부정확할 수도 있지만 실리적이라고 판단할 수도 있으므로, 광고주들은 도덕적으로 어느 정도는 진실해야 한다.

고객은 부분으로 전체를 파악하기를 좋아한다. 자신에게 한번 유용했던 것은 앞으로도 계속 유용하리라고 생각하는 것이다. 10명의 직원을 선택해서 모범적인 고객 10명을 소개했는데 그중 2명이 실패했다면, 나머지 직원들도 그와 똑같은 일을 당할까 봐 걱정할 것이다. 그런데 이야기가 도덕적으로 건전하다면, 회사는 이 스토리텔링의 힘을 확실하게 이용하여 자사에 대한 고객의 회의적인 생각을 바꿔서 가능한 양측에 최선의 결과를 달성할 수 있다.

실패담을 내세우면 목표를 제대로 보여주는 효과는 있지만, 실제로는 진정성과 신뢰를 얻느라 구매 결정이 늦어진다. 목표를 달성하는 것이 아니라 거의 달성할 것 같은 제품을 원하는 사람은 없다.

이야기는 제품으로 유도한다: 어떻게(how)

제품에 대한 고객의 기대는 높고, 그러한 기대를 파악하는 작업이 곧 길라잡이이자 문제 해결책이며 지름길이다. 그러므로 제품은 이야기의 결말 속으로 통합되어야 한다. 좋은 이야기는 자연스럽게 제품 구매로 이어진다. 물론 관련성과 권위가 덧붙여지는 경우에 한해서이다. 이야기는 단순한 전달자에 지나지 않는다.

고객은 스스로 극복할 수 없거나 몹시 애를 써야만 해결할 수 있는 과제에 봉착한다. 궁극적으로 정확하게 이 시점에 기회가 있다. 제품이나 서비스 제공업체가 고객의 문제를 해결할 수 있음을 증명한다면 고객을 위한 가치와 관련성도 늘어난다.

제공업체가 자신들에게 누구보다 믿을 만하고 신속한 해결책이 있음을 전달하면, 고객은 기꺼이 더 많은 돈을 지불해서라도 그 제품을 구매하려 들 것이다. 문제의 규모가 크다면 제품과 서비스로 제시할 수 있는 솔루션의 가격도 상승한다.

솔루션은 이야기에 없어서는 안 될 요소이므로 방법에 해당하는 '어떻게'를 신속하게 전달할 수 있다.

좋은 이야기는 무조건 짧다

이야기는 고정관념, 전후 비교, 꿈, 비전과 여타 수많은 서술 장치를 광범위하고 아주 적극적으로 활용하여 청중을 설득한다(셰익스피어의 희곡이라면 더 예술적으로 활용했겠지만, 그렇다고 딱히 더 호소력이 있는 것도 아니다). 이 모든 것은 눈에 보이는 이미지의 형태이다.

인간의 두뇌와 기억력은 아주 오랫동안 이야기를 더 쉽게 받아들여 왔다. 석기시대에도 이야기를 통해 지식과 정보가 전달되었다. 그림 속 이야기는 시간을 초월하여 최대의 효과를 발휘한다. 매머드를 죽이는 사냥꾼들을 묘사한 석기시대 동굴 벽화는 이야기 전집인 셈이다.

벽화 속에서 사냥감과 몇몇 사냥꾼은 상징적으로 묘사되며, 그 자체로 정보의 가치가 있다. 매머드 한 마리를 죽이는 데는 사냥꾼 여러 명이 필요하고, 사냥꾼들이 창과 큰 돌을 들고 매머드 주위로 모여드는 성공적인 사냥 전략이 담겨 있다. 누가 무엇을 얻기 위해 어떻게 행동해야 하는지를 알려주는 셈이다.

오늘날의 관점으로 보더라도 동굴 벽화에 이런 정보를 저장해두는 것은 훌륭한 방법이다. 초보 사냥꾼은 실제로 위험하게 매머드를 사냥해보지 않아도 벽화를 보고 매머드의 위력을 똑똑히 실감할 수 있다. 이미지로 표현된 정보는 그럴듯하고 기억하기도 쉽다. 그림의 대상들을 쉽게 알아볼 수 있도록 저마다 단순하게 상징적인 특징으로 표현했다. 그림들이 대개 비슷해 보이기는 하지만, 프랑스 남부의 유명한 동굴 벽화의 매머드 그림은 다음과 같은 특징이 있어 오늘날까지 쉽게 알아볼 수 있다.

> 프랑스 남부 동굴 벽화의 매머드는 단순하게 표현되었고, 사람들도 막대 모양으로 단순화했다. 따라서 상징적이고 언제까지나 통할 형상들 덕분에 동굴은 정보 저장고 이상의 기능을 한다. 이 이야기는 단 한 가지만을 보여준다. 바로 짧다는 것이다.

이야기를 표현한 그림과 패턴은 매우 단순해서 보는 이들이 나머지를 채운다. 시청자들이 따라 하고 싶어 하는 뷰티 블로거가 특정 제품을 추천하면 팔로어들은 "나도 저 제품을 써야겠어"라는 결과를 중심으로 정보의 작은 공백을 적극적으로 채워나간다.

시청자들은 늘 이런 인물들과 같아지고 싶어 한다. 패턴이 단순해야 쉽고 빠르게 상대방의 입장이 되어볼 수 있다.

짧은 이야기들이 다음과 같은 짧은 질문들에 답한다. 어떻게 매머드를 찾을 수 있을까? 운 좋게 매머드를 찾으면 어떻게 해야 할까?

어떻게 하면 다치지 않고 매머드를 일용할 양식으로 만들어 생명을 유지해나간다는 목표를 달성할 수 있을까?

우리는 어떻게 이런 단순한 그림들이 위와 같은 질문에 기억하기 쉽게 답하는지 짐작해볼 수 있다. 오늘날에도 성공, 행복, 부, 사랑, 안전, 풍요, 파트너십, 가족, 모험 등과 같은 단골 소재들이 여전히 많이 사용된다. 이렇게 단순하고 친숙한 이야기는 늘 놀라울 정도로 잘 먹힌다. 그래서 사람들은 이렇게 말하곤 한다. "우리 오늘 밤에 스릴러나 로맨스 영화 볼래?"

아마 지금도 석기시대의 매머드 사냥 동굴 벽화가 기억나지 않는가? 이것이 이미지와 이야기의 힘이다. 지금도 그 옛날과 다를 게 없다.

왜 이야기가 짧아야 하냐고 반문할 수도 있다. 고객은 의심하는 일에 너무 많은 시간을 쏟을 수 없다. 고객은 실수하지 않기 위해 안심할 수 있는 지침과 단서를 원한다. 또 제품과 서비스를 구매하는 게 올바른 일인지, 가성비가 이렇게 좋은데 문제를 척척 해결할지 한시바삐 결정하기를 바란다.

물건 하나 사는데 따지는 건 네댓 개

기업이 언제나 구체적인 고객의 요구를 정확히 짚어낼 수 있는 것도 아니고 족집게에 전적으로 의지할 수도 없기에 뭔가 팔고 싶으면 이야기를 만들어낼 수밖에 없다.

기업은 광고에 자사의 제품을 구매해야 하는 이유를 구구절절 나열하고 고객이 그것을 믿고 구매하기를 바라지만 이제 그럴 수 없다.

고객이 회사의 말만 듣고 구매할 정도로 회사의 능력을 신뢰하리라는 보장이 없다.

고객은 제품이나 서비스를 선택할 때 다양한 결정을 내리는데 이 과정에서 궁극적으로 판매의 성패가 갈린다. 고객은 여러 채널을 참고하여 결정을 내린다.

하지만 '다양한 결정'은 모호하므로 마케팅 목표로 삼기는 위험하다. 이 부정확한 목표 때문에 많은 기업들이 제품을 개발한 후 시장에서 어떤 반응이 나타날지 몰라 어둠 속을 비틀거리는 것만 같은 막연한 불안감을 느낀다.

많은 회사와 프리랜서들은 자신의 제품이나 서비스의 특징을 낱낱이 분석해 세부적인 내용까지 파악하기 때문에 많은 기능과 연결될 수 있는 제품의 장점에 탄복한다. 하지만 고객들은 내용을 속속들이 이해할 수 없기에 자신들처럼 열광할 것 같지 않다는 것을 안다. 회사는 자사의 제품이 고객의 가장 시급한 문제를 경쟁사의 다른 모든 제품보다 더 잘 해결할 수 있다고 생각한다. 하지만 고객은 그저 그 제품에 흥미가 없을 수도 있고, 심지어 그보다 못한 제품을 구입하기도 한다.

오늘날의 고객은 단순히 사실에 혹하지 않는다. 그래서 더 많은 사실을 제시할수록 고객을 설득하기가 더 어려워진다. 그보다 고객은 대개 회사의 가시성에서 접점을 찾는다.

많은 고객들이 이성보다 감성에 끌려 구매를 결정한다. 합리적인 인과관계를 고려하여 '그렇다면 이럴 것이다'라는 식으로 구매 결정을 하지 않는다. 제품의 합리적인 특징을 고려하고 나서도 더 많은 감정적인 이유들이 구매 결정에 영향을 미친다. 이에 따라 연쇄적으로, 때에 따라서는 꼬리에 꼬리를 무는 각종 이유로 의사 결정을 하기도 한다.

고객은 제품의 특징을 살펴보고, 객관적이라고 생각되는 출처, 본인의 경험, 윤리 의식 등을 토대로 다른 제품과 비교하여 터득한 지식과 가치에 따라 제품을 해석한다.

'회전수 1,250rpm의 드릴이 필요한 고객은 1,250rpm으로 작동하는 이 드릴을 구매할 것이다'와 같은 단순한 논리가 더 이상 통하지 않는다.

그보다는 드릴이 고객의 눈에 일단 들어오고 난 다음에 드릴을 비교하고, 원하는 조건을 충족하는지 확인한다. 같은 드릴을 보유한 친구가 추천하고, 드릴 전문가들 사이에서 긍정적인 평가를 받았고, 인체에 유해한 가소제를 많이 사용하지 않아 친환경적이고, 회사의 일 처리 방식도 긍정적이라는 소비자 보고서를 읽고 나서 제품을 살지 모른다.

합리적인 제품의 특징은 누구나 쉽게 알아볼 수 있어야 하고 고객과도 관련이 있어야 한다. 하지만 고객이 인정하는 제품은 명시된 특징 외에 고객 나름의 훨씬 더 흥미롭고 감정적인 '목표'까지 담겨 있다. 이런 목표는 사람마다 크게 다를 수 있다.

드릴이 단지 보기에 좋아서 사는 사람은 드물다. 드릴은 벽에 구멍을 잘 뚫을 수 있어야 한다. 고객이 얻는 확실한 이점, 즉 제품의 기술적 측면과 특징적인 기능이 목표이다. 일반 고객에게는 드릴이 구멍을 1,000rpm으로 뚫는지 1,250rpm으로 뚫는지 그다지 중요하지 않다.

드릴 제조업체는 제품 포장지나 설명서에 기술적인 이점을 충분히 강조할 수 있다. 그러나 드릴과 같은 일상적인 도구라도 구매를 결정하기까지 과정이 복잡할 수 있다. 목공을 취미로 하는 이들은 1년에 고작 두세 번 벽에 구멍 하나를 뚫더라도 전문가용 드릴을 선택할지 모른다. 전문가용 드릴이 실상 고품질 베어링과 모터 부품 덕에 구멍 1만 개도 아닌 10만 개를 뚫어도 끄떡없는 제품인데도 말이다.

따라서 합리적인 관점에서 보면 이런 제품을 구매하는 데는 특별한 이유가 없다. 그보다는 전문가용 기계를 사용하면 기술적인 특징 이외의 혜택을 얻을 수 있다. 우선 고객은 이런 고품질의 기계를 사용한다고 주변에 자랑할 수 있다. 또는 1년에 고작 구멍을 3개 뚫더라도 '전문가' 같은 기분을 내고 싶은 마음에 흐뭇해할지도 모른다. 이는 제품의 속성에 그저 살짝 걸쳐 있는 가치다.

이제는 구매 심리 같은 '말랑말랑한' 요인들이 빠르게 주목받는다. 제품을 구매한 고객은 혜택을 누리고 이를 공유하면서 기분도 좋아진다. 고객은 제품의 속성보다 아이디어, 감정과 비전을 구매한다. 하지만 이러한 가치는 더 큰 이야기의 일부이다.

영국 DIY 인테리어 매장 B&Q의 광고는 가치와 아이디어의 세계를 창조했다. 광고에는 '손바닥 뒤집듯' 바꿔보라는 강한 문구와 더불어 평범한 사람들이 팔방미인으로 묘사된다. 안락의자에 파묻혀 벗어날 줄 모르거나 그저 줄넘기나 하던 일반인들이 장인이라도 된 것처럼 페인트칠을 하고, 집 안을 손보고, 각종 공구를 다루며 뭐든 '우리는 할 수 있다'[11]고 말한다.

그렇게 평범한 사람들을 하도 많이 써먹다 보니 이제는 더 이상 써먹을 것도 없는 듯하다. 뻔한 이야기도 그렇다. 평범한 사람들이 기본 패턴으로 전락했지만, 지금도 살아 움직이는 화면 속에서 강한 이야기를 업고 등장한다. 이런 광고에서는 제품의 속성을 단 한 줄도 언급하지 않고 오직 이야기 전달에만 초점을 맞춘다. 목표를 달성하고, 그 과정에서 여러 도전에 직면하고, 도움이 될 만한 도구는 물론 자신이 지닌 모든 힘과 기술을 써서 뭔가를 만들어내는 이야기 말이다.

이 제품을 사면 주목받을 수 있을까?

궁극적으로 구매 결정 사슬의 끝에는 제품을 구입하면 한층 강화되는 고객의 핵심 가치들이 존재한다. 제품의 용도는 고객이 구매 결정을 내리도록 정서적 심리적으로 강력하게 부추긴다. 그러나 이런 핵심 가치들은 엄밀히 말해 제품의 특성과 간접적으로 관련될 뿐이다. 따라서 가시성을 전혀 고려하지 않고 이런 특성들을 먼저 계획, 개발, 최적화한 다음 제품을 만든다면 위험천만한 일이다.

그런 일련의 속성과 목표들이 구매 과정에서 고려해야 할 몇 가지 사항과 연결되어 있음을 보여주는 좋은 사례는 전기차이다. 한 고객이 언론 기사를 통해 전기차를 알게 되었고, 또 최근 지인들 사이에서도 전기차가 뜨거운 화제였다. '전기차'가 가시성 있는 주제가 된 것이다. 고객은 전기차를 사야 할지 고민 중이다. 이 고객이 가족 모임에서 얼마 전 전기차를 구매한 친척을 만났다고 상상해보자. 이러면 이야기가 재미있어진다.

전기차에 푹 빠진 이 사람은 전기차를 모는 사람과 어떻게든 이야기를 나눠볼 기회를 엿본다. 이런 경우 빠지지 않고 등장하는 질문이 있다. "전기차로 얼마나 가요?" 이것은 제품의 기술적 특성이 아닌 혜택에 관한 질문이다.

전기차 업계가 한창 호황인데도 전기차의 기술적 속성을 제대로 아는 사람은 별로 없다. 휘발유 차량의 경우 100km당 8리터의 휘발유를 소비한다고 하면 쉽게 이해할 수 있다. 하지만 100km당 20kWh의 연비가 좋은지 나쁜지 조금이라도 아는 사람이 거의 없다. 자동차 주행 범위에 관한 질문도 빠지지 않고 나온다. 이것은 제품의 속성으로 추론해볼 수 있는 목표이자 명확한 혜택이다.

대화를 나누던 누군가가 이미 전기차를 구매하기로 했다면, 조금 전까지 어디서도 언급되지 않았던 가치와 혜택이 돌연 급부상한다. 전기차를 모는 사람이 이런 대화에 끼어들어 재미난 경험담을 늘어놓으면 주변의 관심도 받고 사회적 지위도 올라간다. 특정 전문 지식까지 내세우면 전기차에 관한 권위가 생길지도 모른다. 전기차 운전자로서는 그것만으로도 구미가 당기지만, 자동차 엔지니어들은 아마 콧방귀도 뀌지 않을 것이다.

우리 회사의 신형 전기차를 구입하면 사교 모임에서 전기차 얘기가 나올 때마다 주목받게 될 거라고 홍보하는 회사는 없다. 하지만 고객의 구매 동기는 될 수 있다. 그것도 강력한 동기가!

개발팀은 그 정도까지 앞서 생각하기 힘들다. 그래서 엔지니어링 부서와 마케팅 부서(그리고 디자인 부서 등)가 따로 있는 것이다. 마케팅 부서라도 이 정도로 얼토당토않은 고객의 혜택까지 파악해서 마케팅 캠페인에 포함한다는 것은 만만치 않은 일이다. 상당수 초기 전기차 열혈 팬들도 남들보다 먼저 신제품을 써보는 얼리어댑터로 인정받으면 어느 정도 (좋은) 입소문을 탈 거라는 생각에 전기차를 샀다고 해도 과언이 아니다. 이제는 이 분야에 대한 전문가적 식견을 인정받을지도 모른다. 그렇게 전기차는 운전자에게 긍정적인 이미지를 전이하는 것 같다.

기업에서 이런 연관성을 충분히 인식하고 있는 것은 분명하다. 엔지니어들이 쏟은 노력의 결과물 위에 마케팅 부서가 알기 쉬운 사용자 위주의 메시지로 숟가락만 달랑 올렸을 뿐이라고 여긴다면 오해다. 하지만 자동차 생산업체조차 고객과의 이런 연계성을 조금 색다른 이야기로 구현하는 방법을 찾았다.

테슬라 차량에는 일명 '루디크러스 모드(Ludicrous Mode, 이 주행 모드를 선택하면 출력이 높아져 빠른 속도감을 느낄 수 있다. - 옮긴이)'가 장착되어 있다. 시동을 걸면 자동으로 루디크러스 모드로 넘어가는 것이 아니고 운전자들이 메뉴에서 이 모드를 켜야 한다. 놀랍도록 빠른 속도감은 말할 것도 없이 루디크러스라는 이름만으로도 테슬라 운전자들이 자부심을 느낀다. 이 차를 사면 누릴 수 있는 혜택으로 과시해도 될 정도로 영리하게 고안해낸 장치다. 더욱이 '루디크러스 ('터무니없는'이라는 뜻의 형용사 - 옮긴이)'라는 말은 신중한 고민 끝에 선택한 표현으로 '고성능'이라는 좀 더 기술적인 표현보다 더 좋다.

고객들이 동료 운전자나 유튜브 모임에서 루디크러스 모드를 자랑하는 영상이 유튜브에 수도 없이 올라오는 걸 보면 구매자의 입장과 제품의 특성, 고객의 추론에서 도출해낸 이 영리한 발상으로 매출 성과를 올린 것만은 확실하다.

테슬라는 이런 영상을 위해 따로 마케팅 예산을 책정해놓지 않았는데도 고객들이 갑자기 이 차량을 위한 가시성을 창출해내며 이득을 본 셈이다. 이야기를 제대로 이해했을 때 나타나는 파급력을 보여주는 사례가 아닐 수 없다.

그런 힘이 있어야 고객에게 강요하는 푸시 마케팅을 고객을 끌어당기는 풀 마케팅으로 전환할 수 있다. 고객을 제품의 홍보대사로 변모시키고, 결국은 고객이 제품의 특성에 관한 정보를 널리 알리는 전파자가 된다. 마케팅에서는 이들을 제품이나 회사의 독보적인 특성, 즉 가치 있는 가시성을 널리 전파하는 충직한 홍보대사라는 의미로 '전도사'라고 한다.

우리 회사의 '루디크러스 모드'는 뭘까? 수시로 자문해보는 것이 좋다. 이런 종류의 모드는 가치 기반의 가시성에 집중하고, 전도사로 이어지고, 결국은 회사의 가시성이 급속도로 퍼져나가는 효과를 거둔다.

우리는 가시성과 관련해서 2가지 중요한 점을 추론해볼 수 있다.

첫째, 고객이 구매 결정을 내리기까지 시간이 너무 오래 걸린다면 회사의 역량과 고객의 요구가 아주 밀접하게 연관되어 있는지 더 다각적으로 살펴볼 필요가 있다. 이제 고객의 요구는 회사의 역량을 보여주는 제품이 출시되어 사람들이 쉽게 살 수 있다고 해서 충족되는 게 아니다.

고객이 구매하기로 결정하는 이유를 전부 파악하기란 불가능하다. 세부 기술이나 제품 사양 때문만은 아니다. 오히려 조금 복잡한 과정을 토대로 구매를 결정한다. 제품의 가시성에 도달하는 것, 혹은 최대한 빨리 문제를 해결하는 방법 말이다. 이런 내용을 알아야 초기 생산 단계에서 제품의 특성이 고객의 요구에 잘 부합하는지 판단할 수 있다(이 단계에서 제품의 특성에 접근할 가능성이 가장 큰 것은 회사이다).

고객은 나중에 어떤 제품 특성을 어떻게 평가할지 결정하므로, 어느 쪽이든 맹목적으로 추측하기보다 관찰을 통해 판단하는 것이 좋다. 고객의 구매 결정으로 고객의 요구와 제품이 서로 얼마나 일치하는지 평가하는데, 이런 평가는 매출액이나 이해관계자들의 수치로 측정할 수 있다.

과감하고 민첩한 기업가들은 완벽한 제품을 개발하겠다고 매달리지 않고 시장 기회를 신속히 포착해 사업적 성공을 거둘 뿐만 아니라 빠르게 시장을 선점해나간다. 수많은 기술 중심 전문가를 압도하는 지점도 아마 여기일 것이다.

대다수 제품이 초기에는 '제품 시장 적합성(PMF, Product Market

Fit)'에 못 미치지만 그렇다고 개발이 끝난 게 아니다. 고객의 피드백에 근거해 제품을 추가로 개발하면 된다.

제품 출시 후에 가시성을 빠르게 고객 쪽으로 돌리려면 제품을 개발하는 과정에서 향후의 가시성도 어느 정도 고려하는 것이 좋다.

둘째, 고객의 목적 및 가치와 다양하게 연결되도록 고객을 향해 가시성을 생성해야 한다는 점이다. 제품의 기술적 특징과 변수들을 부각하는 것만으로는 충분하지 않다. 지금은 고객과 제품을 연결할 수 있는 접점, 제품으로 전하는 이야기 등의 연성 요인들을 우선시해야 한다. 그래야 고객이 이런 요인들을 활용하여 자신의 목적과 가치에 부합하는 제품을 찾을 수 있도록 이야기로 계속 유인할 수 있다.

자신의 요구와 기대치를 제품의 특성과 완벽하게 일치시킬 수 있는 고객 단 몇 명에게만 전달될 수 있다면, 그렇게 해서 제품이 문제를 이상적으로 해결할 수 있다면, 1.7초 동안만 제품에 관심을 보이는 200만 팔로어에게 전달하는 것보다 훨씬 바람직하다.

테슬라는 큰돈 들이지 않고 주목받는다

단순한 제품 정보만으로는 광고하기 어려우며, 때로 기업이 옳은 일만 해도 가치 있는 가시성이 창출되기도 한다. 이런 경우에는 마케팅 예산도 필요 없다.

기괴할 정도로 치솟은 테슬라의 주가를 보면 대대적인 성공을 거둔 것은 분명하다. 테슬라의 성공 요인은 일정 부분 가시성에 있다.

테슬라는 완성차 업체들과는 다른 방식으로 가시성을 확보한다. 가령 어디에서도 테슬라의 광고를 찾아볼 수 없다. 말하자면 가시성을 구매한 게 아니란 뜻이다. 게다가 이 브랜드는 광고에 막대한 예산을 쏟아붓는 완성차 업체와는 달리 잡지나 다른 고전적인 유통 채널에도 모습을 잘 드러내지 않는다.

테슬라의 자동차 대리점 수는 다른 차에 비해 훨씬 적고, 어떤 경우에는 뒷마당에서 사업하던 식으로 소규모로 판매된다. 설상가상으로 업계에서는 테슬라의 미디어 소통은 재앙에 가까우며, 심지어 품질도 믿음이 안 간다고 본다.

2021년 미국 소비자 전문 매체 〈컨슈머리포트(Consumer Reports)〉의 소비자 만족도 조사에서 테슬라는 다시 한 번 꼴찌에서 2위를 차지했다.[12] 가치 있는 완성차 업체로 부상하고 싶은 회사라면 어떻게든 피해야 할 소통 방식이다. 어쩌면 테슬라의 경쟁사가 이제 느긋하게 발 뻗고 누워도 되겠다고 생각할지도 모른다. 그러나 테슬라는 현재 세계에서 가장 비싼 자동차 브랜드 중 하나이다.

테슬라의 가시성은 대부분 이야기로 구성되어 있다는 점에서 완전히 결이 다르다. 일례로 테슬라의 최고경영자 일론 머스크는 테슬라 화염방사기 시연으로 한바탕 화제를 몰고 왔다. 랜드로버의 최고경영자가 신형 랜드로버 시연 도중 갑자기 화염방사기를 꺼내 들고 실시간으로 무대에서 테스트한다고 상상해보라. 그랬다면 그 자리는 아마도 랜드로버 최고경영자의 고별 무대가 되었을지도 모른다. 하지만 테슬라의 제품 시연은 회사의 거대 서사와 잘 맞아떨어졌다.

사이버쿼드(Cyberquad)는 테슬라가 만든 또 다른 매우 흥미로운 제품이다. 어떤 지형에도 끄떡없는 4륜 전기 바이크로 어린이용 제품으로도 승인받았다. 사이버쿼드는 더 많은 이야깃거리를 제공한다. 이 제품이 미래의 고객이 될 어린이들 사이에서 브랜드의 초기 인지도를 높이기에 좋은 첫걸음이라는 점은 말할 것도 없다. 나중에 테슬라와 함께했던 어린 시절 이야기를 할 수도 있고 점차 브랜드에 깊은 애착이 생길 것이다.

테슬라는 아이들의 재미를 생각하고 차에 자부심을 느낀 운전자들이 자녀들과 테슬라에 대한 열정을 함께 나눌 수 있다면 자녀들과 친밀감도 높아질 것이라고 생각한다. 게다가 어린이용 바이크가 대단한 이윤을 남길 제품은 아니기에 브랜드를 마음에 새기기 위한 프로젝트에 가깝다는 개념이 사람들의 호감을 살 수 있다. 이는 동시에 자유롭고 호기로우며 한마디로 경쟁과는 다르다.

테슬라의 이야기는 아주 잘 먹혀들어서 사람들은 테슬라를 기존의 시스템을 깨는 혁신적이고 가끔은 호기롭고 건방지기까지 한 브랜드로 다시 한 번 인식한다. 고객은 테슬라가 결국 차량용 에너지 전환을 달성할 거라고 믿는지도 모른다.

일론 머스크의 우주 프로그램도 그런 인식을 자연스럽게 강조하기에 테슬라 고객과 팬들도 그에 맞춰 혁신의 힘, 기술적 진보, 불순종과 같은 가치를 해석한다. 우주 강국 러시아, 중국, 인도뿐만 아니라 미국 항공우주국 나사의 우주 주도권마저 빼앗는 데 성공하는 회사라면 기술과 혁신, 대담성을 충분히 갖추고 있어 그 밖의 모든 것을 해낼 수 있을 것 같다.

고객은 그런 가치를 응원하며 스마트 가시성의 3가지 주축 중 하나인 브랜드의 권위를 느낀다.

사실 테슬라는 브랜드 이미지를 실추하는 면이 있다. 직원 친화적이지도 않고, 최고경영자는 다혈질이고 인정사정없기로 소문이 자자하다. 게다가 우주 프로그램을 두고 생태 지속 가능성을 논하는 것은 600마력의 자동차나 브란덴부르크 수질 보호구역 인근의 공장이 특히 환경 평가에서 좋은 기록을 받았다고 주장하는 것만큼 의심스럽다. 하지만 테슬라의 이야기들은 이 모든 부정적인 평판을 뛰어넘어 브랜드의 인지도와 가시성을 높인다.

사람들이 불쾌한 내용을 그리 오래 기억하지 않는다는 것이 테슬라로서는 다행인 셈이다. 여기저기서 직원의 의사가 묵살되었다거나 브란덴부르크의 신설 공장 앞에서 환경운동가들이 시위했다는 이야기들은 다른 테슬라 관련 이야기들만큼 감정을 강하게 자극하지 않는다.

네 번째 강력한 W(왜)

WHW(누가, 어떻게, 무엇을)에 더해 Z세대에 특히 잘 먹힐 만한 또 하나의 'W(왜)'를 추가할 수 있다.

W는 기업의 의미와 목표를 구체적으로 설명하는 것이다. 기업은 어떤 일을 왜 하는가? 제품이 어떻게 더 나은 세상을 만드는가?

사이먼 사이넥(Simon Sinek)은 ≪나는 왜 이 일을 하는가 2: 당신만의 why를 찾아라(Find Your Why)≫[13]에서 고객들이 회사로부터 구매하는 것은 늘 '왜'라고 주장한다. 고객은 회사의 제품 또는 제품의 세부적인 속성보다는 제품의 속성과 매우 느슨하게 연결된 무언가를 산다는 것이다.

이것은 제품의 혜택과 구매, 회사의 능력과 고객 요구, 회사의 소통과 시장 기회가 서로 단순하게 연결되어 있지 않다는 사실을 단적으로 보여준다.

그렇다면 회사가 그들의 '왜'를 설명하면 그만일 텐데 그렇지 않은 이유가 뭘까? 답은 놀랍게도 간단하다. 대부분의 회사가 그들의 '왜'를 모르기 때문이다.

대부분의 회사들이 본업이 무엇인지는 잘 설명한다. 본업이란 결국 핵심 사업이기 때문이다. 회사는 특정 제품을 생산하고 서비스 업체는 고객의 문제를 해결하고, 컨설턴트는 전문 분야에서 자문 서비스를 제공한다.

그러나 '왜'에 관한 한 회사들 간에 분명 차이가 있다. 왜 나사를 만들까? 왜 에너지 컨설턴트가 되었나? 왜 청소 서비스를 시작했나? 왜 그들에게 구매해야 하나? 왜 그들은 다른 이들보다 나은가? 왜 그들은 경쟁사들보다 비싼가?

이에 대한 답은 회사나 서비스 업체의 웹사이트에서 확인할 수 있다. '누가, 무엇을, 어떻게'와 관련된 질문에 대한 답에는 많은 공간이 할당된다. '우리 회사', '팀', '회사 연혁', '포트폴리오', '3단계 컨설팅 과정'과 같은 주제어와 하위 페이지, 많은 유사한 콘텐츠가 '누가, 무엇을, 어떻게'를 상세히 설명하고 있다.

하지만 그 이유는 모두 빠져 있다.

리처드 브랜슨(Richard Branson)은 매우 유명한 기업가다. 음반 사업에서 성공한 다음 다른 많은 산업 분야에도 진출했다. 브랜슨은 버진 애틀랜틱 항공의 회장으로 유명하다. 하지만 온라인에서 그의 사진을 검색해보면 독일 항공사 루프트한자의 회장 하면 흔히 떠오르는 이미지와는 영 딴판이다. 대기업 회장들은 모두 넥타이를 맨 정장 차림에 심각한 표정을 짓고 있다. 이것이야말로 전형적인 회사 임원의 이미지다.

이와는 달리 브랜슨은 우주복을 입고 자사의 로켓에 탑승한 사진이나 낙하산을 타거나 다른 모험을 즐기는 사진이 검색된다.

리처드 브랜슨의 말을 인용하자면, "다 집어치우고, 해보지 뭐!"의 이미지다.

리처드 브랜슨과 그의 회사 버진 그룹(Virgin Group)은 설립 철학과 회사의 모토를 구체적으로 정하고 이를 토대로 출발한다는 점에서 타사와 차별된다. 리처드 브랜슨이 툭하면 새로운 회사를 창업한다는 것을 모르는 사람이 없을 정도이다.

브랜슨은 스포츠 분야에서 여러 개의 세계 기록을 보유하고 있으며, 배포가 남다른 만우절 농담으로도 유명하다. 그는 1989년 만우절에 런던 상공에 UFO처럼 생긴 열기구를 띄웠다. 그는 이야기, 인터뷰, 기업 홍보 방식 등 여러 채널을 통해 특정 산업에서 돌풍을 일으킬 벤처 기업을 출범시키는 데 언제나 희열을 느낀다며 틈새시장에서 스타트업을 세워 성공을 거둔 사례들을 이야기한다.

성공하지 못해도 낙담하지 말고 사업에 뛰어들 때처럼 용기를 갖고 새로운 모험에 도전하는 것이 그의 사업 철학이다. 그의 님버스(nimbus, 후광)는 자신의 사업 철학을 성공적으로 실천한다는 사실에서 빛을 발한다. 브랜슨은 일단 목표를 세우면 대부분 반드시 쟁취하고 마는 대범한 행동가로 여겨진다.

이런 '왜'가 있어야 자신을 알릴 기회도 생기는 법이다. 특히 자신만의 독특한 방식으로 다양한 모험이라는 목표를 추구하는 카리스마 넘치는 기업의 총수와 함께라면 더욱 용이하다. '누가, 무엇을, 어떻게'라는 질문은 '왜'라는 질문으로 자연스럽게 연결된다. 특히 리처드 브랜슨이나 성공한 기업들의 '왜'는 자신만의 회사로 다른 기업이나 모든 업계에 과감히 도전장을 내민다는 뜻이다. 그중 애플의 '왜'는 오랫동안 '남과 다르게 생각하라(Think different)'였다.

애플은 자사 제품을 앞세워 이동전화 업계를 뒤집어놓았다. 이런 기업들은 뛰어난 성과와 더불어 혁신, 저돌성, 일탈 등의 가치를 자기화하여 마케팅 약속에 포함한다.

프라다는 '왜' 재활용 쓰레기를 입는가?

고급 패션 브랜드 프라다는 얼마 전 나일론 섬유 사용을 줄이기 위해 친환경 대체 소재를 자체 생산하는 계획에 돌입했다. 이후 그 같은 조치를 두고 고객이 던진 '왜'라는 질문에 "더욱 지속 가능하고 건강한 세상을 위해서"라고 답했다. 가시성의 관점에서 본다면 이런 행보는 위험의 소지가 있다.

지속 가능성이란 한편으로는 기업이 여러 방향으로 틀고 확장한다는 점에서 복잡한 개념이다. 그런데도 지속 가능성의 정의가 워낙 광범위하다 보니 기업들이 너도나도 지속 가능한 제품을 생산하는 친환경 기업임을 자처한다. 하지만 얼마나 정확한 검사 기준을 적용했는지, 변수는 없는지에 따라 늘 지속 가능성을 밀고 나갈 수만은 없다.

다른 한편으로 지속 가능성이란 시대정신이 아로새겨진 용어이다. 지속 가능성은 고객이 생태 발자국에 근거해 구매 결정을 내리는 순간 마케팅에 유리하게 작용한다.

프라다는 고급 패션 브랜드이다. 보통 이런 고급 패션은 특별히 지속 가능성을 구현할 것 같지 않다. 사치품 하면 낭비, 주로 쓰고 버리는 품목으로 구성된 패션, 눈총받는 생산 여건이 연상된다. 따라서 프라다가 지속 가능성을 내세우면 거짓되고 부정직하게 마케팅하는 대표적인 사례가 될 수도 있다.

고객의 관심을 끌려고 시대정신이 살아 있는 상표임을 주장하는 제품들 때문에 브랜드와 고객의 인식이 흥미롭게 충돌한다. 요즘 고객은 브랜드를 곧이곧대로 믿는 단순 구매자에서 성숙한 마케팅 및 브랜드 분석가로 점차 변해가고 있다.

프라다는 이런 마찰을 조정하기 위해 직물용 원사를 생산하는 아쿠아필(Aquafil)과 제휴하여 바다에서 수거한 플라스틱 소재와 어망 및 직물용 섬유를 세정하고 재활용하여 재생 나일론실을 생산해달라고 요청했다. 이런 노력은 고객들이 친환경 기업으로 인식해주기를 바라며 자신들도 지속 가능하고 생태적으로 책임 있는 행동을 어느 정도는 한다고 자부하는 '위장 환경주의'의 냄새가 나기도 한다.

그런 일은 브랜드에게 꽤 위험천만한 일이다. 근거가 약한데도 지속 가능한 패션이라고 내세우다가 환경협회와 소비자 옹호 단체로부터 맹비난을 받아 자사의 이미지에 먹칠한 패션 브랜드들도 있다. 따라서 프라다도 유사한 경로를 밟아 빈축을 살 만한 제품의 특징을 내세운다면 자사의 마케팅에 역행하는 꼴이 될 것이다. 게다가 이러한 가시성은 가치가 있기는커녕, 오히려 해로운 것으로 바뀔 소지도 있다.

고급품 제조업체가 지속 가능성을 내세운 상표를 보유하면 마케팅을 엉뚱한 방향으로 몰고 갈 수도 있다. 그러나 프라다는 이런 위험한 분야에서 올바른 방향으로 이제 막 몇 걸음을 내딛는 중이다.

우선 프라다는 새로운 소재를 고집스럽게 사용하는 점이 흥미롭다. 프라다는 자사의 모든 나일론 섬유를 재생 섬유로 대체할 것이라는 목표를 천명했다. 어쨌든 프라다는 이런 특성을 높이 평가하는 고객의 관심을 끌기도 하지만, 나머지 고객들은 관심도 없으니 대체 생산 라인에서 한두 가지 제품을 생산하는 정도로 끝냈을 수도 있다. 하지만 프라다의 이러한 목표 설정으로 회사의 신망과 위상이 높아졌고 정직한 마케팅의 표상으로 인식되기도 한다.

이런 목표 설정은 프라다가 재생 상품 생산에 주력하면서 회사 구조에도 깊은 영향을 미쳤다. 가방이 주는 실질적인 혜택과는 거리가

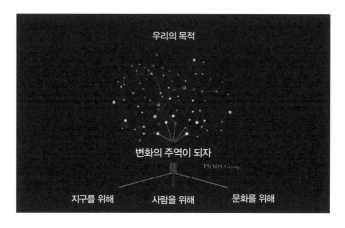

프라다의 기업관이 바뀌었다. 프라다는 회사가 주장하는 대로 이제 '지구', '사람', '문화'에 집중함과 동시에 '변화의 주역'임을 자처한다.

출처: prada.com

먼 더 높은 목표와 회사의 '왜'라는 질문에 열심히 매진하려는 태도이다.

훨씬 더 놀라운 점은 프라다가 이런 메시지를 마케팅 캠페인에 도입했다는 사실이다. 우선 프라다는 내셔널 지오그래픽(National Geographic)에서 강력한 동지를 찾아냈다. 미국의 이 유명 비영리단체는 1888년부터 지리와 관련한 사안이라면 무엇이든 세상에 널리 알리는 일에 헌신해왔다. 이런 취지를 추구하는 연구진과 이들의 프로젝트는 전 세계의 지지 속에 지식을 전달하고 있으며, 그 모든 활동의 선봉에 이 단체에서 발행하는 잡지 ≪내셔널 지오그래픽≫이 있다.

아울러 프라다는 고품질 영상도 제작한다. 현지 직원들을 출연시켜 전 세계 5대륙에서 비싼 제작비를 들인 고품격 영화를 제작하기 시작했다. 모두 프라다의 리나일론(Re-Nylon) 상표를 달고 지구 생태계와 서식지가 직면한 위험을 미리 알리는 작품들이다. 주인공은 배우, 기자, 직원들이다.

고객은 프라다가 지속 가능성을 추구하겠다는 목표를 제품 광고 이상으로 이행하고 있는 점을 높이 평가한다. 30초짜리 TV 광고를 제작하는 대신 5개 대륙에서 많은 대가를 치르고 보내온 자료를 토대로 보고서를 작성해 어떻게 그곳에서 지속 가능성이 이행되는지 보여준다. 프라다의 제품 속에 투영된 지속 가능성 방식과 좀 더 밀접하게 연관된 내용도 있고, 전 세계 대양 곳곳에 도사리고 있는 비닐 어망의 위협과 재활용처럼 연관성 없는 내용도 있다. 이것은 받아들이기 편한 주제가 아니며, 고급 패션 브랜드라고 하면 떠올리는 전통적인 인식과 거리가 멀다. 이런 주제를 꺼내 들었다는 자체가 진정성이 있다는 인상을 준다.

프라다의 과감한 노력 덕에 시청자는 프라다를 지속 가능한 브랜드라는 핵심 가치와 동일시한다. 이는 '친환경 소재로 만든'이란 값싼 광고 문구보다 훨씬 가치 있다.

5대륙 보고서는 여러 장에 걸쳐 좋은 이야기를 담고 있기에 이 주제를 다루거나 관심 있는 고객은 정보, 콘텐츠, 감동이라는 작은 우주에 빠져들 수 있다. 더구나 정직한 콘텐츠, 권위, 이야기를 세계 곳곳에서 접할 수 있다. ≪내셔널 지오그래픽≫ 기자들이나 슬로베니

아의 원료 생산업자들은 프라다가 현재 브랜드에 부여하고자 하는 가치를 생생하게 증언한다.

게다가 무엇보다 프라다의 가치를 이야기로 전달하므로 프라다 자체는 한참 뒤로 물러서서 관망할 수 있다.

나만의 이야기를 쓰는 5단계

좋은 이야기의 구조는 다 엇비슷하다. 기업가들이 자신의 이야기를 어떤 방향으로 전개해나가는 원칙이 있기 때문이다.

이제 실질적인 내용을 살펴보면서 더 흥미롭고 구체적인 접점을 추가해보자.

이야기는 5단계로 구성할 수 있다.

1단계 처음에는 배경을 설명한다. 이때 시간적 공간적 배경과 함께 주인공이 소개된다. 많은 할리우드 영화가 미국 대도시 상공을 헬리콥터로 비행하는 장면으로 시작하고, 한물간 경찰관 한 명이 평소와 다름없이 등장하고, 나머지 장면들은 소위 '이야기의 시간적' 배경을 암시한다. '누가, 언제, 어디서'와 그 밖에 이야기의 기본 정보를 알리는 '설정 숏(establishing shot, 사건이 벌어지는 공간을 전체적으로 보여주는 장면 - 옮긴이)'도 도입부에서 펼쳐진다.

2단계 '구성점(plot point, 이야기를 다른 방향으로 전환하는 지점 - 옮긴이)'에 따라 이야기가 빠르게 전개된다. 주인공이 난관이나 위기에 봉착하거나 여정에 오른다. 이때부터 긴장감이 고조되거나 역동성을 띤다. 줄거리가 절정에 이르기 전까지 긴장감은 계속 고조되고 결국 시체가 발견되고 살인자를 찾아 나서야 한다. 범죄 영화에서는 범인을 찾아 나서고, 드라마에서는 주인공이 하나 이상의 난관에 부딪혀 비전을 좇을 수 없게 되면서 이야기는 점차 최고조로 치닫는다.

3단계 예비 절정 단계로 처음에는 문제에 대한 논리적 해결책이 나온다. 가령 범죄 영화에서 영웅(경감)이 종횡무진 활약한 끝에 첫 번째 용의자를 찾아 체포하면서 첫 번째 절정 장면을 만들고, 동시에 관객에게 안도감을 준다.

4단계 전형적인 지연 작전이 뒤따른다. 체포된 용의자가 알리바이를 입증하고, 새로운 단서가 발견되면서 이야기는 오리무중에 빠진다. 철석같이 믿었던 첫 번째 해결책이 잘못되었다는 사실이 확실하게 드러나고 주인공은 사건을 제대로 매듭짓기 위해 나선다.

5단계 주인공의 매듭으로 이야기는 해결된다. 이야기에 따라 2가지 해결책이 있다. 비극은 파국으로 끝나고 희극은 '해피엔딩'이다. 전통 할리우드 영화들은 흥미진진하고 극적인 길을 걷다 행복한 결말로 끝나는 구성에 집착한다.

이러한 이야기 구조는 우리의 집단의식 속에 뿌리 깊게 자리 잡고 있고, 우리는 이런 구조와 더불어 사회화되었다. 이런 이야기 구조는 영화 관객, TV 시청자, 소설광, 즉 각종 제품 구매자의 뇌리에 깊이 각인되어 있다. 잠재 고객들은 이런 이야기를 따르는 성향이 강하고 이런 이야기 패턴을 파악하는 데 능하다. 심지어 아이들의 동화도 '옛날 옛적에'로 시작해서, '그리고 그들 모두 영원히 행복하게 살았답니다'로 끝난다.

영화도 항상 어느 정도 넋을 놓고 볼 필요가 있다. 영화 속의 악당이 관객을 해칠 수 없다는 것은 자명하다. 그렇더라도 긴장감을 즐기는 데 매우 중요한 '이중 지식' 효과를 누리려면 공감하며 이야기에 빠져들어야 한다. 우리는 이야기가 우리에게 바로 영향을 미치지 않는다는 것을 알면서도 기꺼이 이야기 속으로 빠져들어 주인공들의 여정을 감정적으로 따라간다. 로맨스를 볼 때도 마찬가지다.

시청자가 정신적 감정적으로 몰입하다 보면 그들의 인식에 패턴이 각인된다. 공포영화를 보고 난 다음 집으로 돌아오는 길에 거쳐 가는 어두운 골목길에서 평소보다 자주 뒤돌아보는 것처럼 말이다. 광고 콘텐츠는 좋은 이야기로 그런 패턴을 구축할 수 있다.

오븐에서 갓 구운 빵만큼이나 따뜻하고 행복한 가족이 오순도순 베어 먹는 풍미 가득한 선데이 롤빵 광고는 집 생각, 안전함, 그리고 결속 등 기분 좋은 감정들로 가득하다. 그러다 보면 나중에 공부방에 홀로 있더라도 가족들과 같이 있는 기분을 내고 싶을 때 선데이 롤빵을 사게 된다.

소비자가
최면에 걸린 듯
무조건 사게 만들려면
무엇이 필요한가?

chapter 4

무조건
동의를 끌어내는
스마트 가시성
6단계

세스 고딘(Seth Godin)은 가치 표준을 마케팅에 적용하여 6단계 모델을 개발했다.[1]

제품 판매 방식은 모두 마케팅이라는 단어로 요약될 수 있는 만큼 경제학에서 마케팅을 정의하는 범위는 아주 넓다.

세스 고딘의 모형을 충분히 응용하고 확장하면 가시성의 가치를 최대한 보장하면서도 마케팅 과정에 통합할 수 있다. 관련성과 권위, 스토리텔링이라는 가시성의 3대 요소가 세스 고딘의 모형에서 어떻게 활용되고 '정제'되어 스마트 가시성으로 전환되고 마케팅에 성공할 수 있는지 알아보자.

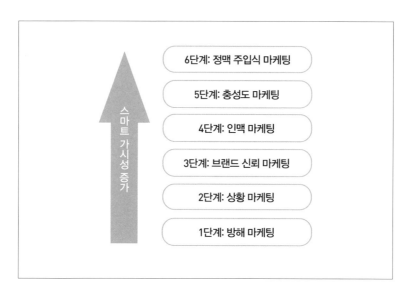

세스 고딘의 6단계 모델에서는 단계가 올라갈수록 마케팅의 가치도 상승하고, 스마트 가시성으로 전환될수록 고객은 추가 가치를 알게 된다.

출처: 도표 원본

1단계: 방해 마케팅
고객의 시간을 방해하는 단순무식 마케팅

세스 고딘에 따르면 스팸은 가장 저급한 마케팅이다. 뭔가를 하고 있는데 갑자기 끼어들어 짜증 나게 하는 스팸은 관련성과 권위, 스토리텔링의 수준이 낮다.

고객을 확보하려고 자꾸 걸어대는 성가신 전화나 수많은 광고 전단이 여기에 해당한다. 길거리에서 말을 걸어오는 단체나 해변에서 시계를 팔러 다니는 판매원뿐 아니라 옥외 광고판이나 TV 광고에서도 저급한 마케팅의 족적을 찾아볼 수 있다.

특히 길거리나 해변에서 이루어지는 판촉 행위를 좋게 바라보는 경우는 흔치 않은데도 아직 많은 회사가 이런 마케팅에 매달리고 있다. 물론 이런 마케팅에 자신의 평판을 거는 기업가는 없지만 말이다. 안타깝게도 자사의 마케팅에서 스팸의 특징이 뚜렷하게 드러난다는 점을 알아채지 못해 결국 더 좋은 기회를 놓치는 기업들도 종종 있다. 그럴 경우 가시성은 짜증 나는 대상이 된다. "잠깐 얘기 좀 해도 될까요?" "아뇨, 바빠요!"

스팸은 공통점이 하나 있다. 사람들에게 동의도 구하지 않고 연락하는 통에 가장 중요한 관련성도 없이 가시성을 확보한다는 점이다. 따라서 대다수 사람들이 불쾌해하고 부적절한 영향을 끼치는 만큼 피하는 게 상책이다.

그런데도 마케팅 메시지의 상당수는 스팸의 특징이 뚜렷하다. 판촉 메시지가 아직도 쉴 새 없이 울리고 있으니 말이다. 항상 사람들을 짜증 나게 만들지만, 왠지 익숙해서 그러려니 하고 무시해버린다.

그런 광고는 가시성이 제한도 없고 장소도 가리지 않아 그만큼 성공할 기회도 제한적이다. 불쾌함을 넘어서 방해하는 지경에 이르는데도 점점 더 많이 사용하는 탓에 법으로 규제할 정도이다. 이것만으로도 광고주에게 부정적인 결과를 보여준다. 이런 설득력 없는 방법을 동원해 관심을 끌려는 경쟁이 시시각각 치열해지고 있다. 경쟁에 비해 실제 성공할 가능성이 거의 없지만 제작하기는 가장 쉽다.

기업에서 쉽게 시행할 수 있는 아주 흔하지만 대체 가능하고 효과도 없는 광고는 속 빈 강정에 불과하다. 일례로 DM(direct message)이나 대량 우편물은 통상 회신율이 극히 저조하다. 그런 광고는 전단처럼 적은 비용으로 당일 인쇄해 배포할 수 있어서 보내는 사람이나 신날 뿐이다. 긍정적인 반응을 보이는 고객도 거의 없는 편이라 이런 수고를 들여 일부 고객이라도 확보하려는 비즈니스 모델은 예산이 박하기 마련이다. 스팸 마케팅은 대상도 없는 홍보 메시지를 산탄총을 쏘듯 대거 뿌려대도 미미한 관심만 자아낼 뿐인 설득력 없는 시도에 불과하다.

산탄총으로 갈긴 총알이 머지않아 겨냥한 곳에 맞기를 기대하는 것처럼, 효과는 덜하겠지만 스팸 마케팅도 때로는 과녁에 명중한다. 아마 구매하는 고객이 일부 있을 것이다. 그렇지 않으면 기업 앞으로 온 모든 우편물의 50% 이상과 전 세계 전자 우편물의 90%가 스팸일 리 없다.[2]

가시성 계획에 관한 질문을 하면 기업은 자신들은 스팸을 활용하지 않는다고 주장한다.

저녁때 고객에게 전화를 거는 보험설계사도 조심하자. 그들이 내놓는 제안에 관련성이 빠져 있는 걸 보면 스팸과 비슷하다. 보험설계사가 스팸 발신자나 마찬가지는 아닐까?

정직한 서비스 업체는 자신들을 두고 스팸 마케팅을 한다고 비난하면 아마 기분이 몹시 상할 것이다. 하지만 이런 것은 정의(定義)의 문제이지 불신의 문제는 아니다. 아직도 많은 기업은 마케팅에 관련성과 권위, 스토리텔링을 전혀 활용하지 못하고 스팸을 보내는 위험을 감수한다. 물론 유익한 스팸도 있다.

스팸 마케팅은 사실 예나 지금이나 시간과 내용이 전혀 상관없다. 이것이 스팸을 명확하게 구별하는 두 번째 기준이다. 반려견 책임 보험이 아무리 진정성 있는 상품이라고 해도 고양이 주인에게는 별 관련이 없다는 점에서 스팸에 불과하다.

스팸이 디지털 형태의 가시성에만 국한된 것은 아니다. 고객은 다른 일을 보는 데 방해되는 마케팅을 늘 불쾌하게 여긴다. 잡지를 훑어보다가도 중간중간 재미있는 기사가 나올 때면 꼭 제품 광고가 방해한다. 아니면 영화가 한창 최고조에 다다른 순간 TV 방송국 수익의 상당 부분을 차지하는 광고가 끼어든다.

많은 기업들이 언젠가 TV 광고를 내보낼 날만을 손꼽아 기다린다. 하지만 TV 광고는 성공을 보장하기는커녕 끝없이 쏟아지는 비슷비슷한 광고 메시지에 파묻힐 스팸으로 인식된다. 결코 성공의 보증수표가 아니라는 것이다.

시청자와 독자들은 잡지 광고나 저녁 시간대의 TV 광고를 무심코 그냥 지나친다. 왜 많은 시청자들이 광고를 내보내는 시간에 다른 일을 보는 걸까?

물론 광고주도 어느 정도는 이런 사실을 알고 있으며, 고객의 관심이라는 문턱을 더 바람직한 광고로 넘어서는 게 좋다는 것도 안다.

산란 마케팅은 이런 딜레마를 벗어나기 위해 시청자가 콘텐츠에 최고로 몰입해 있는 시간대의 TV 광고를 공략한다. 이런 식으로 스팸 마케팅은 관심을 '물려받아' 자신을 더 돋보이게 하려고 한다. 시청자들은 클라이맥스에 이르러 흥미진진하게 전개되는 영화에 넋을 빼앗겨 다음 내용이 어떻게 진행될지 초집중한다.

영화에서는 줄거리가 클라이맥스에 다다르려는 찰나를 일컬어 '클리프행어'라고 한다. 이것이 최고의 광고 시간대이다. 아무튼 기업도 시청자들이 이야기의 결말을 놓치지 않으려고 계속 TV 앞에 있을 가능성이 아주 높다는 점은 알고 있다.

기업에게 영화는 트로이 목마나 마찬가지다. 광고 메시지를 영화 속에 몰래 끼워 넣고 시청자에게 먹히기를 기대한다는 뜻이다. 그러나 자세히 들여다보면 조금 절망적인 시도이다. 광고를 스팸으로 비난할 가능성이 가장 높은 시간대이기 때문이다.

영화가 절정으로 치달으면 광고가 나와도 시청자들은 자리를 뜨지 않을 테니 광고에 관심을 기울일 가능성이 크다. 하지만 시청자들이 방해받아도 좋다고 느끼는 시간대는 없다. 그러니 짜증을 내는 것이다. 트로이 목마가 자신들의 도시에 무엇을 끌어다 놨는지를 깨닫는 순간 전혀 달갑지 않다. 고대하던 선물이 아니니까.

재미난 정보 사이사이에 위장 광고를 끼워 넣는 논리와 비슷하게 광고지가 공짜 일요신문에 떡하니 끼여 오거나 청구서와 함께 말끔하게 접혀서 배달되기도 한다. 이런 광고지는 받는 즉시 쓰레기통으로 직행한다.

기업은 대다수 시청자들이 이런 광고에 짜증을 내거나 무관심한 태도를 보인다는 사실을 인정한다. 세스 고딘에 따르면 그런 광고는 결국 가장 낮은 단계의 마케팅이다. 가시성이 향후에도 시청자에게 긍정적인 영향을 끼치기 힘든 경우는 다음과 같다.

- 관심을 보이는 고객을 몇 명이라도 잡겠다고 한 도시 내 모든 가정에 발송되는 직송 우편물처럼 산란 마케팅과 결부된 경우
- 특정 고객 앞으로 발송되는 것이 아니니 관련성도 없고, 대체하거나 비교 대상이 있는 경우
- TV 광고처럼 관심을 끌기 위해 감정이 한창 고조된 시청자의 집중을 방해하는 경우
- 고객의 선호도를 시험하거나 측정해서 맞춤형 광고를 제공하는 것과 같은 '사전 점검'을 하지 못한 경우

2단계: 상황 마케팅
우연을 가장한 상황을 만들어라

2단계로 상향되더라도 아직은 고객이 필요한 제품을 특별히 찾고 있지 않다. 하지만 고객이 우연히 해당 광고를 접하고 갑자기 필요한 것을 떠올릴 수 있다.

여기서는 시간적 관련성이 실제로 생긴다. 광고를 본 고객은 '아니 저거, 내가 찾던 건데'라고 생각하면서 광고의 제안에 시간적 관련성을 부여한다. 더 나아가 콘텐츠의 관련성까지 추가되어 성공 가

능성이 한 단계 높은 마케팅이다. 그래도 우연에 따른 결과라서 좀처럼 예측할 수 없다.

상황 마케팅의 대표적인 예는 계산대 바로 앞에 놓아둔 과자를 충동적으로 구매하는 것이다. 고객은 계산대 앞에 서기 전까지도 껌이나 군것질거리를 살 생각이 없었다. 또한 스포츠 잡지를 사려고 주유소에 가는 사람은 거의 없다. 하지만 고객이 주유비를 계산하려고 계산대 앞으로 가는 순간, 고객의 기본적인 요구를 채워줄 좋은 기회가 찾아온다.

고객이 보기에는 순전히 '우연' 같지만, 주유소 운영자는 그 자리에 적절한 제품을 의도적으로 배치한 것이다.

초콜릿도 발견한 순간 유혹에 넘어가기 쉬워서 충동구매를 하기 좋은 제품이다. 초콜릿을 좋아하는 사람들은 보이면 그냥 사기 때문이다. 게다가 주유소에서 파는 초콜릿이 다른 곳보다 더 비싼데도 주유소 영수증에 찍힌 초콜릿 가격은 좀처럼 눈에 안 들어온다. 따라서 충동구매를 막을 장애물이 거의 없다.

물론 모든 제품이 충동구매를 부르는 것은 아니다. 기름을 넣으러 주유소를 찾은 손님에게 스노타이어 세트나 24개들이 커피 세트를 들이밀 수는 없다. 고객이 이런 제품을 충동구매하기에는 넘어야 할 벽이 높다.

그런 제품은 비싼 데다 관련된 콘텐츠도 찾아볼 수 없고 그런 제안을 받아들일 만한 추가 접점도 부족하다. 처음 보자마자 충동적으로 사지 않는 제품은 상황 마케팅으로 거래가 성사되기 쉽지 않다.

고객은 많은 제품의 관련성을 확인하고 싶어 하며, 적어도 어쩌다 스치듯 접하기보다 좀 더 깊이 들여다보고 싶어 한다. 주로 브랜드나 판매자의 권위가 부족할 때 그런 경향이 강해진다. 권위가 우연 마케팅에 밀리면 스마트 가시성이 고객에게 큰 영향을 미치지 못하는 것이다.

고객은 다른 제품과 비교하고 객관적으로 평가하고 싶은데 우연히 제품을 접한 터라 따져볼 겨를이 없다. 고가의 제품은 큰돈이 들어가는 만큼 충분히 따져보지 못하면 위험 부담이 클 수 있다.

제품과 고객에게 돌아가는 혜택을 더욱 돋보이게 하기 위한 스토리텔링도 여기서는 상당히 제한적이다. 그러나 스토리텔링은 제품의 혜택을 고객에게 명확히 알릴 수 있는 매개이다. 주유소에서 파는 수십 종의 제품들 가운데 스노타이어 세트는 딱히 좋은 이야기를 전할 게 없다.

다음에 어떤 상황이 펼쳐지는지 잠시 들여다보자. 주유소 운영자가 오랜 단골에게 직접 다가가 계산대 근처에 놓인 스노타이어 세트가 다른 고객이 사서 한 번도 쓰지 않은 제품이라 상태가 흠잡을 데 없다고 하면 설득의 질이 매우 달라질 것이다. 게다가 주유소 운영자가 수년간 친밀하고 나무랄 데 없는 언행으로 손님들을 대한 덕분에 권위도 있다. 그런 그가 콕 집어서 해당 고객의 차에 이 타이어를 추천하면 스토리텔링에 권위까지 더해 설득력이 높아진다.

우연 마케팅에 상당히 부족한 권위와 이야기가 채워진다면 곧바로 한 단계 높은 마케팅 단계로 넘어간다.

'고객의 여정'이 중단되는 것 또한 상당한 방해 요인이다. '고객의 여정'이란 '7차례 접점 규칙'과 밀접한 연관이 있다. 고객들은 대개 여러 접점에서 제품을 알고 싶어 한다. 신차를 사기 전에 자동차 대리점을 여러 차례 둘러보고, 시승도 해보고, 카탈로그를 자세히 살펴보고, 자동차 전문지를 읽고, 이웃에게 물어보는 것처럼 고객이 여러 제품과 제조사를 자주 접해봐야 구매 가능성도 커진다.

그러나 우연 마케팅이라는 정의처럼 고객은 특정 제품을 어쩌다 우연히 보게 된다. 해당 제품과 접점을 더 많이 찾아보려는 고객에게는 우연히 접하는 것이 바람직하지 않다. 우연 마케팅은 항상 최초의 접점에서 시작되는데, 거기에서 구매 결정이 이루어지는 일은 드물고 구매에 성공하지 못하면 지지부진해진다.

고객은 전에 구매했거나 관심을 갖고 있는 제품과 같은 환경에 놓인 제품을 구매할 가능성이 크다. 가령 고객은 DIY 매장에서 공구를 살 가능성이 더 크다. 이처럼 고객의 구매 여정은 특정 주제로 같이 엮인 공간에서 발생한다.

DIY 매장의 계산대 앞에 있는 작업용 장갑은 상황 마케팅으로 배치된다. 작업용 장갑은 고객이 카트에 담아 계산대로 밀고 오는 실내 장식용 목판과 관련된 품목인 데다 거친 목판을 차에 옮길 때 손을 보호한다.

주유소의 초코바도 운전자에게 새로운 에너지를 채워줄 수 있다는 점에서 같은 맥락이다.

구매한 다른 제품들과 공통된 주제가 없거나 진열 위치나 판매원과도 뭔가 맞지 않은 제품은 쉽게 팔리지 않는다. 따라서 이런 경우에는 우연 마케팅을 가능한 피해야 한다.

그 제품을 더 높은 가격에 판매해야 한다거나 제품의 혜택이 고객에게 명확히 와 닿지 않을 때 고객을 충동구매로 유인할 수 있는 무기는 제품을 특별히 눈에 띄게 하는 것뿐이다. 이런 유인책으로는 최저가, 역대급 할인, DIY 매장처럼 TV로 제품의 혜택을 설명하는 것 등이 있다. 공급업체에 별 이득이 되지 않는 유인책들은 판촉 활동 즉시 고객이 우연히라도 봐야 충동구매로 이어질 수 있다.

3단계: 브랜드 신뢰 마케팅
브랜드의 가격은 따지지 않는다

3단계의 마케팅은 브랜드 자체를 토대로 한다. 관련성보다 역사와 권위에 더 방점을 두면서도 이전의 두 단계보다 더 효과적이다.

스팸 마케팅은 관련성이 있다고 해서 충동구매가 일어나지는 않는다. 무작위 마케팅의 경우 운이 좋아야 시간과 내용 면에서 관련성이 생길 수 있다. 한편 브랜드 마케팅에서는 브랜드 신뢰가 고객의 구매를 결정하므로 관련성이 크게 중요하지 않다.

고객이 좋아하는 자동차 브랜드의 대리점이나 매장을 방문하는 경우가 여기에 해당된다. 자동차를 체험하는 방식도 점점 발전하고 있으며, 특히 고급 차 브랜드는 판매장을 앱스토어처럼 꾸며놓고 '브랜드 경험'을 할 수 있도록 더 많은 차를 전시한다. 여기서 이미 차를 구매했던 고객은 이런 체험이 불필요할 수도 있지만 고객의 관심을 끄는 것은 다른 제품들이다.

자동차 판매원이 알루미늄 림에 맞는 스노타이어를 제안할지도 모른다. 고객은 2차 납품업체가 파는 스노타이어가 자동차 제조사보다 대체로 더 저렴하다는 것도 안다.

그래도 고객들은 제조사에서 만든 제품과 정보를 더 흔쾌히 받아들인다. 믿을 만한 제조사가 스노타이어와 림을 제대로 검사했을 것이며 해당 차 모델과 잘 맞을 거라고 생각한다.

신뢰는 고객의 검색 시간과 노력을 줄여준다. 특히 명차 브랜드는 명품 림에 더 비싼 스포츠 타이어를 달고 달리는 게 적절하다고 고객은 판단할 것이다.

또한 구매자들은 매주 쇼핑하면서 자기 차에 최적화된 타이어를 뽐내고 싶어 한다. 이래 봬도 이 타이어는 포르쉐에 장착해 뉘르부르크링(Nürburgring, 독일 중서부 뉘르부르크에 있는 장거리 경주 코스 - 옮긴이) 코스를 돌 때 다른 타이어보다 표준 구간 기록을 1.5초 단축했다는 식으로 말이다. 흥미롭게도 고객들은 브랜드라고 하면 실제 혜택보다 추가로 얻을 수 있는 혜택에 더 무게를 두는 경향이 있다.

추가 혜택은 제조업체가 실제로는 직접적인 관련이 없는 선글라스나 여행 가방을 사은품으로 내미는 것이다. 물론 포르쉐 911 모델의 트렁크에 딱 들어가는 여행 가방은 관련이 있다. 또한 컨버터블을 타고 석양을 감상하며 드라이브하는 동안 선글라스를 빼놓을 수 없으니 전혀 관련 없는 주제라고 할 수 없다. 하지만 포르쉐 볼펜이나 아우디 에스프레소 머신은 브랜드 이름 말고 딱히 내세울 가치가 없다.

고객이 제품 혜택보다 브랜드 혜택을 선호한다면 콘텐츠 및 시간의 관련성은 우선순위에서 밀린다. 포르쉐가 '포르쉐 디자인'을 다른 제조사들에게 판매한다는 것을 아는 고객이 많지는 않을 것이다. 말하자면 유명하고 참신한 포르쉐 디자인을 사용하라고 허락하는 것이다. 포르쉐는 생활용품을 디자인하더라도 고객이 추가 비용을 지불하고 브랜드 로고를 사주니 좋을 수밖에 없다.

아우디가 에스프레소 머신 제작에 남달리 뛰어난 걸까? 아우디 차량을 차별화하는 기술력이 다른 제품 영역에서도 통할까? 아우디라는 브랜드와 에스프레소 머신은 묘한 관계가 있다. 고객은 언뜻 브랜드 혜택을 사는 것처럼 보이지만, 사실은 제품 자체보다 브랜드 상표를 활용하여 눈에 보이지 않는 혜택을 누리려는 듯하다.

아우디 브랜드가 주요 역할을 하는 한 커피 머신의 혜택은 아주 명확하다. 브랜드가 역할을 하지 못하면 제품으로 얻을 수 있는 혜택은 기능뿐이다. 유명 상표가 아니라도 신발은 발을 보호하고, 운동이나 하이킹, 일상적인 도보에 맞는 신발을 신는다. 인기 브랜드가 아닌 한 신발의 기능적인 혜택과 해당 신발 브랜드는 미약하게 연결되어 있을 뿐이다.

유명 상표가 아닌 브랜드는 가성비가 좋다. 슈퍼마켓 체인점에서 팔리는 상품은 대개 싸다. 슈퍼마켓에서 판매되는 브랜드는 디자인이나 포장도 별것 없고, 이름에도 저가라는 특색이 드러난다. 아스다(Asda, 영국 슈퍼마켓 체인 - 옮긴이)에서 판매하는 PB 브랜드인 '저스트 에센셜(Just Essentials)'('원가'라는 뜻으로 예전에는 '염가'를 뜻하는 스마트 프라이스Smart Price였다. - 옮긴이)처럼 말이다. '저스트 에센셜'이라는 브랜드 이름은 매장에서 가장 중요한 식품을 원가(또는 저렴한 가격)에 판매한다는 점을 강조할 뿐이다. 저렴한 우유 한 통을 사면서 브랜드 후광 덕을 보려는 사람은 없다.

브랜드 인지도가 약한 제품은 가격이 가장 중요한 기준이고, 브랜드는 오히려 저가임을 나타내는 지표 노릇을 한다. 메르세데스 벤츠나 루이뷔통 같은 고급 브랜드는 브랜드와 가격의 관계가 타 브랜드와는 상당히 다르다.

경쟁에서 우위를 점하는 브랜드는 우선 아주 다양한 출처에서 나온 비용을 자체 브랜드에 부과하기 시작한다. 모델료가 비싼 유명 모델을 광고에 내세울 수도 있고, 스포츠 행사에서 브랜드를 노출할 수도 있다. 스위스 유명 브랜드 빅토리녹스(Victorinox)의 주머니칼이나 예거 르쿨트르(Jaeger-LeCoultre)의 고급 손목시계처럼 최고급 품질을 내세워 비용을 브랜드에 반영하기도 한다.

제품의 기능적인 특징에 갑자기 부수적인 특징이 합쳐진다. 사람들은 유명인과 같은 제품을 사용함으로써 그들의 화려함을 함께 향유하며, 적어도 유명인과 같은 제품을 쓴다고 자부한다. 유명인이 이제 막 자신의 욕망을 투영하는 대상으로 바뀐 것이다. 또는 고정밀이나 고품질 세공 제품은 고객이 기술 애호가나 부자, 혹은 이런 특징을 알아볼 수 있는 전문가임을 입증한다.

그러나 이런 브랜드 콘셉트는 이야기가 있어야 구축된다. 스마트 가시성의 세 번째로 중요한 요소인 스토리텔링이 전면에 등장할 수밖에 없다. 브랜드 마케팅은 보통 권위와 스토리텔링을 많이 활용하고, 제품 사용에 관한 정보를 활용하는 경우는 덜한 편이다.

브라이틀링(Breitling) 시계는 제조사 브랜드에 얽힌 수많은 이야기를 전달한다. 우선 이 시계는 정밀 기계장치 분야의 탁월한 생산지로서 안정과 번영, 범세계적인 사고방식 등의 전통 가치를 전승하는 스위스에서 생산된다. 상당수 스위스 시계 제조업체는 (종종 수작업으로 만든) 제품으로 막대한 돈을 벌어들이기에 어느 정도 번영의 상징으로 손꼽힌다. 그리고 브라이틀링 광고에는 유명 배우들이 빠지지 않고 등장한다.

아울러 브라이틀링은 특히 항공기 조종사들이 선호했다는 독특한 역사를 내세우며 '조종사 브랜드'임을 자부한다. 요즘 브라이틀링 구매자들 사이에서는 항공기 속도 등을 내비타이머(Navitimer) 모델의 멋들어진 계산자 베젤(시계 테두리 부분으로 슬라이드 룰이란 계산자가 있어 공학 계산이 가능하다. - 옮긴이)로 계산하는 사람은 없다는 우스갯소리가 있다. 내비타이머는 수많은 항공 계산이 가능한 모델이다. 원래 내비타이머의 주된 용도가 항공 계산이었으나 지금은 그런 기능적 혜택이 '브랜드 혜택'에 밀려 완전히 부수적인 특징이 되고 말았다.

조종사와 유명 배우들이 지닌 독특한 특성을 제품 모델에 적용하고 마케팅 전략과 기발하게 맞아떨어지면 브랜드 인지도가 향상되고 긍정적인 이미지가 따라붙는다.

브라이틀링의 내비타이머 모델처럼 제품의 독특한 특징이 제품의 실제 쓰임새와 상관없는 경우도 있다. 브랜드 위상도 높은 데다 착용만 하면 자동으로 태엽이 감기고 가동부 베어링에는 작은 보석을 수십 개씩 박아 넣은 1만 유로짜리 브라이틀링 시계와 마찬가지로 쿼츠 원리와 배터리로 작동되는 10유로짜리 시계도 정확한 시간을 알려준다.

저렴한 시계가 스위스산 브라이틀링 시계보다 더 정밀하다고 생각하면 우습기도 하다. 스위스산 시계는 고급스러운 기계 구조 덕분에 하루에 몇 초씩 차이 나도 사람들은 아주 정확한 시계라고 생각한다. 하지만 쿼츠 시계는 시간을 측정하는 기능적 혜택을 훨씬 더 정확하게 제공한다.

그런데도 고객은 주로 브랜드의 혜택을 보고 고급 제품을 높이 평가한다. 고급 브랜드는 유명인들이 선호하는 제품, 화려하고 세련된 기술력, 특별한 브랜드 역사, 비싼 가격과 품격 등의 긍정적인 특징들을 한데 엮어서 눈에 띄게 만든다. 고급 시계나 브랜드 운동화, 고가 핸드백이 한눈에 쏙 들어오는 것은 제품 자체보다 브랜드의 긍정적인 특징을 모두 함축하기 때문이다.

고객은 고급 브랜드가 이런 가치들을 돋보이게 한다는 점을 잘 안다. 고급 시계를 차면 그 정도의 값은 능히 감당할 수 있다는 것을 입증하는 셈이다.

운동화도 어떤 특징들을 눈에 띄게 만든다. 젊은이들 사이에서 운동화는 사회적 신분의 상징이자 특정 하위 문화의 표현으로 해석되기도 한다. 똑같은 운동화를 신어도 양복을 걸치면 진보적이고 젊어 보일 뿐 아니라 관습을 살짝이라도 탈피한 역동적인 행동가로 보인다. 그러나 경영 컨설턴트라고 해서 꼭 스니커즈를 신어야 하는 것도 아니다. 스니커즈가 이름 없는 상표의 저가 운동화와 동일한 생산 여건에서 만들어진 제품이라는 사실은 스니커즈 브랜드의 화려함에 묻히고 만다.

오래 지속되는 가시성이나 시간의 축적 없이 브랜드를 만드는 것은 불가능하다. 가시성뿐 아니라 전통과 성공, 단순한 브랜드 경험도 브랜드의 주요 특징이 되고, 시간이 흐르면서 결국 브랜드 자체가 된다. 또한 브랜드 제품에 응당 따라붙는 부수적인 속성들일 수도 있다.

> 브랜드는 대개 이야기와 오래 지속되는 가시성으로 구성되며, 이야기와 가시성 둘 다 앞으로 발전해나가는 데 시간이 필요하다.

하지만 브랜드 신뢰 마케팅이 관련성과 권위와 이야기까지 덧붙여져 바람직한 특징이 차고 넘친다 해도 아직 최고 수준의 마케팅은 아니다. 이런 특징들 중 하나가 너무 강력해져서 다른 특징을 모두 압도하는 방식으로 마케팅을 강화하기도 한다.

브랜드 신뢰 마케팅이 특정 기업에는 최고 수준의 전략이 될 수도 있다. 특정 시장 상황이나 기업 구조로 인해 브랜드 신뢰 마케팅을 넘어서지 못할 수도 있다. 그렇다고 회사에 불리한 것이 아니라 그저 가시성에 한계가 있을 뿐이다. 이런 유형의 마케팅은 자체적인 힘이 있어서 시장 상황에 따라 판도가 완전히 바뀌기도 한다.

4단계: 인맥 마케팅
아는 사람의 추천을 더 신뢰한다

4단계 마케팅에서는 스마트 가시성의 3가지 힘이 한층 더 강력해진다. 시간과 내용의 관련성과 스토리텔링, 권위의 관계가 강화되어 스마트 가시성을 지탱하는 강력한 토대가 된다.

인맥 마케팅은 사실상 브랜드 신뢰 마케팅을 확대한 것이므로 두 마케팅의 특징과 기준은 상당수 비슷하다. 게다가 고객들은 오랫동안 잘 구축해온 브랜드를 신뢰하고 제품을 구매한다.

니베아는 오래전부터 고객들에게 익숙한 데다 신뢰하는 브랜드이다. 직접 사용해보니 좋은 데다 그들의 할머니도 계속 써왔던 제품이기 때문이다.

인맥 마케팅에서는 권위가 무엇보다 중요하며 권위는 브랜드로 강화된다. 이처럼 강화된 권위가 인맥 마케팅을 브랜드 신뢰 마케팅 다음 단계인 4단계로 올려놓는다. 4단계 마케팅은 사람이나 회사의 권위와 밀접하게 연결되어 있다. 다른 한편으로 권위는 그 힘의 원천인 개인이나 회사의 차별화에 기반을 두고 있다.

권위는 강사의 자격증이나 강사의 역할, 교육이 이루어지는 환경일 수도 있다. 또는 고급 브랜드로 자리매김하면서 저절로 얻게 된 회사의 명성이나 평판이 될 수도 있다.

심장 전문의가 축구장에서 심판의 결정에 대해 설명할 때보다 병원에서 당신의 심장을 검진할 때 더 많은 권위를 부여할 것이다. 축구에서는 의사의 역할이 아무 쓸모가 없고, 검진이 이루어지는 병원에서는 심장 전문의의 진단을 진지하게 받아들인다. 반대로 우리는 프로 축구팀 코치의 성과 분석은 받아들여도, 코치가 우리의 가슴을 절개하게 놔둘 일은 없다.

권위는 사람, 기업, 브랜드에 해석할 수 있는 역량을 부여한다. 유명 브랜드는 출시한 제품의 어떤 측면이 해당 분야에서 관련성이 있고 어떤 측면은 그렇지 않은지 어느 정도 결정할 수 있다. 고객이 이런 브랜드의 해석을 빠르고 굳건하게 신뢰하면서 가시성도 강화된다.

따라서 권위는 신뢰를 바탕으로 하는 인맥 마케팅의 절대적인 결정 요소이다. 하지만 스마트 가시성의 다른 2가지 요소도 큰 역할을 한다.

의사 결정의 기초가 되는 관련성도 인맥 마케팅에서 명확히 드러난다. 고객은 특히 본인과 상당히 관련 있는 제품을 신뢰한다. 하지만 얼마나 관련 있는 제안인지도 한몫한다. 잠시 정차한 기차역에서 커피를 마시고 싶을 때는 커피를 만드는 사람이나 품질을 크게 기대하지 않겠지만, 유모차나 주치의를 선택할 때는 신뢰할 만한 사람이어야 한다.

신뢰의 중요성은 관련성, 가격, 제품이 고객의 삶에 미치는 영향, 사용 기간, 구매 빈도 등 많은 기준에 따라 달라진다. 인맥 마케팅은 고객과 관련성이 높은 제품을 판매하는 데 특히 효과적이다. 고객에게 미치는 영향이 큰 제품은 꼼꼼히 따져보게 되지만, 인맥 마케팅을 통해 잘 팔리고 수익성이 높은 경우가 많다.

고객이 신뢰하고 권위를 인정하는 기업은 어떤 제품이 어떤 관련성을 갖는지 어느 정도 해석한다. 따라서 스마트 가시성의 두 기둥인 관련성과 권위는 인맥 마케팅 단계에서 두각을 나타내며 서로 보완한다. 고객의 신뢰가 필요한 제품은 고객의 비교적 큰 문제를 해결하기 위한, 고객과 특히 관련 있는 제품이나 서비스다.

반면 충동구매 제품은 신뢰를 크게 요구하지 않는다. 신뢰를 바탕으로 홍보에 성공할 수 있는 제품이 충동구매로 팔리는 경우는 많지 않다. 그래도 인맥 마케팅을 통해 확실히 고객들은 충동구매만큼 빠르면서도 훨씬 현명하게 제품을 결정할 수 있다.

카센터 수리공이 고품질 엔진오일을 추천한다면, 고객인 당신에게 큰 영향을 미칠 것이다. 신임받는 수리공은 카센터라는 브랜드로부터 권위를 부여받는다. 카센터라는 브랜드는 고객이 맡긴 자동차를 최상으로 관리, 수리, 유지 보수할 수 있도록 수리공을 훈련해왔다.

오랫동안 알고 지낸 수리공이 현장 관리자(직급 자체가 또 다른 권위의 상징)라면 고객은 추천받은 엔진오일을 구매할 가능성이 더욱 커진다.

여기서도 양측을 연결하고 브랜드를 더욱 신뢰하게 하는 이야기

속에서 시간적 요인은 중요한 역할을 한다. 고객은 잘 알고 지내는 수리공과 긍정적인 경험을 쌓아왔다. 지난번에도 수리공은 기술과 권위를 보여줬다. 좋은 이야기, 브랜드 수리점이라는 환경, 유능하고 공손한 데다 현장 관리자이기까지 한 수리공의 지위가 중첩되며 권위가 바로 설 수 있다.

그러면 고객은 의심 없이 고가의 프리미엄 엔진오일을 구매한다. 바로 그 순간, 다른 제품과 비교할 기회가 없으므로 믿고 따르는 수밖에 없다. 카센터 현장 관리자가 방향성을 정해줄 정도의 신뢰 관계를 맺고 있지만, 자동차 지식이 풍부한 이웃이나 자동차 잡지의 심층 기사가 얼마든지 대신할 수 있다.

사람들은 자신이 사람 보는 안목이 있다고 생각하며 사람을 쉽게 믿는다. 다른 사람을 어느 정도 믿을 수 있어야 함께 일할 수 있다는 기본적인 신뢰가 뿌리박혀 있기 때문이다.

따라서 4단계에서는 스마트 가시성의 3가지 요소가 매우 잘 나타난다. 관련성, 권위, 스토리텔링 세 요소가 중첩된다면 가시성에서 최고의 결과가 나타날 텐데 왜 최상의 마케팅 단계가 아닌지 궁금할지도 모른다.

이는 우선 무게중심이 한쪽으로 치우쳤기 때문이다. 확실히 인맥 마케팅에서 고객이 내세우는 관련성은 여전히 개선될 필요가 있다. 그러나 고객 측에 치우친 과도한 관련성이 사실 권위와 스토리텔링의 중요성을 감소시키기 때문에 한 차원 더 높은 마케팅을 고려하는 것이다. 스마트 가시성의 3가지 요소에 비춰보면 처음에는 직관에 반하는 것이 남은 두 단계에서 저절로 해결된다.

상위 단계의 마케팅에서는 가시성에 매우 중요한 권위와 이야기도 인맥 마케팅보다 더욱 뚜렷해질 수 있다. 고객이 제품의 특성에 관해 객관적인 정보를 얻으려 하는 것은 브랜드와 판매자, 상담원 및 기타 권위자에 대한 신뢰에 일격을 가하는 행위이기 때문이다.

예를 들어 현장 관리자가 이윤을 더 많이 남길 수 있는 엔진오일을 추천했다는 합리적인 의심을 하게 될 것이다. 물론 그들이 완전히 편향되지 않았다고 할 수는 없다. 그렇기에 고객의 신뢰와 권위에는 한계가 있다.

그런데도 개별 공급업체이든 대기업이든 자체 브랜드를 구축한다면 많은 경쟁 업체보다 뛰어나고 성공 가능성이 높은 단계의 마케팅 덕이다.

통제된 관련성, 스토리텔링, 권위를 갖춘 좋은 브랜드로 거듭나는 것이 기업의 궁극적인 목표이며, 고객은 이런 브랜드를 신뢰한다. 기업이 이 목표를 잘 실천해나가고 있다면 이미 많은 것을 올바르게 해낸 것이다.

궁극적으로 상위 두 단계의 가시성은 4단계 가시성의 특별한 사례이다. 여기서는 특정 가시성 요인이 특히 두드러지고, 시장에서 수반된 기타 요인들과 고객의 문제도 특별하다. 그러나 이러한 단계들은 당신만의 가시성을 다듬기 위한 시작점일 뿐이다.

5단계: 충성도 마케팅
고객 충성도는 절대 깨지지 않는다

5단계 마케팅은 고객과 공급업체 간의 긴밀한 관계를 말한다. 예를 들어 팔로어들에게 충성도 마케팅을 제대로 펼친 인플루언서들이 있다. 자신이 좋아하는 브랜드에서 신제품을 출시하면 고객들은 덜 따지고 덜 의심하므로 넘어야 할 장애물도 훨씬 낮다.

믿고 따라오는 팔로어와 팬을 보유한 유튜브 채널이나, 고객이 특정 브랜드와 자신을 하나로 보는 경우도 마찬가지다. 가끔은 마케팅을 광고로 인식하지 못할 때도 있으므로, 이 단계에서는 마케팅에 대한 부정적인 인식이 상당수 사라진다. 따라서 충성도 마케팅은 아주 성공적인 전략이다.

브랜드와 강력한 유대감이 형성되어 있는 고객은 괜히 샀다가 후회할까 봐 미리 묻곤 하는 제품 관련 질문을 하지 않는 편이다. 또 광고 메시지를 자신들에게 구애하거나 설득하려는 시도로 느끼지도 않는다. 이미 설득당해 넘어간 지 꽤 오래이기 때문이다.

고객은 광고 콘텐츠를 오히려 정보나 방향성을 알려주는 반가운 제안으로 받아들인다. 그리고 제품이나 브랜드를 경험하는 것을 자신들에게 가장 시급한 문제를 해결할 수 있는 특권으로 여긴다. 고객은 브랜드와 브랜드의 제안을 깊이 신뢰하고, 브랜드는 고객의 요구를 다양한 차원에서 충족한다. 광고 마케팅에서 보통은 표현하기 힘든 부수적인 특성들은 특히 그렇다.

최상의 경우는 브랜드를 구매하는 행동 자체에서 가치를 느낀다. 구찌 핸드백을 사는 것 자체가 고급스러운 행위로 바뀔 수도 있는 것이다.

특히 안내를 원하는 고객의 요구와 회사의 방향성 제안이나 정보 전파자의 정보 및 광고 제안이 서로 중첩되는 지점에서 고객이 브랜드나 정보 전파자와 관계가 돈독할 경우에는 상호작용이 활발하게 일어난다. 이렇게 유대 관계가 긴밀하면 긍정적인 효과도 크다. 고객이 자신과 관련 있다고 생각하는 기업이나 사람들이 제안하는 것을 믿고 따르기 때문이다. 유대 관계가 더 밀접하고 신뢰가 클수록 고객은 그들의 추천을 더 쉽게 받아들인다.

이 정도로 바람직한 유대 관계가 형성된다면 고객은 자발적으로 회사의 안내를 받아들이고, 기업도 고객이 원하는 요구에 응한다. 요컨대 기업이 고객에게 정말 좋은 제안을 하고, 고객은 그 회사의 제품을 찾고 있다면 모두가 상생하는 길이다.

자사에서 내놓는 제품이나 서비스의 가시성을 개선하려고 한다면 이런 최고 수준의 마케팅을 살펴봐야 한다.

고객의 높은 충성도에 의존하는 브랜드는 특히 그렇다. 이런 브랜드의 권위는 너무 막강해서 고객은 기존의 평가 기준으로 해당 제품의 특성을 따져볼 생각조차 하지 않는다. 고객층이 두터운 브랜드나 성공한 인플루언서가 제품을 제시한다면 팔로어는 더 많은 정보와 구매 가능성을 굳이 따져볼 필요 없이 자신들과 관련 있는 것으로 생각한다.

특정 회사의 열성 구매자들은 해당 회사 제품이라면 꼼꼼히 따지지도 않고 구매한다. 이제 막 출시된 신제품을 사겠다고 애플 매장 앞에 길게 늘어선 사람들을 본 적이 있지 않은가.

애플 제품은 주로 부수적인 제품 특성(제품의 기능과는 거의 또는 전혀 관계없는 것들)을 중심으로 움직이는 애플이라는 브랜드만으로 마케팅이 가능할 뿐만 아니라 경쟁 업체도 애플 고객의 브랜드 충성도를 쉽게 꺾지 못할 정도로 지위도 높아졌다.

> 애플 아이폰 사용자에게 샤오미나 삼성으로 갈아타라고 설득하기란 불가능에 가깝다. 애플은 극단적일 만큼 강력한 고객 충성도와 자체 생태계로 고객 주변에 울타리를 쳐놓았다. 고객이 애플을 떠나려 한다면, 앱스토어에서 구매한 앱은 어쩌지? 사진이나 연락처는 어떻게 옮기지? 이런 후속 문제가 잇따를 것이다.

특히 제품의 성능뿐 아니라 가성비와 기술력도 이전보다 덜 중요하다. 사실상 애플은 성능, 가성비, 기술력으로만 측정되는 경쟁을 두려워해야 한다.

권위는 그 힘이 가장 강력할 때 다른 요인에 영향을 미치는 안내 기능을 맡기도 한다. 권위는 팔로어나 브랜드 신봉자들에게 무엇이 관련성이 있는지만 결정할 뿐이다. 그러면 이런 구성은 스토리텔링이 부실해도 오래간다. 예컨대 인스타그램의 유명 인플루언서나 인기 가수, 혹은 강력한 애플 브랜드처럼 이야기 속 영웅들은 유독 강해야 한다.

인스타그램은 스토리텔링 채널이기도 한데, 줄거리(영웅, 반전, 도전 등)는 호응을 못 얻는 편이다. 그래도 영상에서 매번 약간의 모험을 감행하는 캠핑족은 캠핑 생활을 한결 수월하게 해주는 제품을 시험 삼아 써보고 공감이 갈 만한 이야기를 전하기도 한다. 게다가 자신의 권위와 이야기를 진정성 있게 전달하고, 자신이 제조업자가 아니기에 공정하며, 영화 수준의 품질이 필요 없는 영상 제작으로 이 캠핑족은 시청자와 끈끈한 유대감을 형성한다. 시청자는 그의 이야기를 믿고 의심할 여지 없이 신뢰할 만한 사람이라고 생각한다.

이것이 바로 중소기업은 물론 대기업도 정보를 무작위로 뿌려대는 마케팅을 하지 않고 인플루언서의 도움을 받으려고 하는 주된 이유이다. 이런 마케팅이 더 저렴하고, 단순하며, 성공적이라면 고민할 필요 없다.

기업은 고객과 유대 관계를 맺기 위해 아주 다양하고 탁월한 발상을 해낸다. 페라리 고객은 회사에서 주관한 행사에 참석해서 이미 다른 모델을 구매하여 (개인적인 연락을 통해) 자신을 훌륭한 브랜드 앰배서더로 입증한 경우에만 일부 모델을 구매할 수 있다. 한정판 페라리를 구매하고 싶은 사람이라면 누구라도, 어쩌면 다른 커뮤니티 회원의 눈에도 이 한정판이 하나의 표시로 해석될 수도 있고 아주 희귀한 모델이기에 페라리 브랜드에 충성할 게 틀림없다. 그러니 이제는 페라리를 사겠다고 돈을 지불하는 정도로는 안 된다. 하지만 포드 대리점 영업사원은 자동차를 사려고 방문한 고객에게 페라리보다 덜 까다롭게 굴 것이다.

이런 특별한 유형의 마케팅은 고객이 해당 제품과 자신들을 강하게 연결하므로, 고객은 그 제품을 자신들에게 팔라고 정식으로 요구한다. 하지만 이런 마케팅은 제품이 아주 뛰어나고 고객의 요구를 일부나마 충분히 해결할 수 있을 때 효과가 있다.

6단계: 정맥 주입식 마케팅 일단 믿으면 주는 대로 다 받는다

정맥 주입식 마케팅은 가장 정교한 마케팅이다. 정맥 주입식 마케팅은 다음에 나오는 가장 중요한 사례를 빼놓고 설명하기가 거의 불가능하고, 또 다음 사례로 인해 정맥 주입식 마케팅이라는 이름이 붙었다.

생명이 위급한 심근경색 환자가 병원 응급실에 실려 온다. 환자는 이제 살았다고 생각한다. 환자는 병원과 담당 의사의 고객으로 신분이 바뀌며 병원의 눈에 띄게 된다.

의사는 환자에게 정맥주사를 꽂아 약물을 투여해야 한다고 말하고, 환자는 당연히 이에 응하고 정맥주사를 맞는다. 이후 의사는 치료에 필요하다고 판단되는 모든 제품과 제안을 곧바로 알려준다. 환자는 의사가 제대로 치료해주리라 확신하며 그에게 의지한다.

환자는 그런 상황에 의문을 제기할 가능성이 거의 없고 의사의 제안을 다른 제안과 비교하지도 않는다. 환자가 치료를 거부하며 "제발 다른 병원에 보내주세요. 이 병원에서 위독한 환자를 치료하는 방법을 다른 병원하고 비교하고 싶어요. 가격이나 내용 둘 다요"라고 요구하는 일은 거의 없다.

의사의 제안은 다른 모든 사안을 능가하며 최대한도로 표명된다. 고객의 생명이 달렸으니 이보다 관련성이 큰 문제는 없다. 이런 관련성은 시간적으로도 시급하다. 이때 관련성은 권위와 이야기가 뒷자리로 물러날 만큼 강력하다. 정맥주사를 놓는 의사의 행동을 보고 실력이 의심스러워도 문제 해결을 기대하는 마음이 이런 의심을 훌쩍 뛰어넘는다.

게다가 의사가 자신의 치료 방식을 홍보하는 이야기도 기꺼이 들어준다. 이 시점에서는 의사와 환자 둘 다 치료법이 관련성을 능가하는 주요 문제이다.

이런 유형의 마케팅은 스마트 가시성의 3가지 기준에 비춰볼 때 인맥 마케팅보다 설득력이 약해 보일 때도 있지만 부분적으로 그럴 뿐이다.

무엇보다 정맥 주입식 마케팅이 세스 고딘의 마케팅 중 최고 단계인 데는 다른 이유도 있다. 아무튼 고딘이 환자로 비유한 고객은 공급업자의 제품 제안을 어느 것 하나 확인하지 않는다. 대신 제품이 자신과 최대한 깊은 관련이 있을 것이라는 믿음과 확신으로 어떤 제품을 전달해도 된다는 백지수표를 그들에게 위임한다.

실제로 이런 사례가 드문 것도 아니고 꼭 생명을 위협하는 경우에만 해당되는 것도 아니다.

인터넷에서 제공되는 제품을 상상해보자. 예를 들어 골프 경기력 향상에 도움이 될 '19홀(Hole 19)'과 같은 앱이 있다. 첫 한 달은 무료로 이용할 수 있고(이것이 당신에게 정맥주사를 놓아도 좋다는 허락인 셈이다), 그 후에는 매월 구독료가 청구된다. 스포티파이, 넷플릭스 등 전 산업이 이런 모델을 기반으로 한다. 다수의 콘텐츠 상품이 인터넷에서 성황리에 판매되고, 그중 대부분이 구독 방식이다. 오프라인에서도 구독은 기업들이 오랫동안 시도하고, 검토하고, 선호한 고객 충성도 모델이다.

고객은 제공업체가 내놓는 상품을 받기 위해 일단 동의한다. 온라인이든 오프라인이든 일단 가입한 고객은 그때부터 이런 제안에 줄줄이 노출된다.

고객이 '아마존 프라임(Amazon Prime)' 회원이 되면 그때부터 미디어 서비스 접속, 배송 우대 등 구독에 따른 여러 혜택을 기꺼이 누리며, 아마존은 고객의 구독을 통해 돈을 번다. 아울러 고객은 제품의 사용과 구매 행위에 관한 광범위한 정보도 기꺼이 제공하고, 아마존은 이런 정보를 활용하여 프로필을 만든다.

고객과 아마존의 관계는 정맥 주입식 마케팅의 특징을 뚜렷하게 나타내며 정교하게 구축된다. 고객은 일단 회원 가입에 동의하고 수많은 혜택을 누린다. 이 모든 혜택은 고객과 기업이 서로 교류할 때마다 항상 기업에게 이익이 돌아가는 방식으로 구축된다. 기업은 고객에게 준 만큼 확실하게 받는다.

정보 제품(info product, 디지털로 제작, 판매, 전달되는 모든 제품 - 옮긴이)의 구독 모델도 정맥 주입식 마케팅의 후속 거래가 어떻게 되는지 잘 알고 있다. 업셀링(upselling, 기존 고객에게 제품의 상위 버전을 구매하게 해서 매출을 늘리는 전략 – 옮긴이)이 바로 그런 사례 중 하나이다.

마케팅에서는 가격이 더 비싼 제품은 고객과의 첫 번째나 두 번째 접점에서 팔릴 가능성이 적다고 가정한다. 따라서 고객과의 초기 접점에서 더 비싼 제품을 팔려면 더 많은 에너지를 쏟아야 한다.

하지만 특히 디지털 마케팅에서는 고용비 증가와 고가라는 점 때문에 에너지를 많이 쏟아야 하는 서비스를 꺼린다. 그 대신 상징적으로 단 1유로짜리 저가 제품을 고객에게 먼저 제시해서 충동구매를 유발한다. 이것은 기본적인 제안이지만 높은 기대치에 부합한다. 이런 놀라운 가격 제안에 고객은 의심 따위 던져버리고 강한 구매 충동을 느낀다. 돌연 그 제품을 사지 않으면 뭔가 잘못한 것 같은 기분마저 든다.

초기 거래는 위험이 거의 없어서 아마 잘 팔릴 것이다. 그저 싼 가격에 구매하고는 믿을 수 없는 제안이라고 여길 뿐이다. 고객은 구매하자마자 프리미엄 멤버십이라는 또 다른 제안을 받는다.[3] 그러면 고객은 무의식적으로 공급업자를 권위나 스토리텔링 등과 같은 긍정적인 특징과 어느새 결부시킨다.

고객들은 좋은 제품을 저가에 얻었기에 어느새 산증인이 된다. 게다가 이미 공급업자도 알고, 어쩌면 프로필을 이미 등록했을 수도 있다.

이런 식으로 기업은 정맥 주입식 마케팅의 이점을 활용할 수 있다.

이 마케팅은 양측 모두에게 공정한 거래이다. 고객은 초기 충동구매에서 많은 것을 얻고, 회사도 고객에게 매력적으로 다가올 것이다.

이 비즈니스 모델의 도덕성과 관련하여 마케팅 남용 여부는 사후에 평가된다. 남용은 디지털 미디어보다 일간지 같은 전통 매체에서 더욱 두드러진다. 고객들은 14일간 일간지 무료 구독 혜택을 받은 다음, 긴 약정 기간이 만료될 때까지 구독을 유지해야 한다.

하지만 정맥 주입식 마케팅은 기업이 고객의 기대치를 잘 알고, 고객의 문제를 자주, 믿음직스럽게 해결해주고, 양측 모두에게 혜택이 돌아가고, 깊은 신뢰 관계가 뒤따를 때 효과적인 마케팅이 될 수 있다.

그러나 무엇보다 가장 큰 이점은 정기구독료에서 오는 지속적인 수익 창출이다.

펠로톤: 정맥 주입식 제품 세계의 예

펠로톤(Peloton)은 정맥 주입식 마케팅의 특징을 자사 비즈니스 모델에 훌륭하게 접목했다. 그에 따라 펠로톤은 단기간에 급성장하여 시장에서 높은 가시성과 높은 매출을 확보했다. 2019년부터 2020년까지 1년 사이 전 세계 회원 수가 총 113% 증가했고, 2020년 초에는 회원이 자그마치 110만 명에 달했다.[4]

펠로톤의 현재 가치는 80억 유로(약 11조 원) 이상으로 추정된다.

펠로톤은 실내 자전거와 러닝머신을 제공한다. 제품 자체만으로는 시대에 뒤떨어졌다고 할 수 있다. 왜냐하면 1950년대 경제 호황기에 '실내 운동기구'가 이미 거실과 서재에 자리 잡았기 때문이다. 따라서 비즈니스 모델의 핵심 자체는 전혀 새로울 것이 없다.

펠로톤 자전거에는 인터넷에 연결된 대형 디스플레이가 장착되어 있어 온라인 수업도 들을 수 있다. 따라서 단순히 디지털화만 추가된 게 아니라 이 비즈니스 모델과 제품 자체가 가시성을 재창조한다.

회원들은 자신이 원하는 시간이나 실시간으로 실제 강사는 물론 다른 회원들과 화면을 통해 디지털로 연결된다. 모든 회원들은 자신의 집에 있는 실내 자전거에 앉아서 강사를 볼 수 있다. 강사는 회원에게 맞는 강도로 준비운동을 시키다가 점차 강도를 높이고 운동하는 내내 강약을 조절하며 훈련을 돕는다.

하지만 이런 기능도 엄청 대단한 것은 아니다. 훈련 계획과 스톱워치만 있다면 DVD나 좋은 참고서로도 이 정도는 충분히 해낼 수 있다. 그러나 펠로톤은 고객의 충성도를 높여서 정맥 주입식 가시성에 도달한다.

(대부분 여성) 강사들이 직접 한 사람씩 회원 모두에게 직접 말을 걸며 속도 변화를 알려주고 전체적으로 힘내라고 다독인다. 이것만으로도 심리적인 영향을 미쳐서 고객과 서비스 간에 유대가 생긴다. 일례로 집단의 힘이 작용하여 목요일이면 함께 운동하던 친한 집단과 같은 수업을 듣고 싶어진다. 참가자들이 직접 만나는 것은 아니지만, 강사들도 확신하듯이 집단의 힘은 대면했을 때와 비슷하게 작용한다.

정기적으로 함께 운동하는 시간을 제공한다면 운동하느라 힘든 것보다 운동 안 하고 내빼기가 더 힘들지도 모른다. 다른 일이 없다면 체육관에서 운동하기로 한 약속을 지키거나 달리기 동호회에 꼭 참가하는 것처럼 이 역시 마법처럼 끌어당기는 힘이 있다.

코치들도 집에서 운동하는 사람들을 보지는 못하지만 그들의 성과 데이터는 확인한다. 남들보다 또는 자신의 이전 기록보다 성과가 더딘 이들의 이름을 부를 수도 있다. 혹자에게는 조지 오웰의 디스토피아 소설 ≪1984≫에서나 볼 법한 장면 같겠지만, 고객은 이런 투명한 정보를 바탕으로 동기부여를 받고 싶어 한다. 이를 통해 훈련을 수정하고 더욱 용기를 얻을 수 있기 때문이다.

따라서 고객은 운동하도록 동기부여를 해주는 데 월 39파운드(약 6만 원)의 구독료를 낸다. 이는 직접적으로 이행된 고객 혜택이자 정맥 주입식 마케팅이다. 고객은 데이터를 전송할 필요 없고, 참가자들은 펠로톤의 중개를 통해서만 다른 참가자들을 인식할 수 있다(참가자들은 자신의 데이터를 서로 볼 수 있다). 원하면 기계를 꺼둘 수 있다는 사실은 자유와 통제의 적절한 균형점처럼 보인다.

그러나 고객들은 익명으로 본인을 숨길 수는 있지만, 회사 눈에는 띄게 된다. 시간이 지나면서 차츰 수업 참가자들을 알아가게 되고 그들의 개별 성과를 관찰하며 한층 동기부여를 할 수 있다. 오프라인에서 매우 효과적이었던 이런 부분이 온라인 세계로 옮겨졌다.

펠로톤 웹사이트에서 강사의 약력도 확인할 수 있다. 강사 정보는 어떤 사람인지 알 수 있을 정도로 상세하고, 고객이 잘 아는 강사에게 교육받는 기분마저 든다.

강사에 관한 설명이 모두 정확하고 솔직한지는 모르겠지만, 고객은 강사를 알아가게 되고 강사를 선택할 수도 있다. 강사는 수업 중에 수강생들에게 더욱 힘내라고 음악을 틀어주기도 하고, 강사가 직접 엄선한 곡들을 음악 목록에 올려놓기도 한다.

펠로톤은 고객을 자사의 제품에 연결할 뿐 아니라 브랜드 대리인을 소개해서 친분을 쌓게 한다. 어쩌면 사람들은 2천 파운드(약 300만 원)나 되는 제품은 포기할지언정 추가 구독료를 내더라도 대인관계는 포기하려 들지 않을 것 같다.

이런 유형의 상호 가시성은 획기적인 발상이다. 고객은 제품을 사용하다 갑자기 회사의 눈에 띄게 되고, 회사는 강사를 통해 고객이 자신의 목표에 따라 운동하는 데만 그치지 않고 자사의 제품도 이용하도록 독려한다. 동시에 회사는 제품 이용을 제어할 수 있다. 훈련 과정은 구독해야 이용할 수 있다는 점에서 특히 흥미롭다. 펠로톤은 값비싼 자전거로 돈을 긁어모으는 것도 모자라 저절로 다른 비용이 발생하도록 유도한다.

2천 파운드가 넘는 금액을 지불하면 고객은 비로소 두 종류의 펠로톤 자전거 중 하나를 선택하게 된다. 가격이 높은 자전거는 강사가 운동 강도를 조절해주고, 가격이 저렴한 자전거는 운동 강도를 고객이 직접 조절한다.

훈련 과정은 월 단위로 따로 구독료를 내야 한다. 구독을 취소하면 훈련 과정과 목표 달성 여부를 보여주는 디스플레이는 켜지지 않는다. 구독 취소는 펠로톤이 일반 실내 운동기구와는 다른 자사 특유의 장점을 잃었다는 의미다. 더 이상 강사의 자극도 없고, 정기적으로 훈련하던 그룹의 규칙성과 동료 의식에도 영향을 미친다. 고객이 구독을 취소하면 구매에 따르는 기본 요소도 포기하는 셈이다.

고객도 그런 점을 잘 안다. 사람들은 펠로톤 자전거로 최상의 선택을 하고 싶어 한다. 한편으로는 다양한 이유로 체육관에 갈 필요가 없길 바랄지도 모르고, 다른 한편으로는 강사와 다른 참가자들과 함께 훈련하며 자극을 받고 싶다. 어쩌면 훈련 과정이 일상생활에 제대로 스며들기를 바라면서도 체육관 시설의 단점은 피하려는 것일 수도 있다.

종합하면 고객은 고가의 실내 운동기구를 구입한 다음 월 구독료를 지불한다. 거기에다 역기, 전용 운동화, 여타 장비가 혹하게 만드는 가격의 패키지에 추가되기도 한다.

펠로톤은 '최고의 구매자는 곧 구매자이다'라는 마케팅 구호를 진심으로 이해하고 내면화해서 활용해왔다. 고가의 제품을 구매하는 것보다 고객의 신뢰를 더 확실하게 보여주는 증거가 달리 있을까? 이 단계가 되면 서비스나 제품을 추가로 제안하기가 쉬워진다. 회사는 가시성이 높아 고객의 눈에 쉽게 띄고, 고객은 관심이 한껏 고조된 상태이다.

관련성에 초점을 둔 솔루션이 적절하게 전달되며 고객의 시급한 문제가 처리되었다. 이런 고객과 추가 업무를 진행하는 것은 펠로톤 입장에서 아주 매력적인 일로서 일종의 스마트 가시성을 구축하는 셈이다. 해당 모형의 고객은 일반적으로 훨씬 더 많은 제품을 기꺼이 구매하려 든다.

회사는 고객에게 서비스를 제공하고, 고객은 서비스에 만족한다. 가격, 수행력, 속도 같은 조건도 적합하다면 고객이 다른 서비스도 예약할 가능성이 아주 크다.

일단 자신의 고객이 얼마나 '펠로톤과 비슷한' 정맥 주입식인지 살펴보는 것이 좋다. 이것은 서비스 제공업체만 해당하는 이야기가 아니다. 웹사이트나 디지털 고객 제안서를 만들 때 에이전시는 항상 관리 계약서를 첨부할지 고민한다. 고객이 웹사이트 관리 및 보안 비용을 에이전시에 지급하여 향후 문제를 해결하면 모두 이득을 보기 때문이다.

그러나 실물 제품 제조업체는 이런 문제를 해당 제품군의 측면에서 생각할 수도 있다. 정맥 주입식 마케팅이 고객의 제품 구매 후에 끝나버리지 않고 구매한 직후부터 양질의 방식으로 재개된다면 더할 나위 없이 좋다. 그렇게 되면 가시성을 확보하려고 끊임없이 노력하는 마케팅에서 의욕 넘치는 알짜 고객을 겨냥한 스마트 가시성을 갖춘 편안한 마케팅으로 전환될 수 있다.

고객 충성도를 겨냥한 게임화 전략

마지막으로 펠로톤의 사례에서 마케팅에 유익한 내용이 한 가지 더 있다. 펠로톤은 게임 요소를 활용하여 고객을 유지하며 제품 혜택을 고객에게 계속 제시한다.

컴퓨터 게임이나 보드게임도 스토리텔링의 요소를 잘 활용한다.

게임하는 내내 사람의 마음을 끊임없이 사로잡고 동기부여도 하는 목표와 도전들이 명확히 설정되어 있다. 고객이 이런 도전을 통해 자신의 능력을 가늠해보고 야심차게 목표를 따라가는 과정이 재미있다.

대체로 게임에서 이기려면 특정 변수 내에서 목표에 도달해야 한다. 〈루도(Ludo)〉 같은 보드게임은 4개의 말을 모두 정해진 사각형에 맨 먼저 옮겨놓는 것이 목표이다. 그러려면 주사위를 던질 때 운도 따르고 전략도 좋아야 한다. 플랫폼 컴퓨터 게임은 정해진 시간 안에 특정 코스와 도전을 완수해야 한다. 항상 자신의 마지막 기록을 깨서 정해진 성과를 달성하는 것이 목표이다.

펠로톤은 고객의 성과를 앱에 아주 정확하게 기록해서 알려주는데, 원한다면 강사와 다른 그룹 회원에게도 공개할 수 있다. 고객은 자신의 진도를 확인하고 다른 사람들에게 보여줄 수도 있고, 자신이 조금씩 목표에 도달하고 있는지도 확인할 수 있다. 거창한 계획보다 오히려 조금씩 밟아나가는 작은 단계들이 끊임없이 자극이 된다. 운동 목표를 자신이 직접 설정하고 변경할 수 있다면 더더욱 동기부여가 된다.

'펠로톤 자전거로 20분 안에 10km를 주파'하거나 '그룹 내 최고 선수'로 등극한다는 너무 거창한 목표는 빛 좋은 개살구일 뿐이다. 작은 목표는 달성하기도 쉽고 고객을 끊임없이 독려하는 자극제도 된다.

이런 식으로 펠로톤은 월 구독료를 내면 그만한 돈값을 한다는 점을, 아무튼 이제는 1~2분 더 빨라졌다거나 전보다 몸매가 살아났다거나 하는 작은 성장으로 입증할 수 있다.

펠로톤은 꽤 영리하게 게임 요소를 도입하여 고객이 최고 단계의 가시성을 따라 걷도록 독려하며 정맥 주입형 가시성에 필요한 다음 요소를 구축한다.

'동의하지 않음'에서 '무조건 동의'로

세스 고딘의 6단계 마케팅 모형에 따르면 기업의 관점에서 가시성은 단계가 오르면 가치도 상승한다. 스마트 가시성을 추구하는 과정에서 상당한 가치가 추가되는 것이 이 모형의 본질이다. 쉽게 대체되고 가시성도 없는 메시지와는 대조적이다.

6단계 모형의 의미를 이해하고 기본 구조를 최적으로 활용하여 스마트 가시성 구축을 위한 자신만의 방법을 설계하려면 마케팅 6단계를 모두 관통하고 이를 기준으로 모든 단계를 평가하는 한 가지 문제에 집중하는 것이 좋다.

바로 고객이 어떤 마케팅도 수락하고 기업에 조금이라도 가시성을 부여하는 것에 동의하는 문제이다.

6단계 동의는 다음과 같다.

1. 스팸은 고객의 동의를 받지 못한다.

2. 상황 마케팅은 고객이 요청한 것은 아니지만 동의한다.

3. 혜택과 권위가 있는 브랜드는 흥미를 끌게 마련이므로 이런 브랜드와 브랜드 마케팅은 고객의 동의에 따라 가시화된다.

4. 인맥 마케팅 제안은 당연히 신뢰할 만하니 거의 언제나 환영한다는 고객의 가정이 필요하며, 고객도 믿을 만한 제품을 추천해 줄 출처를 적극적으로 찾는다.

5. 충성도 마케팅은 단순히 가시성을 허락하는 수준을 넘어서서 고객이 자발적으로 가시성을 찾아 나선다.

6. 정맥 주입식 마케팅은 고객이 일단 승인하고 나면 회사는 제품을 판매하는 데 운신의 폭이 넓어진다.

가시성을 위한 승인 절차의 핵심은 '동의하지 않음'에서 제품 판매를 목적으로 제조업체가 정기적으로 고객의 눈에 띄며 제품을 팔아도 된다는 '무조건 수락'으로 이동하는 것이다.

이런 단계들을 바탕으로 자신만의 가시성을 개발하고 개선할 수 있다. 어쨌든 고객이 어떤 회사나 공급업체의 가시성을 허락할수록 이들과 더욱 거래하고 싶다는 의미이므로 그만큼 고객을 확보하는 데 드는 비용이 저절로 줄어든다.

장기적으로 볼 때 회사가 이런 노력을 통해 목표 집단에 대한 높은 단계의 가시성을 확보하고 그들을 영원히 팬으로 만들 수 있다면 회사의 수익성은 훨씬 좋아진다. 역으로 고객에게 가시성을 허락해 달라고 부탁하는 회사는 사업적 감각이 있는 것이다.

스팸이나 무작위 마케팅처럼 언제든 대체할 수 있는 제품이나 팔려고 산란 마케팅에 예산을 많이 책정해봤자 시간과 비용만 많이 들 뿐 잠재 고객의 관심을 얻을 수 없다.

반면 회사를 믿고 따르는 충성 고객이 회사를 추천하고, 고객이 직접 나서서 새로운 제안이나 신제품을 요청하며, 급기야 구독하기에 이르러 마침내 회사가 전단과 명함 돌리는 일을 중단할 때 회사의 꿈은 비로소 실현된다.

목표 고객을 향한
가시성은
매출과 직결된다

chapter 5

돈이 되는
관심과 노출

고객은 그들의 문제를 해결해줄 제품을 구매한다. 그러려면 고객은 그 제품을 구매하는 것보다 더 좋은 방법은 없다고 생각해야 한다. 제품이 명확한 해결책을 보여주며, 다른 제품이나 선택지보다 더 낫고, 게다가 '할인할 필요도 없다면' 더할 나위 없다. 결국은 거래가 마무리되어야 스마트 가시성이 매출로 전환된다.

아무튼 최종 목표는 돈을 지불하고 사는 것

회사가 고객의 요구와 상당히 겹치는 제품을 내놓으면 거래가 성사되고 매출이 발생할 수 있다.

그런 거래는 정확히 어떻게 성사될까? 기본적으로 거래는 신화 속 정의의 여신이 들고 있는 양팔 저울처럼 성사된다.

고객은 거래하려면 저울에 무언가를 놓아야 한다는 것을 직관적으로 안다. 회사가 고객에게 가시성을 통해 접근하면 고객은 사냥물에 관심을 보일 것이다. 하지만 고객은 관심을 보이는 대가로 뭔가를 기대하기 때문에 회사는 고객에게 어떻게든 공정한 거래라는 인상을 심어주기 위해 값진 정보들을 추가하여 콘텐츠 마케팅을 활용한다.

고객은 어떤 제품을 사려고 할 때 저울에 돈을 올려놓을 것이며, 그 대가로 가능한 좋은 거래를 하기 바란다. 고객은 관심과 돈이라는 2가지 희소 재화에 대한 보상으로 무언가를 기대한다. 저울은 분명 고객 쪽으로 기울 것이다. 한편 '관련성(relevance)'이라는 단어도 '균형을 맞춘다'는 의미의 라틴어 'relevare'에서 나왔다.

회사는 고객과 관련 있는 제안을 하기 위해 제품의 혜택과 장점을 내세운다. 그 혜택은 고객에게 정말 득이 된다고 생각될 만큼 대단해야 하고 적어도 그들에게 유리해 보여야 한다. 고객은 제품이 마음에 쏙 든다면 공정성은 아무래도 덜 따진다.

돈을 주고 그에 버금가는 가치를 받는 이런 과정을 '흥정'이라고 한다. 게다가 회사는 구매를 한층 부추기려고 선물, 할인과 같은 '유인책'과 연성 요소를 추가할 수 있다. 연성 요소로는 회사나 제공업체의 인맥, 제품을 가지는 순간 뿜어져 나오는 특정한 지위, 좋은 일을 하는 회사라는 생각 등이 있다. 거래가 잘 진행되려면 이제 고객 쪽에서 저울을 충분히 채울 차례이다.

회사가 고객과 첫 번째 접점에서 좋은 거래가 될 만한 이런 요소를 모두 전달하기는 어렵다. 고객이 거래를 전반적으로 이해하고 그 거래를 받아들이겠다고 결정하기까지는 여러 접점이 필요하다.

구매에 이르는 7차례 접점 규칙

고객은 어떤 제안을 적어도 한 번 이상 접해야 한다. 평균적으로 회사가 좋은 가시성을 통해 매출을 끌어내려면 7차례의 접점이 필요하다고 한다. 하지만 실제 접점 횟수는 여러 요소에 따라 다르다. 스마트 가시성의 3가지 축인 관련성, 권위, 회사가 들려주는 이야기가 접점 횟수에 영향을 미치는 요소이며, 가시성에서 거래로 이어지는 과정을 단축한다.

정맥 주입식 가시성 덕에 어떤 이슈가 특별히 관련성이 있다면 아마도 접점이 덜 필요할 것이다. 회사가 인기와 정직으로 권위를 구축할 때도 굳이 많은 접점이 필요 없다. 이야기를 통해 가시화하는 동안 고객이 해당 이야기에 매료되어 바로 제품을 구매할 수도 있다.

저가 제품이나 충동구매를 일으키는 제품도 접점이 덜 필요하다. 하지만 값비싼 제품이나 고객의 인생에 큰 영향을 미칠 수 있는 제품은 급하게 구매하지 않는다. 고객이 객관적인 정보를 많이 수집해서 비교한 다음에 판단하기를 원하므로 여러 접점이 필요하다. 수준 높은 고객 상담이 필요한 기기는 여러 번 접해봐야 구매로 이어진다.

회사는 가시성을 잘 관리할 필요가 있으며 여러 접점을 연결하는 회사만의 방식을 정립해야 한다. 회사가 가시성을 매출로 전환하고자 한다면 고객들이 가능하면 우발적인 결정을 하지 않도록 유도해야 한다. 가시성 관리가 본질적으로 회사가 나아갈 방향이다.

회사는 고객에게 다양한 방식으로, 다양한 채널에서 보여주어야 한다. 고객은 여러 접점을 거쳤어도 결정해야 할 순간에는 회사와 연관 지어 기억하는 것이 거의 없다. 그렇기에 회사는 늘 가시성을 일관성 있게 관리해야 한다.

하지만 고객은 제품뿐만 아니라 회사만의 어떤 특징도 보기 때문에 가시성은 한 접점에서 다른 접점까지 모두 아울러 특정한 구조, 패턴, 어쩌면 고정관념을 만든다.

고객이 한 차례 접점에서 우연히 청소용품 회사를 알게 되었는데 다음 접점에서 감기약을 팔고 있다면 좀처럼 하나의 메시지로 압축할 수 없다. 굳이 이런 회사의 물건을 사야 하는가? 그래서 생활 소비재 업체인 프록터앤드갬블(Procter & Gamble)은 회사명 대신 따로 플래시(Flash)와 빅(Vick) 같은 하위 브랜드를 제품 포장에 크게 써넣는다.

게다가 해로운 가시성은 불신이라는 하나의 메시지로 응축될 수도 있기에 피해야 한다. 아무리 좋은 점이 많아도 하나가 미심쩍으면 고객은 불신에 무게를 둔다. 하지만 회사는 특정 채널에서 제기된 고객의 비판을 수용하여 제품 개선에 적극적으로 활용할 수는 있다. 소셜미디어에 달린 비판적인 댓글을 진지하게 받아들여 긍정적인 것으로 바꿀 필요가 있다.

회사가 적극적으로 참여하지 않는 채널은 중요하지 않다고 가정하는 것도 위험하다. 이를 극명히 보여주는 사례로 환자가 의사를 평가하여 순위를 매기는 플랫폼 닥티파이(Doctify)를 들 수 있다. 어떤 의사들은 이런 평가를 신뢰하지 않고 등급이 부정확하다고 생각하거나, 적극적으로 개입하지 않으려고 한다. 그러나 그곳에 프로필을 올리지 않고 환자의 비난에 대응하지 않는다고 해서 그곳이 의사를 대변하지 않는 것은 아니다.

닥티파이는 의사가 직접 자신의 프로필을 작성하든 안 하든 상관없이 환자들이 의사를 평가하도록 전국에 있는 모든 의사의 프로필을 올려놓는다. 이렇게 하면 잘못된 비난에 적극적으로 반박할 일도 줄고 치료에 만족한 환자에게 좋은 후기를 많이 남기도록 재촉하지 않아도 된다. 따라서 '이 채널은 우리를 대변하는 곳이 아니다'라고 회피하면 오히려 해로운 가시성을 불러일으킨다.

특히 닥티파이가 구글의 편애를 받고 있다는 점이 위험하다. 콘텐츠 관련성을 평가하는 면에서는 적어도 아직은 사람이 인공지능을 능가하기에 구글은 알고리즘보다 사람들이 실제로 평가하는 등급을 선호한다.

구글은 환자들이 온라인에서 의사를 검색할 경우 닥티파이 후기를 보여준다. 그러니 첫 번째 검색 결과로 해당 의사의 웹사이트가 아니라 닥티파이가 나타나는 것도 당연할지 모른다. 닥티파이에는 의사가 모른 척하며 계속 눈에 안 띄게 하고 싶은 나쁜 후기가 올라와 있다.

마찬가지로 고객의 피드백을 무시하는 특정 호텔은 호텔 포털에 나쁜 후기들이 올라와 불이익을 받기도 한다. 이렇듯 가시성을 관리하지 않고 그냥 두면 문제가 눈덩이처럼 불어나 나중에는 돌이킬 수 없는 지경에 이를지도 모른다.

검색 결과 페이지 최상단

많은 의사들이 구글에서 가시성을 확보하려고 한다는 점에서 닥터파인는 적절한 사례이다. 요즘은 거의 모든 병원이 웹사이트를 운영한다. 웹에이전시는 웹사이트 제작을 원하는 고객들로부터 "이 웹사이트를 운영하면 구글에서 가시성이 얼마나 확보될까요?"라는 질문을 종종 받는다.

새로운 잠재 고객은 적절한 제안을 검색할 때 구글을 이용한다는 점을 염두에 두고 웹사이트를 구축하는 것은 비단 의사들만이 아니다. 판매 경쟁에 나선 공급업체들도 구글 검색에서 다른 업체보다 상위에 오르고 싶어 한다. 그러려면 웹사이트를 구축하기로 한 마케팅 에이전시의 업무를 명시할 때 검색엔진 최적화(SEO, search engine optimization)를 마케팅 성공의 기본 요소로 설정해야 한다.

그게 아니라면 검색엔진 최적화를 포기하고 자사의 웹사이트 주소를 링크로 걸어둔 평가 포털에 외주를 주는 것이 훨씬 더 현명할 것이다.

이런 가시성은 쉽게 통제할 수 있다. 치료를 성공적으로 끝낸 다음 고객이나 환자에게 큰 도움이 된다는 점을 강조하며 인터넷에서 당신과 당신 업무를 솔직하게 평가해달라고 부탁하면 된다. 치료에 만족한 고객은 기꺼이 도와준다. 이런 식으로 비용도 안 들이고 문턱은 낮지만, 품질은 높게 유지하며 자신의 가시성을 쉽게 관리할 수 있다. 치료에 만족한 환자에게만 후기를 부탁하면 전반적으로 긍정적인 평가가 많을 것이다.

자신이 운영하는 웹사이트는 디지털로 생성된 고객의 관심을 한 곳으로 모으는 훌륭한 중심 접점이다. 필수 키워드를 결정하는 데 많은 시간과 노력이 들어가는데, 그렇게 만들어야 해당 웹사이트에서 필요한 만큼 자주, 또 다른 많은 영역에서 검색된다. 개발자들은 콘텐츠를 공들여 제작하면 구글과 유튜브에서 특별대우를 받는다는 점을 알기에 이런 종류의 콘텐츠는 웹사이트에 통합해 놓는다. 사진은 비용을 들여서라도 제대로 많이 찍고, 후기는 고객이나 환자에게 받는다.

그래도 구글은 통상 목록 상단에 닥터파이를 훨씬 더 눈에 띄게 보여준다. 가치 있는 가시성에서 닥터파이가 그 어떤 개개 의사의 웹사이트보다 낫기 때문이다. 닥터파이는 훨씬 더 많은 콘텐츠(의사 3만 명의 자료)를 보유하며, 고객이 클릭하는 횟수도 훨씬 더 많고(독일판 닥터파이 야메다Jameda는 매달 400만 명 이상 이용한다),[1] 더 많은 관련 콘텐츠를 가리키는 링크도 수천 개나 된다. 이런 이유로 검색엔진 최적화 작업이 어려워지다 보니 마케팅 에이전시가 개개 의사의 웹사이트 최적화 작업을 아무리 열심히 해도 결국 구글에 비해 별 성과를 거두지 못한다.

이미 원하는 것이 충족된 고객에게 좋은 평가를 해달라는 부탁은 아마 검색엔진 최적화 전문 웹에이전시를 예약하는 것보다 수고와 비용이 덜 든다. 게다가 닥터파이가 채널도 다양하게 고려하므로 성공률도 훨씬 높다. 평가에 따라 가치 있는 가시성이 생성되면 링크로 연결된 해당 병원 웹사이트로 이어지는데, 비용은 무료다. 이게 바로 채널을 망라해 가시성을 영리하게 활용할 수 있는 방법이다.

다른 직업 분야에도 긍정적인 효과를 거두는 독일어권의 프로븐 엑스퍼트(Proven Expert)나 구글 리뷰(Google Review) 등 수많은 평가 플랫폼이 있다. 호텔 및 여행 예약 포털도 가시성을 창출하는 자체 플랫폼을 운영한다.

용도를 일관되게 보여준다

가시성이 다양한 정보 채널을 통해 다양한 접점에서 고객에게 나타나면 정보를 최대한 잘 관리해야 하지만, 가시성은 이런 채널을 건너뛰기도 한다.

고객이 선택할 수 있는 채널이 수없이 많다 보니 기업에서 고객의 첫 번째 접점을 찾기가 쉽지 않을 수도 있다. 인쇄물을 우편으로 발송하거나 TV 광고를 활용하는 마케팅 방식은 고객의 눈에 띌 가능성이 크다. 하지만 동시에 구조적인 취약점 탓에 산란 마케팅으로 전락하거나 스팸 취급을 받을 수 있다.

기업의 메시지나 콘텐츠와 접점을 모색하는 고객은 나름의 구매 욕구가 있다는 점에서 이미 자격이 충분하며 그런 메시지나 콘텐츠 정보를 자신과 관련성이 있는 것으로 간주한다.

명함처럼 휴지통에 던져지지 않으려면?

고객과 접점을 찾기 위해 채널을 이용하는 기업은 일관되게 의사 전달을 하는 것이 무엇보다 중요하다. 고객이 첫 접점에서 회사를 특정한 솔루션으로 인식했다가 다음 접점에서는 완전히 다른 솔루션으로 인식한다면 아무 소용 없다. 소위 '일관된 제품 혜택'이 스마트 가시성의 초점이어야 한다.

고객은 모든 접점에서 회사를 간단하고 명확하게 알아볼 수 있어야 한다.

회사가 스마트 가시성의 3가지 축을 명심하면 고객이 모든 접점에서 자신들과의 관련성과 권위, 이야기를 발견할 가능성이 크다.

이렇게 하면 통제된 방식으로 고객의 관심을 끌 수 있다. 첫 번째 구글 검색부터, 페이스북이나 인스타그램에서 마구잡이식으로 이루어지는 접촉, 아니면 인플루언서가 SNS에서 어떤 회사나 제품을 언급하는 순간 고객의 관심이 집중되며 더 많은 정보를 찾으려 한다. 따라서 기업은 자사의 가시성이 드러나는 과정을 주도해야 한다.

가시성을 유도하는 데는 페이스북 리마케팅이나 전자메일 뉴스레터 등이 유용하다. 고객이 페이스북 마케팅 콘텐츠에 관심을 보이고 그중 하나를 좀 더 오래 본다면 페이스북은 그런 고객을 아주 쉽게 확인할 수 있다.

이후 광고주는 고객이 방금 들여다본 콘텐츠 내용을 깊이 살펴보고, 고객을 제품과 더 밀접하게 연관시키고, 같은 정보를 더 많이 실어서 거래가 성사될 가능성이 있는 후속 광고를 제시할 수 있다.

보통 첫 데이트에서 청혼하지 않는 것처럼 기업도 첫 접점에서 곧장 판매 계약서를 들이밀지 않는 것이 좋다. 고객은 더 많은 정보를 얻고 싶어 하고, 회사와의 여러 접점에서 늘어난 정보를 고객이 하나의 이미지로 압축할 때 구매 충동이 일어난다.

안타깝게도 많은 회사들이 7차례 접점 규칙에 따른 다양한 지점에서의 가능성을 알아차리지 못하고 지나치게 운에 기댄다. 고객과 회사의 거래 빈도에 의존하기보다 사실상 운에 맡기는 것 말고는 아무것도 할 게 없다고 생각하기 때문이다.

예를 하나 들어보자. 누군가 당신에게 학술 토론회에서 강연해달라고 부탁했다. 주관업체는 당신이 피고용인이나 자영업자로 일한 경험에서 얻은 최고의 업무 지식으로 다른 참가자들에게 영감을 줄 기회를 주고 싶어 한다. 당신은 강연 내내 전문성을 선보이며 잠재 고객들에게 당신을 좀 더 알고 싶은 열망을 불러일으킨다.

보통의 강연자들은 이렇게 생성된 양질의 가시성을 더 이상 관리하지 않는다. 그들은 강연에 참석했던 잠재 고객들 스스로 추가 정보를 찾아 나설 거라고 생각한다. 어쨌거나 강연자의 이메일 주소, 웹사이트와 링크드인(LinkedIn) 계정이 파워포인트의 마지막 슬라이드에 적혀 있으니 말이다. 하지만 이걸로는 충분하지 않다. 당신이

프레젠테이션을 마친 후 청중은 당신과 몇 마디 나누려고 할 것이다. 안타깝게도 이런 대화는 저녁에만 잠깐 이루어지기에 당신은 겨우 명함만 건네고 헤어진다.

하지만 우리 모두 경험한 바 있듯이 몇 주가 지나서야 겉옷 주머니에서 명함을 발견하곤 한다. 따라서 스마트 가시성이 충분히 관리되지 못했고, 시간이 지나면서 원래의 가치가 사라지게 된다.

이것은 7차례 접점 규칙의 기본적인 문제다. 문제와 평균 이상 관련된 게 아니라면 시간이 지나면서 흥미는 점차 줄어들고 다른 해결책이 불현듯 모습을 드러낸다.

그날 저녁 고객이 발표 주제에 몹시 흥미를 느꼈을지라도 다음 날 일상으로 돌아가면 해당 주제는 관심에서 점차 멀어진다.

그러니 자발적으로 고객에게 다가갈 방법을 찾아야 한다. 고객이 여전히 그 주제에 관심 있다면 나중에 연락을 취하거나 따로 시간을 낼 수도 있다. 아니면 당신이 며칠 안에 고객에게 뉴스레터를 보내 해당 주제를 다시 상기시킬 수도 있다. 프레젠테이션 요약본을 보내는 것도 방법이다. 콘텐츠 마케팅처럼 당신 제안의 가장 중요한 장점을 다시 한 번 강조하고 고객이 바로 활용할 수 있게 준비한다. 그러면 당신은 가시성의 주체로 남을 수 있다.

뉴스레터는 당신의 가시성을 관리하는 주체가 당신이라는 점을 분명히 보여주는 매체다. 뉴스레터와 다양한 접점에서 취득한 귀중한 주소록이 있다면 적극적으로 고객에게 양질의 콘텐츠를 전달할 수 있다. 경쟁자들이 그저 고객이 우연히 자신들의 웹사이트를 봐줄지도 모른다는 희망을 품는 것과는 다르게 말이다.

뉴스레터를 받을 사람들의 목록을 채워나가려면 고객에게 분명한 행동을 요구하는 메시지(CTA, call to action, '지금 구매하기' 같은 버튼이나 배너 등 – 옮긴이)를 남기는 것이 중요하다. 당신의 웹사이트 주소를 파워포인트 슬라이드에 첨부하는 것만으로는 고객의 행동을 끌어내지 못한다. 뉴스레터로 고객의 시선을 다시 한 번 붙들어둘 수는 있겠지만 여기에는 고객을 선뜻 나서게 할 만한 정보가 없다. 고객은 게을러서 자신에게 필요한 안내 기능이 없다고 생각하거나 애써 상호 소통하려고 하지 않는다.

고객은 알아서 적극적으로 나서는 법이 없고, 어떤 장소도 방문하고 싶어 하지 않고, 중요한 정보를 들이밀어도 다음 날까지 미루고, 현재에 안주하며 굳이 바꾸려고 애쓰지 않는다. 따라서 분명한 목표와 제안을 담은 혜택을 내세워 고객에게 명확한 행동을 요구하면 훨씬 효과적이다.

예를 들어 프레젠테이션이 끝날 때 신규 잠재 고객에게 방금 시연한 내용을 편히 볼 수 있도록 파워포인트 자료를 PDF 파일로 변환해 이메일로 보내주겠다고 제안한다. 고객은 당신에게 자신의 스마트폰 번호나 이메일 주소를 보내기만 하면 된다. 당신은 고객의 연락처를 수집해서 뉴스레터를 보낼 주소록에 추가한다. 이것이 자신의 가시성을 관리하는 방법이다.

이 방식은 당신과 고객 모두에게 이득이다. 고객은 관련 주제에 관한 양질의 정보를 받고, 당신은 다시 한 번 그들에게 다가갈 수 있다. 고객은 관련 있는 주제이기에 당신과 연락하기를 기대한다.

이른바 관심의 폭이 점차 좁아들어 구매에 이르게 되는 고객 깔때기를 만드는 것이다. 이 과정에서 쉽게 구현되는 값싼 가시성이 다양한 도구를 통해 안내 기능을 갖춘 가시성이 된다.

분명한 메시지를 전해주는 이런 가시성은 점점 고객의 구매 관심으로 압축된다. 고객이 더 많은 정보에 관심을 보이면 그때마다 스위치가 켜지듯 고객이 구매를 향해 나아가고 있다는 것이 드러난다. 접점마다 고객은 당신과 함께 갈지 따로 갈지를 결정한다.

깔때기의 내부를 들여다보면, 초기 접점에서는 고품질의 정보를 제공한다는 특징이 있다. 그다음 접점에서는 매출도 매번 탄력이 붙는다. 고객이 당신과 접촉하거나 당신의 제품을 구매하는 곳이 바로 이 고객 깔때기다. 깔때기는 기본적으로 고객이 구매 결정을 내리는 데 필요한 정보와 접점을 제공하는 과정을 말한다.

> 고객 깔때기를 체계적으로 구축한 마케팅만이 가시성을 세심하게 관리해서 잠재 고객을 실제 고객으로 만들 수 있다.

소셜미디어의 가시성은 2배 비싸다

당신은 팔로어를 '보유'하고 있는가? 페이스북, 인스타그램, 유튜브, 링크드인 등 플랫폼 업체가 눈 하나 깜짝하지 않고 당신의 계정을 닫아버릴 수 있는데도 대부분의 회사는 이런 질문조차 스스로 하지 않는다.

사실 페이스북은 꽤 정기적으로 그렇게 한다. 페이스북은 얼마나 많은 회사와 마케팅 계정을 중지시켰는지 숫자를 밝히지 않는다. 페이스북 일반 및 광고 계정 비활성화 푸는 법, 법률적 도움, 컴퓨터 온라인 정기간행물의 편집 콘텐츠 등과 관련된 기사는 차고 넘친다.

어떤 회사나 사용자가 콘텐츠를 올리거나 광고를 제작하면 페이스북은 이를 검열할 것이다. 이때 단순한 비유기적 콘텐츠(inorganic contents, 배너 광고나 후원을 받아 작성한 원고 등 유료 광고 콘텐츠 - 옮긴이)를 유료 콘텐츠보다 조금 관대하게 취급한다. 페이스북은 유료 콘텐츠를 강도 높게 검열하고 자신들이 설정한 기준을 위반한 점이 없을 때만 공개한다.

전반적으로 유기적 콘텐츠(organic contents, 무료 마케팅 콘텐츠로 알고리즘과 후원 광고 등으로 나타나는 콘텐츠 - 옮긴이)는 경제적 이득이 별로 없어서 내버려두는 것 같은데, 사용자들은 페이스북이 그렇게 하면 자신들을 호도하는 것이라고 불평할 것이다.

결과적으로 유기적 콘텐츠와 비유기적 콘텐츠는 다르다. 유기적 콘텐츠가 공동체의 기준을 따르지 않는다면 일시적으로 계정이 차단된다. 한편 페이스북의 기준에 부합하지 않은 광고는 훨씬 강도 높은 제재를 받는다. 심지어 대기업도 페이스북 계정을 차단당해 페이스북에 광고할 수도 없고, 그동안 공들여 모은 팔로어들과 접속할 수 없다.

하지만 모든 기준에 부합하더라도 회사가 올린 유기적 콘텐츠를 어떤 사용자에게 보여줄 것인지에 관한 결정권은 페이스북에 있다.

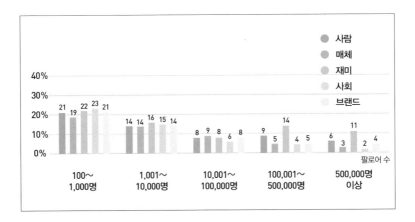

당신의 팔로어들이 모두 당신의 게시물을 보는 것은 아니다. 팔로어당 평균 인스타 그램의 도달 범위를 섹터별로 세분화한 것을 보면 당신의 팔로어 중 당신의 게시물을 보게 되는 사람은 소수에 불과하다. 설상가상으로 팔로어가 많을수록 당신의 게시물이 그들에게 노출될 확률이 줄어든다.

출처: 팬페이지 카르마(Fanpage Karma)의 아이디어와 데이터에 따른 도표 원본[2]

모든 팔로어에게 모든 콘텐츠를 보여주지 않는다는 비난에 대해 페이스북은 콘텐츠 양이 너무 많아서 사용자가 감당할 수 없기 때문이라고 주장한다. 이것은 페이스북과 광고 회사에도 손해이다. 게다가 주제별로 제한도 있다. 글이나 사진을 게시할 때 어떤 주제는 우대받지만 어떤 주제는 그렇지 않다. 더구나 팔로어 수가 많은 계정이 팔로어 수가 적은 계정보다 팔로어에게 도달할 확률이 훨씬 낮다.

콘텐츠의 양 외에도 페이스북은 관련성도 척도로 삼는다. 사용자들은 가능한 관련 있는 콘텐츠만 보게 될 것이다. 특히 회사가 비용을 치르지 않은 유기적 콘텐츠는 페이스북이 거르고 걸러서 한 자릿 수 비율만 남겨 관련 독자에게 보여준다. 이처럼 페이스북이 콘텐츠와 관련한 디지털 '집주인의 권리'를 행사하는 유일한 회사이다 보니 검열 과정이 늘 공정하고 투명해 보이지는 않는다.

페이스북이 콘텐츠를 해석할 수 있는 힘이 있고 회사의 팔로어들에게 관련된 것이 무엇인지를 결정할 권한이 있는지는 차치하더라도, 이런 검열 과정은 유기적 콘텐츠를 통해 팔로어들에게 다가가고자 하는 회사들에게 불리하다. 1천 명 또는 1만 명의 신규 팔로어를 얻고자 마케팅 예산을 투입했는데 나중에 보니 1천 명 중 7~8%만이 유기적 게시물을 보게 된다면 상당히 심각한 문제이다. 마케팅 예산 대비 최고의 회수율을 거둘 거라는 논리 역시 공염불에 지나지 않는다.

아직도 사업을 할 때면 팔로어라는 안전한 물주를 발판으로 잠재 고객에게 다가갈 수 있다는 기본 논리가 작용하는 듯하다. 하지만 이렇게 접근하면 낭패를 보기 십상이다.

그러나 페이스북도 돈을 내면 광고를 목표 독자에게만 보여주는 솔루션을 제공한다. 자기 팔로어에게만 정보를 제공하면 2가지 문제가 생긴다. 먼저 독자를 자기 팔로어로 만들어야 하고, 둘째는 이 팔로어들이 게시물을 봐야 한다.

서로 연관 없는 유료 게시물을 바로 올리는 솔루션도 단점이 있다. 가령 비즈니스 페이지를 팔로어하겠다고 동의한 이용자는 당연히 콘텐츠를 제공받고 싶어 한다. 그래서 사전 동의 절차가 중요하다. 회사에서 까다롭게 선정한 팔로어를 양질의 콘텐츠로 공략하는 데

기득권을 갖는 것도 어느 정도는 당연하다. 페이스북이나 인스타그램에서 미국의 명품 주방 가전 브랜드 키친 에이드(Kitchen Aid)를 팔로어하는 사람이라면 고품격 부엌 살림에도 관심이 있기 마련이다.

클릭이 팔로어보다 중요하다

회사는 궁극적으로 자기 팔로어들의 이목을 끌어당기는 데 관심이 있다. 지극히 사업적인 관점에서만 본다면 팔로어는 구미가 당기는 사업성 쪽으로 활짝 열린 입구인 셈이다. 구매할 만한 제품이나 여타 제안에 관심을 불러 모으는 것이 목적이다.

무엇보다 게시한 광고를 클릭하는 것이 중요하고, 그중에 특히 '추가 정보', '장바구니에 담기', '즉시 구매' 같은 버튼을 클릭하는 것이 중요하다. 사용자가 그런 버튼을 클릭하면 당신의 콘텐츠에 관심 있다고 고백하는 셈이다. 가장 중요한 첫 단계를 밟은 순간이다.

7차례 접점 규칙을 염두에 두면 소셜미디어 게시글이나 광고는 (대략) 7단계의 판매 과정에서 종종 초기 접점에 해당한다는 점이 분명해진다(페이스북과 인스타그램도 숍스Shops와 같이 사업자가 제품을 노출하여 판매할 수 있는 서비스를 운영하고 있지만, 이것이 회사의 주요 판매 채널인 경우는 드물다).

페이스북과 인스타그램 등은 회사와 제품에 대한 초기 관심을 불러일으키는 일에 아주 능하다. 이 초기 과정에서 클릭해야 관심이 생기거나 고조된다. 그런 다음 '고객 깔때기'를 활용해 고객이 여러 단계를 거쳐 구매하도록 유도하는데, 대개는 웹사이트로 유도한다.

이런 방식을 고민하는 기업은 우선 클릭을 활용하면 비용이 얼마나 들지 알아보는 것이 좋다. 가시성을 고려하는 기업에 가장 중요한 핵심성과지표(KPI) 중 하나가 클릭이기 때문이다.

1차 핵심성과지표: 클릭당 비용

전형적인 소셜미디어 광고 유형에 따른 '클릭당 비용(CPC, costs per click)'을 보자(232쪽 그래프). 클릭당 비용의 가치를 플랫폼이나 광고사, 또는 주제별로 일반화하기는 쉽지 않다. 현실적으로 클릭당 비용이 3~4달러(USD) 수준이면 비싼 편이고, 기업이 어느 정도 효과 있는 광고 캠페인을 동원한다고 할 때 평균 클릭당 비용은 1.72달러이다. 이제 사전 동의를 한 고객은 더 많은 정보를 얻기 위해 페이스북 광고의 관련 버튼을 클릭하게 된다.

클릭당 비용이 분야마다 왜 차이가 나는지 설명하기란 쉽지 않지만 추정해볼 수는 있다. 가령 관광업의 클릭당 비용이 저렴한 것은 어쩌면 여기저기 '떠돌던' 고객이 우연히 들어가는 주제이기 때문이다. 여행은 관광업에 곁달린 활동으로 고객이 혹할 수밖에 없는 주제이니만큼 당장 구매하지 않더라도 클릭은 많이 한다.

한편 금융은 비교적 클릭당 비용이 높은 편이다. 금융 관련 주제는 수익과 관련된 것이므로 경제적인 면에서 바로 광고주의 구미를 당긴다. 아무튼 고객은 여기에 돈을 투자할 것이며, 따라서 많은 돈이 이들 비즈니스 모델 주변으로 흘러들 것이다. 이런 점을 기업이 모르지 않으며, 더욱이 이윤이 어느 정도 나는지도 안다. 일단 판매

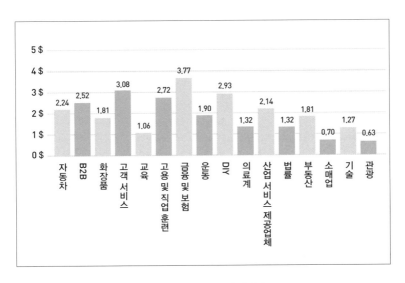

페이스북의 클릭당 광고비. 주제별 비용은 천차만별이다.

출처: 워드스트림(WordStream, 온라인 광고업체) 자료에 근거한 도표 원본[3]

되면 고수익이 예상되는 과정에 자금을 투입하지 않을 수 없다.

아울러 수익이 확실한 시장에서는 순식간에 경쟁도 치열해진다. 따라서 마케팅 예산을 높이고, 결국은 클릭당 비용도 높여야 경쟁에서 치고 나갈 수 있다.

다양한 클릭당 비용을 분류하려면 이윤과 경쟁을 활용하면 된다. 이윤과 경쟁은 다른 모든 비즈니스 모델을 구분하는 데도 활용된다. 일례로 운동은 경쟁은 치열하지만 이윤이 낮은 편이어서 클릭당 비용도 낮다.

조금 낮아 보이는 부동산 분야의 클릭당 비용은 흥미로운 질문을 하나 더 던진다. 부동산은 경쟁이 치열하고 이윤이 높은데도 클릭당 비용이 왜 낮을까? 페이스북에서 부동산 관련 주제에 관심을 보이다가 곧바로 주택을 구매하지는 않기 때문이다. 부동산 구매란 일생일대의 높디높은 목표이니 말이다. 그러므로 부동산 중개업소는 페이스북을 초기 가시성을 창출할 수 있는 원동력으로 보기 힘들다.

무엇보다 기업은 마케팅에 필요한 현실적인 선택지인지, 좋은 성과를 낼 수 있을지 고려한 다음 클릭당 비용을 산출해야 한다. 클릭당 비용이 상당히 높고, 콘텐츠도 잠재 고객과 무관하거나, 전체 광고 캠페인도 충분히 최적화하지 못한 채널은 부적절하다.

클릭당 비용은 왜 그렇게 중요할까? 스마트 가시성의 가장 중요한 척도인 관련성 기준이 단 한 번의 클릭으로 실현되기 때문이다. 고객은 관련성이 있어야 페이스북 광고를 인식한다. 관련성은 엄청나게 많은 잠재 수신인을 관심 많은 고객으로 바꾼다. 자신과 무관한 콘텐츠에는 아무도 클릭하지 않기에 클릭당 비용은 특히 양질의 가시성을 나타내는 가장 중요한 지표이다.

클릭당 비용은 관련성을 상징하고 기업은 클릭당 비용으로 관련성을 가늠할 수 있다. 광고나 콘텐츠의 가시성 덕에 광고 버튼을 클릭하는 잠재 고객이 많은 거라면, 클릭 수는 해당 주제의 관련성이 고객의 요구에 부합하는 정도를 나타낸다. 따라서 클릭당 비용은 소셜미디어는 물론 기업의 중요한 핵심성과지표 중 하나이다.

고객이 광고를 클릭하는 것은 마치 매장 문에 달린 작은 종이 울리는 것과 같다. 문이 열리고 잠재 고객이 안으로 들어온다. 그다음은 실제 매장에서 이루어지는 판매 과정과 비슷하다. 관심이 없다면 매장에 아예 들어오지도 않을 테니 말이다.

이제는 고객을 유도하는 문제만 남았다.

슈퍼마켓에서 줄줄이 늘어선 선반에 수없이 진열된 제품을 지나치지 않고는 계산대에 이르기 어려운 것처럼, 고객이 클릭한 순간부터 계속해서 그들을 유도할 수 있다.

회사는 고객이 구매 결정을 내리는 데 추가 정보가 필요하지 않은지 인터넷상에서 물어볼 수도 있다. 영리한 회사는 고객들이 걸핏하면 제기하는 문제들이 무엇인지, 그런 문제가 조금만 있어도 고객의 의사 결정이 어려워진다는 점도 파악한다. 그래서 고객이 소위 '예상된 이의'라고 하는 문제를 고민하거나 회사에 제기하기 전에 적합한 대답을 내놓는 데 마케팅을 집중한다.

고객에게 제시한 관련성 약속은 이미 지켜졌고, 이제 클릭 한 번이면 잠재 고객이 되므로, 클릭 이후에는 고객의 구매 결정이 빠르게 진행된다. 무의미한 가시성이 광고에 힘입어 가치 있는 가시성으로 전환되었다.

클릭당 비용을 같은 단위로 비교할 수 있다면 회사의 마케팅 전반에 도움된다. 우선 클릭은 관련성 약속이 실현되었음을 보여주는 명확한 지표이기에 이런 클릭이 일어나는 시점을 확인해야 한다.

클릭 매개변수는 잠재 고객과 소통이 효과가 있다는 것을 입증한다. 이는 클릭당 비용이 중요하고 계량이 가능한 마케팅 목표라는 것을 의미한다.

이런 생각을 따라가다 보면 도달 마케팅이 성과 마케팅으로 전환된다. 명확한 핵심성과지표 덕분에 어떤 성과라도 항상 목표로 삼을 수 있다.

미터법으로 측정되는 마케팅은 검토를 거쳐 최적화될 수 있고, 목표 달성뿐만 아니라 고객과의 소통 및 내부 소통도 모두 개선한다. 가령 "우리 클릭당 비용이 올라갔어!"라고 하면 회사 내에서도 검토하기 쉽고, 뭔가 계획대로 진행되지 않을 때도 수치를 보고 원활하게 소통할 수 있다. "매출이 떨어졌네. 아무래도 마케팅이 뭔가 잘못됐나 봐!"

2차 핵심성과지표: 고객 정보 수집당 비용

클릭은 매우 중요한 지표이므로 기업은 클릭과 그에 따른 비용을 상세히 알아볼 필요가 있다. 하지만 기업들은 클릭 마케팅을 하지 않고, 판매 과정에서 고객을 유도하는 첫 단계로만 본다.

관례상 두 번째 핵심성과지표는 '고객 정보 수집당 비용(CPL, cost per lead)'이다.

소매점에서 고객이 무언가를 바로 구매하려 하는가, 아니면 그저 둘러보는 것인가? 고객 정보 수집당 비용을 보면 고객이 추가 정보와 접점을 원하는지를 알 수 있고, 디지털에서는 관심을 보인 고객이나 그런 고객의 정보를 리드(lead)라고 한다.

고객들은 전화번호와 주소를 매장에 남기면서 더 많은 정보를 보내달라고 요청할 수 있다. 특히 귀금속 매장이나 자동차 대리점 같은 고가품을 판매하는 매장은 고객에게 제품 관련 책자를 보낸다. 리드는 매장에 발을 들여놓으면서 처음 관심을 보인 고객이 나중에 구매로 이어지기 전까지 잠정적인 단계를 말한다.

오프라인에서 리드가 돌아다니는 것을 가장 많이 볼 수 있는 장소는 토요일 자동차 대리점이다. 고객은 누가 알려줬다기보다 그저 자동차의 최신 모델에 관심이 있어서 기웃거린다. 안내하려는 판매원에게 고객이 보이는 반응은 보통 "그냥 좀 둘러보려고요"이다.

여기서도 핵심은 고객과 접점을 유지해나가는 것이다. 눈치 빠른 판매원이라면 고객에게 명함을 두고 가라고 권할 것이며, 명함 또한 리드이다.

고객들은 명함을 쉽게 주지 않는다(막연히 사고 싶다는 생각으로 그저 한 바퀴 둘러보는 것뿐이기 때문이다). 판매원이 시승하려면 연락처를 남겨야 한다고 말해볼 수도 있다.

이런 행동 양식은 고객이 잠시 들어왔다가 관심이 꽂히는 디지털 세계에서 더 자주 나타난다. 소매점이나 꽃집에서는 시승을 권할 수도, 고객 정보를 수집할 수도 없다. 또한 제품과 비즈니스 모델에 따라 필요한 정보량도 달라서 상담 시간이 긴 과정일수록 리드가 더 필요하다.

온라인에서는 소통이 제대로 이루어지지 않아 많은 고객들이 더욱 의심스러워한다. 매장에는 판매원이 고객들과 소통하고 신뢰도 쌓을 수 있는데 웹사이트는 그러기 쉽지 않다. 매장에서도 고객들은 연락처를 남기는 법이 없다. 디지털 영역에서는 고객에게 뉴스레터를 보내줄 테니 이메일 주소를 남겨달라는 것이 일반적인 관행이다. 때로는 추가 정보나 바우처, 정보 상품을 무료로 제공하겠다는 솔깃한 제안을 적극적으로 권한다.

온라인에서는 종종 소매점보다 더 많은 접점이 필요하다. 매장에서는 바로 제품을 구매할지 말지를 결정할 가능성이 크지만, 온라인에서는 클릭 몇 번만으로 정보를 더 많이 찾아보고 검사 결과지를 읽고, 제품을 비교할 수 있다. 온라인 고객들은 더 많은 정보를 모으기 위해 우선 소셜미디어에서 제품 마케팅을 팔로하거나 뉴스레터를 받아보겠다고 할 수 있다.

비즈니스 관점에서는 오프라인 세계로 이전할 수 있는 리드가 특히 중요하다. 정보와 광고로 고객에게 주도적으로 다가설 수 있는 기회는 늘 가치가 있다. 문제 있는 기업의 위기관리를 전문으로 하는 '기업 컨설턴트(company doctors, 부실기업을 수익성 높은 기업으로 회복시키는 일을 전문으로 하는 비즈니스맨이나 회계사 - 옮긴이)'는 해당 기업이 주요 네트워크 협력사에 얼마나 잘 다가갈 수 있는지 묻는다. 부실한 회사들은 기업의 확실성 핵심성과지표를 무시하기 일쑤다. 말하자면 적극적인 접촉 기회는 기업에 확실성을 심어준다는 뜻이다.

여기에는 공급업체와 하도급업체뿐만 아니라 고객도 포함된다. 고객과 소통 채널을 확보하면 기업의 성공에도 큰 도움이 된다. 디지털 소통 과정에서 리드는 고객과 또 다른 접점이며 향후 접점을 보장하기 위해서라도 우선 활용해야 한다. 고객은 첫 번째 접점에서 제품을 많이 사지 않으므로 계속해서 고객과 원활히 소통해나가는 것이 기업의 책임이다.

오프라인 매장들은 방문하는 고객에게 맞춰갈 때가 많다. 매장 직원들은 고객의 관심을 소극적인 반응으로 인식한다. 아무리 좋은 조언이라도 수용하거나 심지어 귀담아듣는 고객이 소수에 불과하기 때문이다.

따라서 기업이 디지털과 오프라인 소통 과정에서 고객에게 다가설 기회를 개선하려면 리드를 사용해야 한다. 기업은 콘텐츠 마케팅으로 고객에게 정보를 제공하고 문제 해결사로 나서며 다른 경쟁 기업과 차별을 꾀해야 한다. 이런 리드는 고객을 향해 가치 있는 가시성을 선보일 기회이다.

기업은 최우수 고객들을 한데 모아서 '울타리'를 치고 함께 관리할 수 있다. 하지만 페이스북이나 다른 채널에서 팔로어를 키워나간다면 모든 접점이 '빌린 땅'에서 생기는 것이므로 효과가 제한적일 수밖에 없다. 페이스북이 회사 계정을 차단하거나 중단하면 비용을 들여 확보한 고객 정보가 모두 사라진다.

최우수 (잠재) 고객의 이메일 주소나 전화번호 목록과 같은 연락처 데이터는 기업의 자산이다. 이러한 고객 정보를 가지고 상위 판매 단계로도 훨씬 더 쉽게 옮길 수 있다.

3차 핵심성과지표: 판매당 비용

결코 무시할 수 없는 세 번째 핵심성과지표는 '판매당 비용(CPS, cost per sale)'이다. 판매당 비용은 판매가 성사되기까지 들어가는 평균 비용을 말한다. 무엇보다 판매당 비용은 선행 기준이다. 기업은 예측한 투자수익률이 정확했는지 확인하려면 회사의 전반적인 업무를 평가해야 한다.

그러나 우리는 가시성과 마케팅에 중점을 두고 있기에 이런 논리를 뒤집어볼 수 있다. 모든 가시성 단계에서 투자수익률을 정확하게 계산했는지 점검하는 것만으로는 분명하지 않고, 개별 지표(클릭당 비용, 고객 정보 수집당 비용, 판매당 비용)들도 모두 똑같이 측정할 수 있어야 한다.

클릭당 비용과 고객 정보 수집당 비용은 판매당 비용에 꼭 필요하다. 여느 상품처럼 가시성을 구매했는데도 고객이 초기에 관심을 보이지 않는다면, 고객이 애초에 클릭하지 않거나, 매장에 들어오지 않는다면, 이것은 마케팅 병목 현상이다. 고객이 매장에 들어섰지만, 여전히 관심이 없어서 연락 정보를 남기지 않거나 다시 오고 싶어 하지 않는다면, 이것은 다음 병목 현상이다. 이 모든 노력이 판매로 이어지지 않는다면 여기서도 병목 현상이 나타난다.

어떤 회사가 철제 공구를 만든다고 하자. 1천 유로짜리 공구를 생산하려면 100유로어치 철근을 구매해야 한다. 이것은 경제적으로 타당하다. 한 직원이 자체적으로 원자재인 철근도 만들어보자는 안건을 낸다. 하지만 그 회사는 원자재를 만들어본 적도 없고, 소량의 원자재만 필요하므로 생산 단가가 비싸다. 필요한 철근 양을 포함하니 생산비만 1천 유로가 훌쩍 넘는다.

회사가 자체 제작한 철근을 시가(100유로)로 계산한다면 생산비는 경제적으로 보인다. 이때 회사가 잘못 판단한 것은 엉뚱한 핵심성과지표를 사용하고 세부 공정을 간과하고 있다는 점이다.

이와 마찬가지로 회사는 매출을 창출하는 예비 단계들도 살펴보고 핵심성과지표와 각 하위 단계를 기반으로 고려해야 한다.

가치 있는 가시성을 위한 기준

관련성, 권위, 스토리텔링을 무시하는 가시성은 가치가 없다. 그렇다고 가시성에 돈이 안 들어간다는 말은 아니다. 가시성에도 돈과 시간과 에너지가 들어간다.

기업은 제품과 서비스를 제공하려면 가시성을 창출해야 한다는 것을 알고 있다. 그렇기에 가시성을 추가 매출로 전환하는 방법을 모르면 가시성을 최대한 많이 창출하려고 한다. 이 지점에서 학습 곡선(학습 회수를 반복하면 일정 시간 이후 효과가 발현되다가 이후로는 그 이상의 성과가 나타나지 않는 현상 - 옮긴이)이 나타난다.

구글, 유튜브, 페이스북, 신문, 영화, 팟캐스트 플랫폼은 가시성 채널이다. 단기적으로 이런 채널들은 기업이 신규 고객 확충을 광고로 하든 홍보성이 떨어지는 콘텐츠로 하든 관심이 없다. 이런 채널에 고객의 관심을 끄는 가시성을 구축하려면 광고사에 비용을 치러야 한다. 이 점이 바로 구글과 페이스북을 세계에서 가장 가치가 높은 기업으로 우뚝 서게 만든 방식이다.

반면 플랫폼들은 장기적으로 자사 채널을 통한 기업의 고객 확보에 관심이 많기 때문에 계속해서 기업이 마케팅 예산을 투입하도록 동기부여를 한다. 기업이 어떤 채널을 통해 신규 고객이 유입되었는지 정확히 모른다는 자체만으로 각종 채널에 마케팅 예산을 투입할 동기가 생긴다. 신문에서 제품 관련 정보를 얻는 고객도 있다는데 하는 식으로 추가 투자를 하는 것은 사업을 무턱대고 운용하는 것이나 진배없다.

그래도 최대한 많은 채널에서 가시성을 창출하면 적기에 적절한 상품으로 적절한 고객에게 다가갈 가능성, 달리 말해 새로운 고객을 확보할 가능성이 커진다.

하지만 이것은 기본적으로 채널을 망라해 산란 마케팅이 확대된 것뿐이다. TV에서 개 사료를 광고한다고 해도 100만 명에 달하는 고양이 주인은 개 사료를 살 일이 없다. 규모를 키워 라디오, 신문, 팟캐스트, 인스타그램 등에서 수많은 고양이 주인과 일부 개 주인에게 광고한들 마찬가지다.

부실하거나 별 볼일 없는 가시성을 여러 채널로 확대해봤자 부실한 가시성만 늘어날 뿐이다.

채널을 바꾸면 산란 마케팅에도 당연히 변화를 가할 수 있다. 이쪽 채널에서 제품을 구입하는 고객은 저쪽 채널에서도 구입할 가능성이 크다. 사실 같은 정보를 다른 채널에서 제시하면 색다른 느낌이 들어서 구매 욕구가 생길지도 모른다.

그러나 복권 판매자처럼 손님이 당첨금은 바로 가져가도 복권 용지는 그대로 남겨두면 더 좋을 것이다. 가시성과 도달률은 투자수익률과 별개로 항상 돈이 들어가니 핵심성과지표인 클릭당 비용, 고객 정보 수집당 비용, 판매당 비용을 산출해야 이것을 근거로 사업성과 관련한 가시성을 평가할 수 있다.

채널마다 비용, 수익률, 회사와의 적합성, 제품, 문제 솔루션, 비즈니스 목표가 다르다. 한 회사에서는 돈 낭비로 손꼽히던 것이 다른 회사에서는 스마트 가시성의 핵심이 될 수 있다. 그러니 미리미리 의사 결정도 하고 우선순위도 정해야 한다.

다음은 가시성 창출에 필수적인 기준 목록이다.

- 스마트 가시성의 3가지 축을 지원한다.
- 가시성을 제품에 맞춰서 조정한다. 예를 들어 설명이 필요하거나 값비싼 제품은 가시성이 더 많이 필요하고 콘텐츠도 깊이가 있어야 한다.
- 고객에게 어느 정도 도달하면 그에 따라 점점 이익이 생겨서 장기적인 효과로 발전하기도 하고 저절로 지속되거나 늘어난다.
- 가시성을 산출할 때는 양호한 비용편익을 고려한다.
- '원인과 결과' 원칙을 항상 그대로 고수하지는 못하더라도 목표는 명확하게 설정한다.
- 핵심성과지표인 클릭당 비용, 고객 정보 수집당 비용, 판매당 비용을 취합하여 산출한다.

기업은 마케팅할 때 모든 채널을 고려하는 경향이 있다. 하지만 모든 채널이 기업의 필요조건에 부합하지 않는다는 점을 잘 안다. 모든 채널을 적극적으로 활용하면 시간과 자원이 지나치게 많이 사용된다는 것도 안다. 또한 이렇게 많은 콘텐츠와 콘텐츠 마케팅에 들어가는 비용을 감당하기 힘들다는 것도 안다. 그런데도 각각의 채널이나 모든 채널을 아우를 만한 적절한 전략이 무엇인지 판단하지 못한다. 이렇게 되면 가시성에 대해 낙관주의보다 불확실성이 조성되거나 그저 희망에 기댄 마케팅이 진행된다.

개별 마케팅 전략이 수많은 비즈니스 성공으로 이어지기를 희망하면서 통제가 안 될 정도로 많은 채널을 활용하는 '희망 마케팅'은 사실상 일반적인 관례이다. 그러나 희망은 절대 마케팅 계획이 아니다. 기업은 자사의 마케팅 성공을 명확하게 측정하여 특정 가시성 채널을 선택할 수 있는지 (적어도 최선을 다해) 파악해야 한다.

단기 가시성이냐, 장기 가시성이냐

가시성 창출의 필수 기준 목록에 부합하려면 가시성이 장기 혹은 단기용으로 설계되었는지 확인해야 한다.

인스타그램은 전형적인 단기 가시성이다. 인스타그램에서는 콘텐츠나 유료 광고가 끊임없이 다른 콘텐츠와 경쟁을 벌인다. 그러므로 사용자의 관심 창이 비교적 작다. 정보 사용자와 정보 발신자는 그냥 쓱 훑고 지나갈 뿐이다.

인스타그램은 다른 일을 보다 가끔씩 슬쩍슬쩍 들여다본다. 그러면 사업가는 어떤 유형의 가시성에 순간적으로 몰입할지 어느 정도 파악할 수 있다.

장기 가시성은 (족히 1시간가량 진행되는) 팟캐스트나 책이다. 사용자들은 심도 있는 내용을 담은 콘텐츠에 더 많은 시간을 할애하며, 화자나 저자가 콘텐츠에서 어떤 논리를 전달하려는지 깐깐하게 따라간다.

그러나 이런 고객의 관심, 한마디로 더 높은 수준의 가시성에 진입할 수 있는 문턱은 훨씬 높다. 팟캐스트 한 편을 다 들을 시간이 있을까? 주제가 같은 책들을 모조리 다 읽는 사람이 있을까?

통계를 보면 책장에 책이 50권도 꽂혀 있지 않은 독일인이 57%나 된다고 한다.[4] 아무리 장기적인 가시성이라도 기업이 도달하기 힘들면 아무 소용 없다. 더구나 자사 제품으로 가는 엄격한 경로를 책이나 팟캐스트 같은 매체로 구축할 수 있는 회사도 많지 않다.

노숙자이자 마약 중독자였으나 길고양이 밥을 만난 이야기를 책으로 써서 인생 역전한 영국 작가 제임스 보웬(James Bowen)은 ≪밥이 들려주는 세상(The World according to Bob?)≫으로 무엇을 팔려고 했을까? 고양이 사료는 아니었을 것이다. 책 한 권으로 어떻게 유통 경로가 생기겠는가.

전통적인 방식으로 판매해볼까 해도 책으로 이런 판매 경로를 따라가기란 번거롭다. 이럴 때는 인스타그램이 적절하다. 10억 명에 달하는 전 세계 인스타그램 사용자들이 하루에 35억 개의 '좋아요'를 누른다는 사실을 환산하면 특정 정보나 제품에 하루 3.5번의 관심을 표하는 셈이다.

게다가 '지금 구매하기' 버튼은 인스타그램에 쉽게 게시할 수도 있다. 이처럼 가시성, 관심, 이해에서 바로 구매로 이어지는 경로는 매체의 전환을 일컫는 이른바 '매체의 불연속' 없이 나타난다. 이렇게 고객은 자신의 스마트폰이나 컴퓨터를 고수한다. 책은 이런 경향이 덜하고, 심지어 팟캐스트는 아예 예외일지도 모른다.

그러나 인스타그램의 가시성은 빨리 나타나는 만큼 빨리 사라진다. 페이스북이나 인스타그램 광고 계정에 직업을 입력하면, 인스타그램은 10분이면 당신을 하나의 광고로 구축하여 24시간 이내에 수만 명의 사람들에게 도달한다.

이런 광고는 구조와 쓰임새에서 인스타그램과 비교되는 페이스북의 평균 게시물과 비슷하게 시청 시간이 단 1.7초이다.[5]

한편 책은 저자와 독자 모두에게 많은 것을 요구한다. 이런 콘텐츠를 즐기려면 상당한 시간을 할애해야 한다. 사실 책과 인스타그램을 비교하기란 불가능하다. 책은 인스타그램과 상당히 다른 영향을 미치고, 전개 방식도 다르고, 주제도 더욱 심도 있게 파고든다.

책은 고객과 공급업체가 몇몇 접점을 거치며 서로 신뢰를 쌓아가는 과정을 대체할 수 있다. 고객은 책을 통해 저자와 공급업체들이 무슨 이야기를 하고 있는지, 그들이 제품과 서비스를 제공한다면 고객의 문제를 해결하는 데 적임자라는 사실을 안다.

그러나 책은 인스타그램보다 많은 사람들에게 도달할 가능성이 훨씬 더 적다. 게다가 책은 원고를 집필하기도 힘들고 자세하고 꼼꼼하게 제작해야 한다는 부담이 있다.

그렇다면 인스타그램과 책 중에 어떤 채널이 더 유리할까? 두 채널의 가시성 모두 전략적이고 실용 측면에서 장단점이 있다.
각각의 사례에 어떤 채널이 더 잘 맞을까?
인스타그램처럼 변동성은 크고 콘텐츠가 부족하며, 쉽게 대체되는 등 걸림돌은 있지만, 단기적이고 목표 지향적이며 에너지가 높은 가시성이 더 나을까?
아니면 책처럼 많은 공을 들여야 수신자에게 도달하는 장기적인 가시성이 나을까?
더 좋은 방법은 한 모형의 장점을 잘 활용해 다른 모형의 단점을 불식시키는 것이다.

초기의 관심을 장기적인 관심으로

단기 가시성은 초코바와 같다. 에너지 넘치고 소비하기 쉬우며 상당히 끌린다. 당 에너지는 인체에 쉽게 흡수되는 만큼 빠르게 고갈된다. 인스타그램 광고도 몇 초만 봐도 바로 이해되지만, 직접적인 관련이 없으면 쉽게 잊혀진다.

반면 긴 사슬 형태의 탄수화물은 책이나 팟캐스트와 같다. 인체는 탄수화물을 분해할 시간이 필요하며, 저장된 에너지를 조금씩 천천히 사용하면서 더 오래도록 혜택을 누릴 수 있다.

페이스북은 한 차례 유료 광고를 통해 분명한 정보와 광고를 고객에게 빠르고 정확하게 전달할 수 있다. 잠재 고객들은 자신의 페이스북 피드를 쭉 내려보다가 광고를 마주치게 된다. 이때 고객은 빠르게 훑어보면서 과연 광고의 전반적인 내용이 자신의 관심사인지 판단한다.

자신과 관련된 것이라면, 고객은 관심을 보이며 화면을 오래 쳐다볼 것이다. 고객은 관심으로 그치지 않고 더 많은 정보를 원하고, '좋아요'를 보내며, 최상의 경우에는 그 제품을 살 수 있는 방법을 찾아본다. 고객은 공급자의 소셜미디어 채널이나 웹사이트를 확인해볼 것이다. 마케팅 차원에서 바람직하고 빠르고 힘이 넘친다.

페이스북에 광고만 할 생각이면 회사의 페이스북 프로필이나 연결된 웹사이트가 고품질의 정보를 제공하든 안 하든 별 차이 없다. 페이스북은 고객들이 광고를 인지하는 만큼 수수료를 받고 이후로도 계속 클릭하기를 바란다. 이것이 페이스북의 비즈니스 모델이다.

하지만 방금 관심을 가지고 충동구매를 느낀 페이스북 사용자들은 이를 전혀 개의치 않는다. 초기 에너지(관심)가 초코바 역할을 하기 때문이다. 처음 충동구매를 느꼈지만 정보, 방향성, 확실성이 부족하다면 일종의 '저혈당증'을 겪게 된다. 회사 서비스에 대한 고객들의 관심은 폭발하지만, 구매 방법을 알려주는 힌트는 별 볼일 없기만 하다. 서로 상충하는 제안, 정보 및 추가 안내에 대한 실망스러운 검색은 인슐린 수치가 최고치에 이르렀다가 다시 떨어지는 것이나 마찬가지다.

탄수화물처럼 사람들이 더 오랫동안 포만감을 느낄 수 있는 양질의 정보를 추가해서 일단 신뢰를 얻고 방향성을 제시해서 고객을 상품으로 이끌어야 한다.

웹사이트와 소셜미디어 프로필의 참고 자료나 책에 대한 설명을 보고 유명 출판사에서 출판된 책이거나 업계에서 알아주는 팟캐스트에 저자가 출연했다는 이력을 알게 되면 고객은 안심할 수 있다. 어쩌면 고객은 아직 아무것도 구매하고 싶지 않거나, 어쩌면 우선 그 책을 다 읽거나, 팟캐스트 에피소드를 전부 들어보고 싶을 수도 있다. 그러고 나면 고객은 마음 놓고 제품을 구매해도 좋다고 생각한다.

오늘날의 고객들은 정보에 훤하고 공급자가 어떤 의도인지도 충분히 파악한다. 고객은 특히 홍보 콘텐츠를 별로 좋아하지 않기 때문에 페이스북 광고에서 말하는 주장들이 별다른 노력 없이 만들어진 것임을 직관적으로 알고 있다.

하지만 고객은 출판사가 같은 주제의 책을 출간하기까지 훨씬 더 많은 노력이 들어간다는 것도 알고 있다. 타당성 있는 주제를 가지고 웹사이트를 정교하게 설계해서 주제를 일관되게 보여주려면 얼마나 많은 공을 들여야 하는지도 알고 있다. 책이든 웹사이트이든 참고 자료, 추천, 확인된 사실, 이해하기 쉬운 구조, 일관성 있는 내용 등은 고객에게 좋은 인상을 남기고 장기 가시성을 생성한다.

고객은 또한 1시간 분량의 팟캐스트가 잠시 깜박이는 페이스북 광고보다 훨씬 더 밀도 높은 정보를 제공한다는 것을 안다.

따라서 아무리 좋은 인스타그램 게시물이라 해도 굳이 책과 대조할 필요는 없다. 책을 만들려면 엄청난 노력이 들어가기 때문이다. 분명한 것은 빠르고 기민한 마케팅에 권위가 실리는 경우는 거의 없고, (장기적으로 효과 있는) 권위와 신뢰를 구축하는 데는 많은 시간과 지구력이 필요하다는 점이다.

인스타그램 게시물이나 그와 유사한 단기적이고 빠른 정보도 종종 책과 비슷한 기능을 할 수 있다. 그러려면 장기적인 효과를 염두에 두고 이런 게시물을 만들고 관리할 필요가 있다.

고객이 페이스북이나 인스타그램 광고를 보고 웹사이트를 방문해서 회사와 제품에 대한 단기적인 관심이 장기적인 관심으로 바뀌려는 시점에 뉴스레터가 도움이 될 수 있다.

이메일 뉴스레터는 고객과 공급업체 모두에게 득이 된다. 고객은 무료 정보를 계속 받을 수 있고 (훨씬 더 중요하게는) 구매 의욕을 끌어당기는 추가 제안을 받는다. 공급업체는 고객이 받아들일 수 있는 선에서 구매에 도움이 될 만한 제안들을 할 수 있다.

또는 인스타그램 홍보물을 본 고객이 구매 페이지 링크를 클릭하는 게 아니라 더 많은 정보를 얻고자 소셜미디어 채널의 회사 프로필이나 유튜브의 회사 설명을 먼저 찾아보는데, 거기서 콘텐츠가 드디어 빛을 발할 수 있다. 고객은 정보나 광고를 누가 제공하는지 알고 싶어 한다.

우선 고객이 회사를 팔로할 수 있으며, 여기까지는 문턱이 낮다. 고객은 회사로부터 정기적으로 정보를 받아서 제품을 제대로 파악하고 천천히 신뢰를 쌓고 싶어 할 수 있다.

이런 식으로 빠르고 에너지 넘치는 가시성이 고객에 대한 장기적이고 흥미가 지속되는 가시성으로 바뀔 수 있다. 고객이 반복적으로 작은 자극을 받겠다고 동의하면 이 또한 장기적으로 영향을 미친다.

이 아이디어는 성공적인 인스타그램 채널에서 종종 볼 수 있다. 특히 인플루언서는 짧은 게시물로 하나의 채널에 그 많은 팔로어를 단단히 묶어둔다. 인스타그램에 게시된 콘텐츠가 유료(후원받은)이든 무료이든 여느 광고 못지않게 빠르게 사라지지만 말이다.

하지만 고객 지향의 권위와 좋은 이야기를 기본적으로 구축하겠다는 장기적인 약속이 반드시 있어야 한다. 거기서부터 각각의 사례에서 콘텐츠와 제품에 대한 관련성을 높일 수 있다. 스마트 가시성의 3가지 영역은 이렇게 채워진다.

채널은 그들의 팔로어와 관련성이 높은 양질의 장기 콘텐츠 마케팅에 관여한다. 이처럼 권위와 스토리텔링이 큰 성과를 낼 때 제품 제안은 효과를 발휘할 수 있다.

유익하고 가치 있는 방식으로 고객에게 가시화되고 관련성, 스토리텔링, 권위 3가지 축을 잘 활용하는 기업은 사업 목적에 맞춰 신속한 가시성을 현명하게 사용할 수 있다. 그러면 가시성이 특별한 힘과 효력을 발휘한다.

신속한 가시성이 관련성뿐만 아니라 권위도 부족하여 고객이 과장된 홍보에 불과하다고 의심할 때마다 회사는 고객과 적절한 접점을 찾아 강력한 권위를 지닌 제품을 제안해볼 수 있다.

고객은 장기 가시성을 통해 회사의 장점뿐만 아니라 본인들이 오랫동안 보아온 회사 제품과 결부된 특징도 알고 있다. 하지만 미심쩍을 때 고객에게 도달할 수 있는 유일한 기준은 관련성뿐이다.

그리고 나서는 적시에 작은 디지털 구매 충동을 주는 것으로 충분하다. 인플루언서는 정확히 이런 논리로 제품을 카메라 앞으로 가져가 구매를 추천한다. 더 이상 장기 가시성으로 통합되지 않는 신속한 인쇄 마케팅이 해낼 수 없는 무언가가 여기서는 성공할 가능성이 크다. 인플루언서가 이런 가시성을 생성해내기 때문에 회사로부터 높은 보수를 받는다.

장단기 가시성을 현명하게 버무리는 것이 중요하다. 두 가시성 모두 추적하기 어렵지 않다. 고객의 긍정적인 반응을 끌어내는 콘텐츠와 채널은 잠재 고객의 반응이 시원찮은 콘텐츠와 채널만큼이나 빨리 찾아낼 수 있다.

고객 유지냐, 구매 충동이냐?

기업은 콘텐츠나 마케팅을 고객에게 제시하고 싶은지 결정해야 한다. 콘텐츠는 고객을 머물게 하고, 마케팅은 고객이 뭔가를 사게 만든다.

물론 기업은 고객을 마케팅 대상으로 삼아서 그들이 기꺼이 뭔가를 구매하도록 유도하고 싶어 한다. 하지만 단순한 광고성 콘텐츠에는 고객이 쉽게 마음을 열지 않는다. 따라서 대다수 기업은 자체 콘텐츠 마케팅 부서를 두고 고객에게 특정 주제를 인식시키거나, 해당 주제와 연관된 기업의 역량을 부각하는 콘텐츠를 무료로 고객에게 제공한다. 이렇게 하면 고객을 자연스럽게 머물게 하다가 제품으로 쉽게 유도할 수 있다. 고객은 좋은 이야기가 전개되면서 권위가 쌓일수록 구매하고 싶은 마음이 생긴다.

충성도와 구매 충동이라는 양극단 사이에서 펼쳐지는 광고와 콘텐츠 간의 복잡한 게임은 시장 상황과 고객, 제품 등 여러 요소의 영향을 받는다.

시장 점유율이 상당히 높은 기업은 고객에게 브랜드 가치를 보여주기 위해 홍보성이 덜하고 고객에게 어떤 행동을 요구하지 않는 광고를 제작한다. 기업이 시장 점유율을 높이거나 새로운 시장을 창출하는 일은 여간 힘든 게 아니므로 자사의 시장 지위를 그대로 유지해야 한다. 브랜드에 덧붙이고 싶은 핵심 가치를 스토리텔링을 통해 전달하면 고객은 브랜드를 깊이 이해하게 되므로 브랜드 자체도 스토리텔링에 우선순위가 밀린다.

예를 들어 코카콜라는 젊음과 역동성을, 메르세데스 벤츠는 격조 있는 사치를 대변한다. 그러나 레모네이드나 특정 자동차 모델의 구매를 유도하는 구체적인 방법이란 없다. 이런 브랜드는 딱히 구매 충동을 느끼지 않고도 눈에 들어오기 마련이다. 고객은 자신이 좋아하는 브랜드를 기억하는 경향이 있어서 브랜드를 .정기적으로 적당히 눈에 띄게 하면 된다.

인플루언서를 활용해 직접 구매를 추천하지 않으면서도 제품을 띄우는 회사들도 있다.

2가지 정보 설계 방식에서 관련 콘텐츠와 충성도 높은 고객은 수없이 생성되지만, 구매를 자극하는 경우는 별로 없다.[6]

유료와 무료, 어느 쪽이 더 좋을까?

유기적 콘텐츠 혹은 비유기적 콘텐츠 문제는 소셜미디어의 게시글과 밀접한 관련이 있다. 하지만 사실은 기업이 내보내는 정보를 어떤 형태로 광고할 것인지보다는 페이스북, 구글 등에 정보 유통의 대가를 지급할 것인지, 아니면 돈을 들이지 않고 자체 프로필과 피드로 고객에게 도달할 것인지를 고민해야 하는 문제이다.

유기적 콘텐츠는 기업이나 개인이 게재한 콘텐츠의 유통에 돈을 쓰지 않는 것이고, 비유기적 콘텐츠는 회사가 가시성을 확보한 대가로 플랫폼 업체에 돈을 내는 것이다.

소셜미디어에서는 2가지로 구별한다. 궁극적으로 모든 매체에는 유기 및 비유기적 콘텐츠가 모두 존재한다. 일례로 텔레비전 시리즈는 유기적 콘텐츠로서 비유기적 콘텐츠인 광고가 나올 때마다 중단된다. 여기서도 영화와 TV 프로그램에는 이른바 간접광고라는 혼합 유형이 존재한다.

고객 유지와 구매 충동은 다음과 같은 용도로 쓰인다. TV 방송에 나오는 시리즈물, 영화, 쇼, 뉴스 등의 콘텐츠는 궁극적으로 시청자를 유지하는 게 목적이다. 따라서 광고로 구매 충동을 불러일으키려는 광고업체는 시청자 수로 산출하는 고객 유지율에 솔깃해한다.

TV 광고를 하는 회사들은 TV 방송국이 시청자를 위해 제작하는 많은 콘텐츠로 생성된 고객 유지율을 활용하고 싶어 하는데, 그러려면 TV 광고료를 지불해야 한다.

가시성의 이중 세계

유기 및 비유기적 마케팅, 고객 유지와 구매 충동의 논리는 특히 구글과 유튜브의 지주회사인 알파벳과 페이스북, 인스타그램, 왓츠앱의 지주회사인 메타의 이중 세계에서 관찰할 수 있다.

기업은 플랫폼마다 콘텐츠 마케팅과 단순한 홍보 콘텐츠 사이에서 자신의 위치를 어떻게 설정할지 결정하고 그에 따른 결과도 파악한다. 세계 최대의 동영상 검색엔진인 유튜브는 개인 채널을 열고 영상 원본을 게시할 수 있다. 이런 영상들은 유기적 콘텐츠로 업로드되므로 모든 관계자(창작자나 사용자 모두)에게 무료이다.

이런 영상에 창작자의 제품을 구매할 수 있음을 은근히 내비치는 흥미로운 정보가 포함되어 있다면 그게 바로 콘텐츠 마케팅이며, 이것도 무료이다.

하지만 채널을 새로 개설하면 아직 아는 사람이 없으니 영상을 본 사람도 없다. 유튜브 사용자는 특정 검색 키워드로 이런 영상들을 찾아낸다. 이런 키워드는 구글 검색엔진 키워드와 비슷하게 작동하므로, 우연히 나타나는 것처럼 보인다.

그런 우연성은 비유기적 유료 콘텐츠로 조성되기도 한다. 이런 취지로 올리는 영상은 다른 영상들이 나오는 동안이나 그 전후에 광고 형태로 제시된다. 지금은 홍보성 영상들이 조금 편리하게 다른 사람들의 콘텐츠에 링크로 걸려 있지만, 여기서도 콘텐츠와 마케팅은 서로 밀접하게 연결되어 있다.

구글의 검색엔진도 비슷하게 작동한다. 관련 콘텐츠의 주요 출처는 웹사이트이다. 하지만 평가 플랫폼, 블로그, 궁극적으로는 페이스북과 인스타그램 등과 같은 플랫폼이 제공하는 콘텐츠뿐 아니라 유튜브 영상도 주요 출처가 된다.

인터넷에서는 콘텐츠가 종종 웹사이트에 내걸린다. 구글은 이런 웹사이트를 살펴보고 관련 콘텐츠에 맞는 웹사이트인지 분석하여 자사 플랫폼 사용자에게 상응하는 검색 결과를 제시한다. 검색 결과 페이지에 찾고 있을 만한 콘텐츠를 일부 올려놓으면 그것을 찾는 사람의 눈에 띈다.

그러므로 웹사이트 콘텐츠는 유기적 콘텐츠이다. 수백만에 달하는 구글의 검색 결과에서 자신들을 우선시하길 원한다면 유료 광고를 하면 된다. 대개 수많은 키워드 검색 결과 목록에서 두세 번째까지는 스폰서 링크이다.

페이스북은 이런 점에서 인스타그램의 작동 방식을 그대로 보여준다. 사용자들은 영상이나 문자, 사진 같은 유기적 콘텐츠를 수없이 생산하여 친구와 팔로어에게 보여준다. 기업도 이와 똑같이 그들을 팔로하는 사람들에게 콘텐츠를 보여줄 수 있다. 게다가 소위 광고로 만들어지는 비유기적 콘텐츠는 친구와 팔로어의 한계를 뛰어넘는 가시성을 창출한다.

가시성을 구매해서 새로운 팔로어 끌어들이기

유기적 콘텐츠를 제공하는 업체는 잠재 고객에게 보여주는 데 광고비를 쓸 필요가 없다. 유기적 콘텐츠와 치밀하게 계획된 콘텐츠 마케팅으로 새로운 목표 집단에 도달할 수 있다. 하지만 어느 정도 한계도 따르는데, 그럴 때는 마케팅 비용이 들어가는 비유기적 콘텐츠로 극복하면 된다.

구글의 한계는 개인 웹사이트가 검색 결과 첫 페이지에 올라갈 가능성이 높지 않다는 사실이다. 첫 페이지 이후에 나타나는 모든 검색 결과는 상당히 불리하고 거의 눈에 띄지도 않는다. 페이스북도 새로운 팔로어를 확충하려는 용도로 가시성을 구매하는 선택지를 제공한다.

기업은 팔로어에게 24시간 내내 콘텐츠를 보여주기를 바란다. 아무튼 팔로어들이 친구나 자신들이 팔로하는 기업이 올리는 게시물은 빠짐없이 본다는 것이 바로 페이스북 본연의 논리다. 팔로어 증가를 유기적이고 무료이며 안전한 마케팅의 핵심으로 활용하는 것보다 더 확실한 전략이 있을까? 하지만 안타깝게도 알고리즘이 이것을 방해한다.

페이스북이라고 해서 모든 사용자에게 세상에 나와 있는 모든 콘텐츠를 보여줄 수는 없다. 수없이 많은 사용자, 회사, 친구, 기관 및 광고업체가 다른 콘텐츠 및 광고 제작자들과 앞다퉈 콘텐츠를 내놓기 때문이다.

따라서 페이스북 알고리즘은 관련성에 따라 콘텐츠를 분류한다. 페이스북 사용자가 어떤 회사와 더 자주 교신하고, 콘텐츠를 공유하고 댓글을 달면, 다른 사용자들도 해당 회사 콘텐츠를 더 많이 보게 될 가능성이 그만큼 커진다.

이런 가능성은 비슷한 기준에 따라 안타깝게도 부정적으로 바뀔 수도 있다.

가시성에 투자한 만큼 수익이 나와야 한다

가시성의 투자수익률(ROI)은 투자에서 수익률에 이르는 경로가 매우 길어서 매번 확인할 수 없다는 것이 문제이다. 그래서 대부분 가시성 예산을 정해진 매출에 맞게 정확히 할당할 수 없다.

이와는 달리 현장에서 뛰는 영업사원은 특히 정해진 구역 내에서 마케팅 전략이 얼마나 효과를 거뒀느냐에 따라 배치되기도 한다. 그들은 특정 구역을 담당하기 때문에 그들의 급료와 기타 비용은 담당 구역에서 체결된 계약의 매출액으로 상쇄될 수 있다.

어쨌든 이것은 영업사원이 현장에서 계약서에 고객의 서명을 직접 받는 경우에만 해당한다. (영업사원 덕분에 계약에 관심이 생겼을 수도 있는) 고객이 회사의 웹사이트에 접속해 인터넷으로 회사와 계약한다면 계산은 복잡해진다.

그렇다면 디지털 채널과 아날로그 홍보물만 이용하고 현장에서 발로 뛰는 영업사원이 없는 회사는 어떨까? 웹사이트의 투자수익과 다른 마케팅 도구의 투자 수익은 각각 어떨까?

투자수익률을 꽤 잘 계산해주는 채널도 있다. 페이스북 광고는 고객이 장바구니를 비우고 결제하는 지점(소위 '고객 여정')이 어디인지,

또 고객을 그 지점까지 도달하게 하는 데 회사의 비용이 어느 정도 쓰이는지를 추적해서 계산할 수 있다. 이런 계산은 TV 광고나 DM 광고 같은 다른 마케팅 전략에 따른 산란 효과로 인해 훨씬 복잡해진다. 계약이 체결되자마자 고객에게 "어디를 통해서 우리 회사 혹은 우리 제안을 알게 되었습니까?"라고 질문하는 방식으로 직접 추적하는 회사도 있다.

단순히 7차례 접점 규칙 때문에 어떤 접점에서 투자수익을 거두고 어떤 접점에서는 그렇지 않았는지 판단하기 어려울 때도 있다. 또한 이번 접점이 투자수익을 가져다주었는지, 아니면 이전 접점이 투자수익에 영향을 미쳤는지 등을 파악하기도 힘들다. 단지 유료 페이스북 광고 덕분인가? 아니면 페이스북의 무료 콘텐츠를 통해 알게 되었는가? 이 콘텐츠를 편집하는 데 비용은 얼마나 들었나?

이처럼 모든 상황에서 투자수익률을 계산할 수는 없다. 그렇다고 투자수익률을 계산할 수 없는 채널이나 확실한 매출이 나오지 않는 채널들을 모두 무시해도 좋다는 말은 아니다. 특히 7차례 접점 규칙에 따라 이런 채널들도 반드시 고려해야 한다.

인스타그램의 가시성이 잡지의 기사, 박람회 참석 또는 고객 이벤트보다 수익을 올리는 데 큰 역할을 하지 못할 때도 있다. 따라서 이에 대한 접근법으로 3가지가 있다.

첫 번째, 개별 채널보다 자신의 마케팅에 문제가 없는지 파악해야 한다. 고객은 대부분 구매하는 제품이나 회사를 생전 처음 들어본 것은 아니다. 곧바로 투자수익이 나오면(보자마자 구매한 경우) 스마트 가시성의 기회가 어떻게 나타났는지 제대로 파악하기 어렵다.

두 번째, 모든 개별 채널에서 가능한 일관된 메시지를 고객에게 제시해야 한다. 회사와 회사 제품이 내세우는 해결책은 무엇인가? 메시지가 명확해지면 최초의 접점이 어떤 채널에서 이루어졌는지는 덜 중요하다. 접점을 추가할 때마다 구매 충동이 늘면서 새로운 매출이 발생하는 경로가 단축된다.

세 번째, 특정 가시성 채널에 매출을 할당하기 어렵거나 불가능하다고 해서 채널 선택을 마냥 미뤄서는 안 된다. 모든 채널을 사용하면 좋겠지만 비용이 지나치게 많이 든다. 특히 작은 기업은 너무 많은 가시성 채널을 동시에 적절하게 사용할 시간이나 예산이 없다.

한편 회사나 제품에 맞는 채널을 적절히 선택할 수 있다. 회사마다 적합한 채널이 있고 그렇지 않은 채널도 있다. 회사의 제안이 개인과의 거래인 B2C(기업 대 개인, 즉 최종 고객이 개인)에 초점이 맞춰져 있다면 인스타그램이 적합한 채널이다. 회사의 서비스가 기업을 상대로 하는 B2B(기업 대 기업, 즉 최종 고객이 기업)에 특화되어 있다면 링크드인을 가시성 채널로 시작하면 좋다.

콘텐츠를 키트 속에 든 부품으로 생각하라

가시성 캠페인에 활용할 콘텐츠(동영상, 삽화, 오디오 인터뷰, 문자 등)를 제작하려면 비용이 많이 든다. 따라서 이미 보유한 모든 콘텐츠를 모든 채널에서 여러 번 집중적으로 활용하는 것이 유용하다. 그러면 개별 콘텐츠들은 어떤 접점에서든 마음껏 활용할 수 있는 한 벌의 키트로 변신한다.

콘텐츠 제작을 위해 흥미진진한 주인공들과 인터뷰를 진행한다. 인터뷰 영상은 편집해서 나중에 다른 채널에서도 사용한다. 유튜브용으로 제작한 영상을 2차 채널인 페이스북과 인스타그램에서도 활용할 수 있다. 회사와 제품에 대해 좀 더 알고 싶은 고객이 볼 수 있도록 회사 웹사이트에 관련 영상을 올릴 수 있다. 비판적이고 호기심 많은 고객을 위해 다른 고품질 콘텐츠도 함께 올리면 고객 친화적이고 정직하며 투명한 회사라는 평판을 얻을 수 있다.

긴 동영상 원본에서 유달리 명확하고 강력한 메시지가 담긴 부분만 잘라내 짤막한 '스니펫'(snippet, 재사용할 수 있는 소스 코드, 텍스트의 작은 부분을 일컫는 프로그래밍 용어 - 옮긴이)을 만들어 페이스북의 5초 광고 클립처럼 고객의 초기 접점에 사용할 수 있다. 이러한 메시지에 확실히 관심을 표하는 고객들은 페이스북에서 수치화할 수 있으며 두 번째 접점에서 더 많은 콘텐츠를 볼 것으로 기대되기에 웹사이트 링크도 걸어두고 좀 더 긴 클립을 게시해본다.

7차례 접점 규칙을 활용하는 것이 매우 합리적인 방법이다. 짧은 영상 스니펫을 통해 관련성을 우선 점검하고, 관련성이 있다고 판명되면 더욱 흥미로운 접점을 제공해보는 것이다.

용의주도하게 콘텐츠를 제작하면 다방면으로 두루 쓰일 수 있다. 특히 영상을 제작하면서 다른 용도로 쓰일 수 있는지 고민해보고, 오디오 트랙을 부차적으로 활용할 방법도 찾아본다. 팟캐스트를 청취하는 고객들은 오디오 트랙이 또 다른 접점이 되기도 한다. 영상에서 오디오 트랙만 따로 추출하여 MP3 파일로 저장할 수 있다.

콘텐츠를 키트로 보는 이런 모듈식 사고방식은 어떤 마케팅에서나 큰 성과를 낼 수 있다. 특히 서로 다른 많은 채널을 활용할 때 모듈식 사고야말로 스마트 가시성의 전파자라고 할 만하다. 특히 가시성을 제대로 확보할 수 있는 적합한 채널과 콘텐츠를 선택하여 완벽한 고객을 찾는다면 소기업이라도 치열한 시장에서 경쟁력을 기를수 있다.

다음은 제작한 콘텐츠를 다양한 채널에 자동으로 보여지도록 일종의 라이브러리로 변환하는 2가지 도구이다.

캔바(Canva) 다양한 응용 프로그램에 사용할 그래픽 제작 도구이다. 캔바를 사용하면 비전문가라도 마치 전문가가 작업한 것 같은 그래픽을 만들 수 있다. 페이스북, 인스타그램, 전단, 포스터, 웹사이트 슬라이더, 영상 및 프레젠테이션용 고품질 그래픽 등 어떤 프로그램에 사용하든 캔바의 도구함에 있는 템플릿을 활용해 정교하게 디자인할 수 있다. 기본 템플릿에는 이미지와 그래픽 요소뿐만 아니라 적당히 바꾸거나 채우기만 하면 되는 글꼴도 있다.

버퍼(Buffer) 소셜미디어 게시물을 모듈식 부품처럼 제작할 수 있는 제품 중 하나다. 소셜미디어 콘텐츠를 제작하려면 보통 몇 주에서 심지어 몇 달씩 걸리는데, 버퍼를 활용하면 하루아침에 충분히 완성할 수 있다. 콘텐츠를 제작하고 나면 버퍼는 주어진 일정에 따라 자동으로 재생한다. 전문가용은 개별 게시물 성과를 통계로도 보여준다. 이런 기능이 없다면 채널들을 일일이 확인해가며 복잡한 방식으로 성과를 추적해야 한다. 가장 성과가 좋은 콘텐츠는 다시 재생될 수 있다. 고객은 특정 콘텐츠보다 전달하고자 하는 메시지를 기억하는 경향이 있다. 따라서 비슷한 콘텐츠를 여러 번 보여주면서 고객의 경향을 기업에 유리하게 활용할 수 있다. 이런 콘텐츠는 고객과 관련성이 있고 고객도 그 진가를 알아줄 것이다.

가시성은 장기적인 투자 수단이다

누구나 접할 수 있는 가시성이라는 공공재를 자원으로 보는 것은 경제적인 측면으로만 가시성을 따져본 것이다 손쉽게 쓸 수 있는 자원은 대개 시장가치가 떨어진다. 인터넷, 수백 개의 TV 채널, 수천 개의 잡지, 수백만 명이 사용하는 소셜미디어 채널에서 엄청난 양의 콘텐츠가 끊임없이 제작된다.

그러므로 가시성은 계속해서 팽창하고 있다. 넘쳐나는 자원인 가시성은 관련성과 권위, 스토리텔링을 통해 정제돼야 (이해관계자에서 고객으로 바뀐) 소비자를 찾아낼 수 있다. 투자 상품이 될 수 있다는 뜻이다.

자원으로서 가시성에 투자한다면 수익이 날 가능성이 있는지 확인해야 한다. 주식투자 경험이 있는 사람이라면 무슨 말인지 잘 알 것이다. 주식투자는 수익을 보고 투자할지 배당을 보고 투자할지에 따라 차이가 난다. 주식을 발행하는 회사는 투자자에게 주식을 판매한다. 투자자는 어떤 사업적 결정에서 의결권을 행사하고 회사의 수익을 주식으로 받는다. 한 해 실적이 좋아서 수익이 나면 배당금을 나눠주기도 한다.

특히 스타트업은 어떻게든 사업에 성공하고 싶어 한다. 프로젝트를 수주하여 완수하고 마지막으로 그에 대한 비용을 청구하는 일까지 그 모든 것이 빠른 성공을 위한 노력이다. 스타트업 창업자는 특히 창업 초기에는 회사 유출입 자금을 일컫는 '현금흐름'에 기대어 사업을 운영하고, 이후 생기는 영업이익은 해당 기업가에게 흘러간다. 특히 사업 초기에 기업가는 간신히 버티는 경우가 많아 모든 투자의 목적은 최대한 빨리 현금흐름을 확보하는 데 있다.

사업이 조금이라도 잘돼서 수익이 생기면 필요한 투자를 하거나, 사무실을 임대하고, 업무용 차를 빌리고, 웹사이트를 의뢰한다.

창업자들은 자사 브랜드에 돈을 투자할 여력이 거의 없으므로 주식을 팔아서 자금을 조달한다. 주식이 팔리면 배당금만 주면 되기 때문이다. 주식을 잘 모르는 투자자도 주가가 오르내린다는 정도는 안다.

주식이란 회사에 거는 도박이기도 하다. 회사가 알뜰하게 운영되고 사업 분야의 전망이 밝으면 회사 주가는 상승한다. 무엇보다 회사가 향후 경영의 활성화를 위해 지속 가능한 가치를 통합하면 주가 상승에 유리하다. 가령 특허를 내거나 장래성 있는 스타트업을 인수해도 주가가 오를 수 있다.

이런 식의 논리가 스마트 가시성에도 통한다. 회사의 향후 성과에 투자한다고 해서 배당금으로 바로 돌아오지는 않기 때문이다. 그래도 가시성에 투자하듯 성과에 투자하면 장기적인 수익이 생길 가능성은 있다.

가시성에 투자하면 회사 인수나 개발 부서 신설에 비용이 들듯이 돈이 들어간다. 그러면 현금흐름은 감소하지만, 중기적으로는 브랜드 개발처럼 수익도 예상된다. 투자액을 잘만 굴리면, 스마트 가시성을 확대하는 비용으로 회사의 가치를 높일 수 있다.

그러면 브랜드는 더 유명해지고 점차 명확한 핵심 가치와 문제 해결책으로 고객에게 각인된다. 회사가 주식을 팔지 않아도 가시성에 투자하면 이런 수익이 돌아온다.

브랜드는 고객을 위해 가치를 부여하고 그런 가치들이 문제를 해결한다. "X 문제에는 Y 브랜드가 최고입니다." 이것은 푸시 마케팅(우리 회사에서 다음과 같이 제안한 것을 아시죠?)에서 풀 마케팅(제가 당신 회사의 X 제품을 살 수 있을까요?)으로 전환된 것이다. 이런 풀 마케팅은 강력한 브랜드 신뢰가 있어야 가능하다.

회사가 자신의 문제를 원만하게 해결할 수 있다는 점을 아는 고객은 초기 접점이 필요 없다. 이렇게 되면 마케팅 비용과 업무량도 줄어서 경쟁력이 생기고 성장이 빨라져 수익이 늘어난다.

대다수 스타트업은 여유롭게 투자할 형편도 안 되고 그런 생각도 하지 못한다. 대신 고객과의 접점을 조금이라도 확보하여 가능한 첫 접점에서 판매되도록 애쓴다.

첫 접점에서 매출이 발생하면 브랜드를 통한 가시성을 구축하기도 전이기 때문에 성과보다는 운이 좋다고 인식된다. 그런 매출마저 없었다면 현금흐름이 막혀 유동성을 잃고 말 것이다.

"우리가 거래에 성공하지는 못했지만, 그래도 명함 몇 장은 나눠

췄거든요"라는 말은 특히 스타트업이 해서는 안 될 위험한 생각이다. 사업이 성공해서 스마트 가시성과 브랜딩을 서로 통합하는 문제를 고민하게 되었을 때도 명함 전달을 주요 목표로 삼으면 안 된다. 브랜드가 회사의 가시성을 확립하지 못하면, 신규 고객과 접촉할 때마다 적지 않은 비용이 들어간다.

브랜드포먼스는 투자수익률과 가시성의 결합이다

'브랜드포먼스(Brandformance)'는 직접적으로 측정할 수 있는 투자수익률을 얻으려는 회사의 노력과 훌륭하고 영향력 있는 브랜드를 구축하기 위한 바람을 결합한 말이다. '브랜딩(branding)'과 '퍼포먼스(performance)'를 통합한 용어이다.

마케팅 에이전시는 브랜드포먼스를 기술적 개념적 측면에서 고려한다. 브랜드는 기존 시장에서 입지가 공고해지면 충분한 예산을 가지고 새로운 시장을 모색하는 경향이 있다.

제품 혜택을 설명하는 TV 광고가 새로운 시장에 배정될 수도 있다. 우선 광고비는 덜 비싼데 시청자의 구매 욕구는 더 강한 소규모 TV 채널에 광고를 내보낼 것이다. 가령 유료 채널이나 홈쇼핑 채널 시청자들은 그런 채널을 트는 것만으로도 기꺼이 돈을 쓸 마음이 있다. 따라서 이런 채널 마케팅은 측정할 수 있는 추가 매출을 공략한다.

이런 성과 중심 광고와 채널 덕에 기업은 빠르게 성장할 수 있다. 이런 광고가 성공을 거둬야만 시청자 폭이 더 넓은 TV에서 광고를 한다. 이런 광고는 브랜드 인지도를 높이고, 브랜드 이름을 들으면 뭔가 연상되는 시청자의 수를 늘리는 것이 목적이다.

코카콜라나 메르세데스 벤츠 같은 대형 브랜드도 마찬가지다. 이런 브랜드는 지금보다 더 인지도가 높아지거나 더 성장할 여지도 거의 없으므로 인지도 광고로 단일 상품에 주력하지는 않는다. 대신 지속 가능한 가시성을 확보하고 브랜드에 특정 가치를 안정적으로 채워 넣는 식으로 브랜드의 입지를 다진다. 이런 광고에서 전달하는 메시지는 '메르세데스 벤츠, 안락한 신세계로 들어오세요'이지, '새로 나온 C-클래스를 구입하세요'가 아니다.

가시성을 브랜드 가치로 인식하고 투자하면 배당금이 생겨서 장기적인 수익을 볼 수 있다는 것이 브랜드 성과의 핵심임을 미처 파악하지 못하는 마케팅 에이전시들도 있다.

배당금은 곧바로 나오지 않지만, 다음과 같은 방식으로 브랜드에 투자할 수도 있다. 가령 사회적 ROI(사회적 공헌 활동에 투자하여 얻는 가치 - 옮긴이)에 뜻이 있는 고객의 요구나 투자를 고객 행사를 통해 구현하는 활동 등이 여기에 해당한다.[7]

유명 출판사에서 출간할 만한 책을 쓴다거나 저명한 잡지에서 발표하는 특집 기사를 작성하는 것은 시간과 비용이 많이 드는 작업이다. 저자가 책이나 특집 기사를 쓰는 데 시간을 들이고 힘들게 출판사와 계약을 맺는 대신 해당 과정을 직접 나서서 처리하면 곧바로 매출이 훨씬 크게 오를 수 있다.

이런 책이 일단 시장에 나오면 눈에 띈다. 책도 팔리고 작가는 인세에 더해서 가시성이라는 배당까지 받는다.

그러나 무엇보다도 전문 기사와 책은 특히 출판사에 맡겼을 때 가시성이 좋아 목표 집단과 신규 잠재 고객의 눈에 띈다. 동시에 책은 명함을 대체할 수도 있고 영구적으로 고품질의 가시성을 생성할 수 있다. 명함은 콘텐츠와 연결이 지속되지 않으면 버려지거나, 분실되거나, 몇 달이 지나서 우연히 주머니에서 발견된다.

명함은 전문 직함을 통해 권위를 구축할지는 몰라도 책과 같은 이야기를 전달하지 못하고, 같은 방식으로 명함에 박힌 사람의 전문성을 뒷받침할 수도 없다.

반면 책을 버리는 경우는 많지 않다. 고객들은 가시성 도구로서 유명 출판사와 책을 높이 평가한다. 사람들은 아주 오랫동안 책과 정기 간행물을 통해 진리를 접하거나 적어도 신중하게 지식을 얻었다.

책과 전문 기사는 권위의 지렛대라는 점에서 흥미로운 매체이다. 이런 유형의 가시성은 저자도 득을 보듯이 장기적으로 이득이 되는데 이것 역시 브랜드 성과이다.

책이나 전문 기사는 어째서 그런 가시성 수익을 고려해야 하는지 생생히 보여준다. 다른 많은 형태의 가시성도 유사한 효과를 내거나 뒷받침할 수 있으며, 유명 팟캐스터들도 자신들이 선택한 분야에서 동일한 효과를 볼 수 있다.

성과 마케팅과 브랜드 구축을 구별할 줄 아는 기업은 스마트 가시성에 투자할 때 시스템 내에서가 아니라 시스템 자체로 효과를 발휘한다는 사실을 깨닫게 될 것이다.

나를 최대한
많은 사람에게,
가장 빨리,
가장 돋보이게 해줄
채널을 찾아라

chapter 6

채널 선택에도 메타 인지가 필요하다

기업은 모든 채널을 콘텐츠로 채울 수는 없다. 따라서 관련성 핵심성 과지표(클릭당 비용, 고객 정보 수집당 비용, 판매당 비용)가 가장 우수한 채널, 즉 목적에 가장 부합하는 채널부터 우선 선택해야 한다.

수백 개 중에 어떤 채널이 가장 합리적인가?

인스타그램, 페이스북, 구글, 트위터, 유튜브, 핀터레스트, 틱톡 등 수백 개의 다양한 플랫폼을 가시성 채널로 사용할 수 있다.

최상의 채널을 결정하기란 쉬운 일이 아니다. 하지만 원칙적으로 가치를 수반하는 가시성은 모든 채널에서 유사하게 작동하기에 아무리 많아 보여도 충분히 관리할 수 있다.

방정식의 한쪽(관리가 어려울 만큼 많은 채널)이 변수라도, 방정식의 다른 쪽(잠재 고객)은 상수이다.

좋은 스토리텔링은 매체와 형식에 상관없이 항상 고객에게 통한다. 맥락에 맞는 내용으로 공감을 불러일으킨다면 팟캐스트, 비디오, 인스타그램 게시물 등을 통해 이야기를 전달할 수 있다. 기업이 잠재 고객에 대한 관련성을 확립해나가고 고객의 요구대로 제품의 특징을 최대한 맞춰나갈 때 어떤 채널을 선택하느냐와 상관없이 이야기는 항상 강력한 힘을 발휘한다.

반면 스마트 가시성을 위한 채널을 선택하는 것은 전체 마케팅 과정을 '그저' 조정하는 것뿐이다.

가장 가치 있는 채널로 시작

스마트 가시성의 2가지 요소, 즉 가시성의 기초가 되는 마케팅 콘텐츠 또는 콘텐츠 마케팅을 위한 노력과 가시성의 잠재적인 활용 가치를 나타내는 도표(272쪽)를 보자.

기업은 낮은 노력 대비 높은 가치를 보이는 4사분면(오른쪽 아래)에 속한 채널들을 고려해야 한다. 반면 노력의 강도는 높지만 가치는 낮은 2사분면(왼쪽 위)에 있는 채널들은 완전히 무시하거나 마케

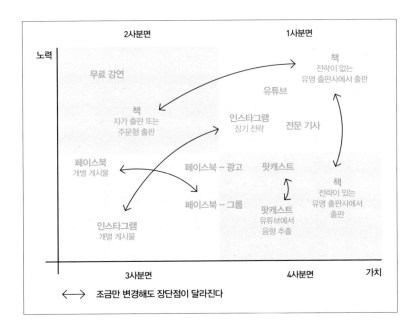

출처: 도표 원본

가시성 채널의 노력과 가치는 다른 방식으로 서로 연관되어 있다. 왼쪽 위의 2사분면은 노력한 만큼 가치가 오르지 않기 때문에 맨 나중에 시도해야 한다. 반면 오른쪽 아래의 4사분면은 특히 매력적이다. 화살표는 사소한 변경에도 채널의 가치가 변할 수 있다는 것을 보여준다. 시행하는 동안 이런 내용을 주지해야 한다.

팅 후반부에 고려해야 한다. 남은 1, 3사분면은 노력과 가시성 수익의 관계가 다른 두 사분면보다 조금 복잡하다.

이러한 사분면들을 명확하게 나눌 수 없고, 노력한 만큼 (클릭당 비용, 고객 정보 수집당 비용, 판매당 비용 같은 핵심성과지표를 통해) 측정 가능한 성과를 낼 수 있는지 개별적으로 고려해야 하므로 기업들은 이 사분면들을 상세히 검토할 필요가 있다. 마찬가지로 기업들이 얼마나 큰 노력으로 얼마나 성공적인 가시성을 창출할 수 있는지에 대한 평가도 제각각 다르다. 평가는 시장과 경쟁, 제품과 서비스, 제품을 위해 개발될 수 있는 권위와 스토리텔링의 양에 좌우된다.

노력과 수익률을 서로 연관짓는 것은 중요하고 유용하다. 그러다 보면 모든 공을 동시에 공중에 띄울 수 없다는 것을 깨닫게 된다.

이 도표는 활용할 수 있는 가시성 채널과 도구의 일부만을 보여주는데, 주로 기업이 어떤 식으로 가시성 채널을 분류하고 우선순위를 정하는지에 초점을 맞추고 있다.

개별 인스타그램 게시물은 노력도 얼마 들지 않고 일반적으로 수익률도 낮은 가시성 채널이다. 고객에게 접점을 거의 제공하지 않으며 다른 콘텐츠와도 좀처럼 연결되어 있지 않다. 전형적인 예가 바로 인스타그램에서 팔로어 전체에게 보내는 "고객님, 메리 크리스마스"라는 인사이다.

이런 게시물은 신속하게 제작된다. 인기 있는 사진 플랫폼에서 저작권 없는 크리스마스 분위기를 풍기는 나무 사진을 선택하고 몇 마디 덧붙여 그래픽 프로그램으로 간단히 편집하거나 곧바로 인스타그램에 올리면 그만이다.

이런 콘텐츠는 회사와 딱히 연관성도 없고 고객 충성도에도 별다른 영향을 미치지 못한다. 인스타그램 게시물은 좋은 콘텐츠와 설득력을 갖추고 다양한 논지로 고객에게 확신을 주는 이미지로 굳어진다면 더 강해질 수 있다. 회사에서 이런 점을 파악하고 지켜나간다면 인스타그램은 노력도 더 들고 가치도 더 높은 가시성으로 옮아간다.

예를 들어 인스타그램보다 페이스북에 개별 게시물을 올리는 일이 좀 더 수고스럽다. 두 플랫폼의 원리가 비슷한데도 말이다. 페이스북은 인스타그램보다 글을 더 많이 넣어야 하기 때문이다.

팔로어는 여러 접점을 통해 회사의 콘텐츠를 접한다. 그중 하나인 회사 프로필은 참고 자료(웹사이트, 매장, 인스타그램, 링크드인으로 연결된 링크, 왓츠앱을 통한 추가 이동 전화번호 등)를 비롯한 여러 내용(회사 소개와 제품, 프로필 사진, 추가 콘텐츠)으로 채워진다.

인스타그램은 접점이 훨씬 적은 편이라 필요한 정보와 첫 게시물 몇 가지만 올리면 계정이 비교적 빨리 만들어진다.

페이스북은 인스타그램보다 도달 범위가 좁아서 회사 게시물의 팔로어 수도 더 적고, 노력에 비해 투자수익률도 낮다. 사업적 관점에서는 페이스북이 인스타그램보다 매력이 훨씬 떨어질 수밖에 없다.

하지만 이런 점은 조금만 수정해도 달라진다. 예를 들어 기업 입장에서 페이스북 그룹은 가시성의 가치가 상당히 높은 접점이다. 공급업체는 해당 그룹이 특정 주제를 위한 것이든, 주제 토론을 위한 것이든, 자기 경험을 발표하는 것이든, 집단 지성을 활용하기 위한 것이든 (잠재) 고객을 쉽게 초대할 수 있다. 그룹은 개설하는 데 시간도 거의 안 들고 수고도 덜 든다. 콘텐츠 자체도 관리만 잘하면 거의 전적으로 (잠재) 고객이 만든다.

지식 콘텐츠(코칭, 컨설팅, 헤드헌팅, 엔지니어링, 과학 관련 주제 등) 주제나 팬들과 정서적 교감이 크게 필요한 그룹은 특히 고객 유지에 적합하다. 회사가 크게 개입할 일은 없지만 그렇게 만들어진 콘텐츠에 접속할 수는 있다. 고객의 토론에 매번 등장하는 주제는 무엇일까? 해당 주제를 참고하면 고객이 무엇을 필요로 하는지 핵심 정보를 알 수 있다. 좋은 페이스북 그룹이라면 적절하게 이 질문에 답할 수 있다.

페이스북 알고리즘은 그룹 회원과 상호작용 빈도가 높은 콘텐츠를 회원들에게 먼저 보여주기 때문에 콘텐츠의 도달률이 높다. 콘텐츠는 관련성이 더 많아지고 풍부해지는 반면 여기에 들어가는 수고는 감소한다.

페이스북처럼 조금만 변경해도 상관관계가 달라지는 사례가 또 있다. 유명 출판사에서 출간한 책은 공이 많이 들어간 결과물이다. 탄탄한 근거를 바탕으로 200~300쪽 분량의 글을 써야 한다. 출판사는 내용이나 문장을 검수하고 편집하는 업무를 맡는다. 이런 작업은 걸림돌이 많은 일이라 많은 저자들이 자신의 책을 직접 출판하거나 소위 '주문형 출판'을 선택한다. 저자들이 직접 편집자로 나서면 책을 출판하는 속도가 빨라진다.

하지만 서점과 온라인 플랫폼(자가 출판 저자에게 온라인 플랫폼은 거의 불가능한 경로이다)에서 책을 판매하는 출판사의 마케팅 능력은 물론 명망 있는 출판사가 지닌 막강한 권위의 혜택은 누리지 못한다. 독자들은 유명 출판사가 책의 내용을 확인하고 편집했으니 내용이 좋을 것이라고 생각한다. 일류 출판사에서 출간하면 독자들에게 책의 권위가 높아지고, 결국 저자의 가시성 가치도 상승한다.

그러나 여전히 많은 저자들이 도표의 사분면을 이동하면 노력과 가치의 상관관계도 변할 수 있다는 점을 간과하고 있다. 책을 직접 출판하기는 더 쉬워졌지만 책의 권위와 안내 기능은 사라졌다.

노력과 가치의 관계가 유난히 우호적인 것이 팟캐스트이다. 유튜브 영상에서 소리만 따올 수 있으면 팟캐스트는 제작비가 얼마 들지 않는다. 또한 유명 플랫폼에서 팟캐스트를 틀어주면 청취자에게 커다란 영향을 미친다. 팟캐스트를 오래 듣다 보면 복잡한 내용도 설득력 있게 전달되어 다양한 관점에서 문제를 바라볼 수 있다.

그런데 팟캐스트는 수많은 경쟁자를 상대해야 한다는 문제가 있다. 어쩌면 인스타그램 게시물처럼 (빠르고 수월하게 실행되는) 다른 유형의 가시성도 가치 있는 팟캐스트의 가시성을 빠르고 쉽게 강화할 수 있다. 아울러 가치가 높은 형식으로 인스타그램 게시물에 언급되기도 하는 팟캐스트는 인스타그램의 콘텐츠 취약성을 보완한다. 따라서 여러 가시성 요소를 하나로 결합하는 것이 합리적이다. 특히 각 요소들의 장점이 서로의 단점을 상쇄할 수 있다는 점에서 더욱 의미가 크다.

자신만의 가시성 채널을 선택할 때는 개인적인 취향도 한몫한다. 어떤 사람은 카메라 앞에서 이야기하거나 영상을 제작하는 일이 쉬울 수도 있지만, 그런 일이 힘든 사람도 있다. 그래서 같은 기술과 콘텐츠라도 애쓰는 정도는 사람마다 다르다.

인스타그램, 가성비 좋은 채널

우선 메타(페이스북, 인스타그램, 왓츠앱)와 알파벳(구글, 유튜브) 같은 대형 제공업체의 시스템이 사용하기 아주 쉽다. 그러니 가시성을 확보하기도 무척 쉽고, 핵심성과지표를 활용하면 이런 채널들을 광범위하게 비교 검토할 수 있다.

서로 경쟁하는 회사들이기에 광고주들은 가시성을 구매하기가 쉽다. 소셜미디어 에이전시에 예약 대행을 맡겨도 되지만 혼자서도 얼마든지 가시성을 확보할 수 있다.

이들 제공업체는 마케팅 예산을 쓰려는 회사가 받아들이기 쉬운 제안을 해야 한다는 점을 이미 오래전부터 알고 있었다. 그래야 틈새 회사들이 적은 예산(하루 10파운드이면 인스타그램에서 팔려는 제품에 관심을 보일 수 있는 잠재 고객 5천~1만 3천 명에게 능히 도달할 수 있다)으로도 자기 분야에서 상당한 가시성을 확보하기 쉽다. 그러나 예산이 훨씬 많이 드는 캠페인은 사실상 소셜미디어 에이전시 같은 전문 업체나 사내 특정 부서에서 관리하는 것이 좋다.

거의 모든 소셜미디어 채널에서는 밀접하게 관련된 목표 집단을 위한 양질의 가시성을 구매할 수 있다.

유튜브, 비전문가들을 위한 공간

구글이 세계 최대 웹 콘텐츠 검색엔진이라면 자회사인 유튜브는 영상에 특화된 세계 최대의 검색엔진이다. 전 세계적으로 약 20억 명의 사용자들이 한 달에 한 번 이상 콘텐츠를 이용하고, 그중 10억 명이 매일 영상을 시청한다. 또한 18세에서 44세 사이의 인터넷 이용자 중 90%가 유튜브를 시청하고 있으며, 이들은 '광고 관련 목표 집단'의 상당수를 차지한다(14세에서 49세 사이는 특히 소비 연령층에 해당하기에 사업자에게는 관심의 대상이다).

이러한 통계는 유튜브 콘텐츠가 인터넷 이용자의 관심을 쉽게 사로잡을 수 있다는 의미이므로, 가시성 채널로 특히 추천할 만하다. 또한 유튜브는 관련성이 높은 콘텐츠를 전문으로 한다. 동영상 콘텐츠는 유독 인기 있는 정보원이다. 우선 유튜브가 가벼운 오락이나 소위 '두 번째 화면(second screen, TV를 시청하면서 스마트폰이나 태블릿 등을 보는 것 - 옮긴이)'으로 더할 나위 없고, 짧은 시간에 많은 정보를 모으는 데 유용하다.

시청각 자료는 여러 가지 장점이 많다. 삽화는 정교한 비디오 애니메이션만큼 자주 사용할 수 있고, 실사와 도표도 결합할 수 있으며, 영화 수준의 광고 제작이나 가정용 비디오 제작도 가능하다. 이처럼 시각 콘텐츠는 다양하게 활용될 수 있다. 게다가 정보 전달과 감정 고조를 위해 이차적으로 해설이나 독특한 음향, 심지어 전문가의 음악도 추가할 수 있다.

영상은 특히 회사가 고객에게 다가가려 할 때 또 다른 이점이 있다. 사람들은 기본적으로 타인의 눈을 똑바로 바라보는 사람을 신뢰한다. 또 상대방이 보여주는 몸짓, 표정, 행동 등 의사소통의 요소들이 많을수록 마케팅의 중요한 축인 진정성과 정직성을 제대로 확인할 수 있다고 생각한다.

새로운 매체나 새로운 방송 형식이 어떤 한 분야의 콘텐츠 전체에 영향을 줄 수도 있다. 일례로 1980년대와 1990년대의 뮤직비디오는 유명한 음악 채널(청년 문화를 주도하던 매체)에서 특별한 스타일, 빠른 장면 전환, 밝은 색상과 상상력이 깃든 연출을 선보여서 향후 TV 형식과 영화 편집에도 큰 영향을 미쳤다.

이처럼 누구든 동영상을 만들어 올릴 수 있다는 사실이 영상이라는 매체를 받아들이는 태도에 영향을 미쳤다. 완성도가 떨어져도 대수롭지 않게 받아들일 뿐만 아니라 오히려 진정성이 있다고 여긴다. 영상과 영상에 나오는 제품을 사용한 이들(대기업의 돈을 받았다는 의심을 사지 않고 편견 없이 의견을 개진한다면)은 독립성과 진정성을 주장한다.

이것은 시청자들이 특히 유튜브의 영상을 활용하는 데 영향을 미칠 뿐 아니라 시청자들이 수용할 수 있는 영상의 품질에도 영향을 준다. 한때는 텔레비전 영상이 품질의 표준이었지만, 이제는 흔들리는 카메라, 일반 수준의 음향, 약간의 실언이 오히려 신뢰를 준다.

팟캐스트, 더 깊이 파고들 기회

다른 미디어 채널에 비해 팟캐스트는 더욱 깊이 있는 콘텐츠를 다룬다. 청취자는 종종 30분에서 심지어 1시간 내내 팟캐스트를 청취한다. 따라서 팟캐스트를 이용해 매우 상세하고 근거가 충분한 콘텐츠를 전달할 수 있으며, 광고에 비해 큰 어려움 없이 시청자의 관심을 끌 수 있다.

팟캐스트는 수준 높은 논지를 효과적으로 전달하고 반론도 점검해보며 쟁점을 솔직하게 꿰뚫어볼 수 있다.

미국인의 41%는 정기적으로 팟캐스트를 듣는데,[1] 그중 대부분은 적어도 한 달에 한 번 이상 듣는다. 애플은 고객들이 점점 모바일로 팟캐스트를 듣는다는 것을 반영하여 기기 내에 특별히 팟캐스트 앱을 제공한다. 청취자의 74%는 팟캐스트를 스마트폰으로 들으며, 종종 운전이나 집안일 같은 다른 활동을 하면서도 듣는다. 팟캐스트는 일종의 동반 매체이므로 하나의 주제를 길게 다루는 콘텐츠도 기꺼이 듣는다.

동시에 애플 이용자들은 구매 성향도 높기 때문에 광고의 성공 가능성도 크다. 또한 팟캐스트는 유튜브 영상과 함께 개발될 수 있어서 실용적이다. 무료 영상 편집 소프트웨어를 활용하면 누구나 자체 제작한 영상에서 음향을 쉽게 추출해 팟캐스트로 올릴 수 있다. 약간의 계획과 약간의 노력만 가미하면 여러 채널을 이용하는 잠재 고객들에게 고품질의 콘텐츠를 보여줄 수 있다.

팟캐스트는 두 사람 사이의 대화를 보여주기에 좋은 매체여서 검증된 지식과 다양한 의견을 개진할 수 있다. 회사는 자사의 팟캐스트 에피소드에 전문가를 초빙할지 아니면 타인의 팟캐스트에 그들의 에피소드를 내보낼지 선택할 수 있다.

이메일, 플랫폼이 필요 없는 마케팅

잠재 고객의 이메일 주소는 가장 가치 있는 자산이 될 수 있다. 이메일은 최근에 등장한 많은 소셜미디어에 비하면 한참 뒤떨어진 것처럼 보인다. 하지만 요즘도 이메일 마케팅에 1유로 투자할 때마다 최대 42유로까지 벌 수 있을 정도로 투자수익률이 유난히 높다. 이메일이 고도로 전문화되면서 지금도 가치가 꾸준히 증가해서 1유로 투자할 때마다 총수익이 10유로씩 늘었다.[2]

많은 고객들에게 자동으로 이메일을 보내고 효율적으로 주소를 관리할 수 있다. 전화번호는 잠재 고객에게 개별적으로 연락을 취해야 하므로 시간이 훨씬 많이 소요된다.

회사가 몇천 명의 잠재 고객의 주소로 메일을 보내고자 할 때는 처음에 환영 메일을 한 통 보낸 다음 두세 통만 더 메일을 보내면 된다. 약 1천 명의 수신자에게 이메일을 발송하는 과정을 검증하고 최적화하는 데 단 하루밖에 걸리지 않기에 시간을 효율적으로 활용할 수 있다.

이메일 마케팅은 가시성을 높이기 위한 최상의 시스템이라는 것 외에도 전략적인 이점이 많다. 우선 페이스북이나 링크드인, 유튜브와는 달리 잠재 고객과의 접점을 '빌린 땅'에 만들어 저장하지 않는다는 것이 커다란 장점이다.

인스타그램은 회사나 개인 팔로어들에게 유기적 게시물을 보여줄 수 있는 중개인일 뿐이다. 사용자들이 회사의 콘텐츠나 광고와 상호 교류를 하더라도 인스타그램의 고객이거나 회원일 뿐이며, 이런 점은 다른 모든 소셜미디어 플랫폼도 마찬가지다. 이미 지적한 대로 유기적으로 게시할 수 있는 콘텐츠의 할당량도 매우 낮다. 이 문제에서는 전송률(delivery rate, 메일이 수신자의 메일함에 도달하는 비율 – 옮긴이)을 보장하면서도 스팸 비율은 낮추는 이메일 마케팅 전문 업체가 제공하는 일목요연한 이메일 목록이 훨씬 효과가 좋다.

이제 페이스북의 저조한 콘텐츠 전송률을 확실하게 끌어올릴 수 있다. 광고를 배치해 팔로어들에게 보여주면 100%에 가까운 전송률을 달성할 수 있다. 이렇게 한다고 비용이 발생하는 것은 아니며, 특히 광고 예산이 할당된 페이스북이 그렇다.

이메일 마케팅은 소셜미디어의 팔로어와 비슷하게 수신자 목록을 구축할 때만 비용이 한 차례 발생한다. 어찌 됐든 돈이 들기는 하지만, 초기 비용 외에 수신자들에게 추가 콘텐츠를 보내는 비용은 무료이다.

이메일도 고객에게 도달할 가능성이 점점 커지고 있다. 페이스북이나 인스타그램에서는 항상 광고 콘텐츠가 서로 치열하게 경쟁해야 한다. 스마트폰을 열자마자 눈길을 사로잡고 내용도 풍성하며 재미난 콘텐츠가 피드에 줄줄이 나열된 것만 보더라도 경쟁이 얼마나 심한지 알 수 있다. 모든 콘텐츠가 고객의 관심을 나눠 가질 수밖에 없으니 어쩌겠는가.

한편 이메일은 양적으로는 그렇게 경쟁이 치열하지 않은 편이다. 하루에 인스타그램 피드에 올라온 게시글만큼 이메일을 많이 받는 사람은 거의 없다. 무엇보다 같은 비즈니스 업계에서 보내온 전자메일은 저마다 질적 차이를 보인다. 어떤 이메일 한 통이 다른 중요하고 전문적이고 개인적으로 관련 있는 양질의 이메일과 섞여 있다고 하자. 고객이 메일을 연 순간 스팸으로 넘치는 받은편지함에서 두각을 나타낼 수만 있다면 고객의 관심은 쏠리게 된다.

따라서 고객을 위한 관련성은 이메일 제목만큼이나 초기에 구축해야 한다.

이메일 주소 목록을 제대로 작성하여 미리 고객의 동의를 받으면 이런 관련성을 구축할 수 있다. 예를 들어 양질의 스퀴즈 페이지(squeeze page, 방문자로부터 이메일 주소 같은 정보를 수집하는 페이지 – 옮긴이)를 활용하여 이메일 주소를 수집한다. 고객에게 가치 있는 정보를 제공하는 대가로 이메일 주소를 수집하는 웹사이트들이 그러하다. 스퀴즈 페이지를 통해 회사가 내건 관련성 약속의 '작업 견본'을 제공하는 셈이다.

여기서 자신들이 고객의 문제와 요구를 해결하는 데 능숙하다는 점을 입증하면 관련성이 분명해진다. 정보 자료를 발송한 다음에는 가치 있는 가시성을 떠받치는 나머지 중요한 축인 권위와 스토리텔링을 구축하고, 고객에게 더욱 흥미로운 제안을 제시하면 가장 이상적이다. 수량이 적어도 잘 관리된 이메일 수신자 목록만 있으면 매출 목표가 크게 달라질 수 있다. 요즘은 강력한 시스템 덕에 이메일 마케팅 기술을 쉽게 터득할 수 있다.

웨비나, 잠재 고객 확보에 유리

웨비나(webinar)는 인터넷 공간에서 열리는 세미나를 일컫는 말로 전문가인 퍼실리테이터(facilitator)가 참석한 가운데 실시간으로 진행된다. 하지만 웨비나가 열리면 퍼실리테이터가 꼭 참석해야 한다는 단점이 있다. 처음 참석하는 사람들이 있는 데다 실시간으로 열리는 웨비나는 일주일에 몇 번씩 모임을 가져야 하므로 자원과 노동시간이 소요된다.

하지만 그런 문제는 첫 방송되는 웨비나를 녹화해 나중에 관심을 보이는 참석자들에게 보여주는 것으로 해결할 수 있다. 영향력 있는 판매 웨비나는 참석자들이 제품에 익숙해지는 기회가 된다. 웨비나 콘텐츠를 스마트 가시성을 구성하는 권위와 스토리텔링의 논리에 맞게 설계하면 참석자들이 제품의 관련성을 이해하기 쉽다. 가치 있는 웨비나는 제작자의 권위도 강화하고 훌륭한 이야기를 통해 관심을 사로잡는다.

웨비나는 '지금 구매하기' 버튼을 누르도록 확실하게 요구하면서 마무리하는 게 좋다.

웹사이트, 판매 자동화에 최적

웹사이트는 '마케팅의 모선(母船)'이나 다름없다. 디지털 가시성과 관련한 질문을 받은 회사는 곧잘 웹사이트를 떠올리곤 한다. 웹사이트는 온라인 공간에서 (잠재) 고객을 끌어당기는 중심 접점이기 때문이다.

웹사이트에서는 인터넷에서 가장 많이 검색되는 매장 영업시간과 같은 간단한 정보부터 회사의 포트폴리오, 관련 정보와 후기 등의 심도 있는 내용까지 찾아볼 수 있다. 때때로 고객은 웹사이트에서 회사의 초기 가시성이나 제품이 개별 고객의 요구와 부합하는지 보여주는 지표까지 꼼꼼히 확인한다.

특히 웹사이트는 가시성을 수익으로 전환할 수 있으며, 이런 전환 능력은 다른 매체들보다 훨씬 더 뛰어나다. 페이스북이나 인스타그램에서는 언쟁이 벌어지거나 고객을 제대로 유지하지 못하면 결코 구매가 이루어지지 않는다. 혹은 단순히 기술적 문제로 구매가 전혀 이루어지지 않는 경우도 있다.

게다가 웹사이트는 정보를 검색하다 중단하고 다른 매체를 이용할 필요가 없다. 책을 읽거나 팟캐스트를 청취하는 잠재 고객은 이들 매체에서 제품을 구입할 수는 없기에 구매할 수 있는 또 다른 방법을 찾아야 한다. 판매 과정에서 항상 나타나는 함정인 셈이다.

웹사이트에서는 온라인 매장이나 판매 플랫폼으로 연결된 링크를 구축해놓는 게 훨씬 바람직하다. 또한 고객의 요구와 제품을 연결하는 과정은 다른 매체보다 더 심도 있게 진행한 후 7차례 접점 규칙을 적용한다.

제품이나 단골 확보에 따라 웹사이트는 고객과 접하는 기회를 늘리는 인터페이스가 되기도 한다. 가령 뉴스레터를 구독하도록 유도할 수도 있다.

시스템 모듈로 구성된 매출 깔때기

이 책에서 제시한 요소들을 활용하면 특별한 지식이 없어도 자사만의 매출 깔때기를 구축할 수 있다. 기존의 깔때기는 선택한 채널과 상관없이 안내 기능이 있는 고품질 가시성의 구성 요소들로 시작한다. 여기서 클릭당 비용(CPC)을 결정하고 평가한다.

다음 단계에서 웹사이트 방문자가 자신의 이메일 주소를 넘기고 디지털 정보 상품을 받으면서 잠재 고객임을 자처했기에 결과적으로 고객 정보 수집당 비용(CPL)도 추적된다.

뉴스레터를 통해 웨비나 초대장이 고객에게 발송되며, 이후 완전 자동으로 활성화되어 고객에게 웨비나 화면이 나타난다.

이 과정은 스마트 가시성을 통해 매출이 발생하면 마무리된다. 이를 위해 상품은 웨비나를 통해 바로 고객에게 판매된다. 고객이 이 제안을 받아들이지 않는다면 다음 단계로 이메일을 활용하게 될 것이다. 이때 별도의 핵심성과지표로 판매당 비용(CPS)을 추적한다.

감사의 글

이 책을 집필하면서 수년간 나와 동행해온 많은 사람들에게 도움을 받았다.

누구보다 공동 저자 얀 바르크프레데에게 감사드린다. 얀은 나의 원고를 알차게 채워 넣고 전략가로서 몇 달씩 이 작업에 매달리며 정성을 쏟았다.

이 책을 집필하기 전부터 수년간 끊임없는 지원을 아끼지 않은 스테파니 조머펠트와 리아나 맥코이(그래픽 디자이너 겸 소셜미디어 전문가)에게 개인적으로 감사드린다.

나는 수년간 많은 동료 인터넷 창업자들과 교류했다. 특히 율리엔 바크하우스, 파스칼 페이, 마이크 해거, 토마스 클루스만, 스벤 플라테, 보도 섀퍼, 헤르만 셰러, 랄프 슈미츠, 마리오 보워슈를 비롯하여 내가 주관해 1년에 한 번씩 모이는 바이젠하우스 마스터마인드 서클(Weissenhaus Mastermind Circle) 회원인 30명의 기업가들에게 감사드린다.

지난 수년간 국제 도서 시장에 눈을 뜨도록 도와주고, 출판사와의 문제도 빠르게 해결해주고, 여유가 있을 때면 늘 나의 집필 작업에 협조해준 요아힘 비쇼프스(캄푸스 출판사)에게 깊은 감사를 표한다.

정말 유쾌하고 전문가다우며 무엇보다 이 책을 집필할 때 시의적절한 피드백을 해준 편집자 파트리크 루드비히와 나를 변함없이 지지해준 게오르그 호돌리슈(FBV 출판사)에게도 고마움을 전한다.

수년간(종종 수십 년간) 내게 영감을 주고 우정을 쌓아온 다음 분들께도 감사의 인사를 빼놓을 수 없다.

마르쿠스 파탈린, 카르스텐 피게 박사, 안드레아스 게클 박사, 앤디 골드슈타인, 알렉산더 크뢰거, 노르베르트 라이볼트, 베른하르트 렌데르만 교수, 루츠 말케 박사, 프리드리히 마이어 교수, 스테판 닐란트 교수, 카르스텐 파트베르그 교수, 안드레 포트 박사, 게르하르트 잔트만 박사, 외르크 샤이브, 얀 슈스트 박사, 안드레아스 지베 박사, 토마스 베르너 교수.

또한 가정이란 든든한 울타리가 되어준 부모님 마르고트와 베르너뿐만 아니라 다니엘라 레나, 안나 카리나, 핀 요나스, 에밀리 요한 나에게도 고마움을 전한다.

올리버 포트

주석

chapter 1 | 눈에 띄거나 아니면 죽거나

1 https://www.scientific-economics.com/der-primacy-recency-ef-fekt-aus-derwirtschaftspsychologie/, retrieved: 05 January 2022.

2 https://de.wikipedia.org/wiki/Halo-Effekt, retrieved: 05 February 2022.

chapter 2 | 돋보이고 싶은 것들의 전쟁

1 https://www.insider.com/instagrammer-arii-2-million-followers-can-not-sell-36-t-shirts-2019-5, retrieved 05 January 2022.

2 https://www.futurebiz.de/artikel/youtube-statistiken/, retrieved: 05 January 2022.

3 https://blog.hubspot.de/marketing/google-trends-suche, retrieved: 05 January 2022.

4 https://allfacebook.de/toll/state-of-facebook, retrieved: 27 October 2021.

5 https://www.futurebiz.de/artikel/aufmerksamkeitspanne-facebook-mo-bil/, retrieved: 03 November 2021.

6 Translator's note: "Geiz ist geil!" and "Ich bin doch nicht blöd!" were famous and (from a pop cultural perspective) popular phrases coined by the German electrical retailers Saturn and Media Markt, respectively (now part of the same company) – the slogans of which were literally shouted at consumers to drive the point home.

7 Easton Ellis, Bret: White, Picador 2020.

8 https://blog.ppstudios.de/2018/08/09/was-kuenstler-noch-an-ihrer-musik-verdienen/, retrieved: 20 January 2022.

9 https://en.wikipedia.org/wiki/Long_tail, retrieved: 13 September 2022.

10 Translator's note: the British version of which was You bet!

11 https://www.rolandberger.com/de/Insights/Publications/Lin-eares-Fernsehenverliert-weiter-an-Bedeutung.html, retrieved: 25 January 2022.

12   DIE WELT, 25 January 2022, p. 16 [in German].

13   https://www.oetker-verlag.de/buecher/dr-oetker-schulkochbuch/, retrieved: 24 January 2022.

14   https://medium.com/cuepoint/jennifer-paige-what-ever-happened-to-me-858b29da95be, retrieved: 24 January 2022.

15   https://www.tagesschau.de/wirtschaft/unternehmen/k-pop-musikindustrie-101.html, retrieved: 24 January 2022.

16   https://www.zeit.de/digital/2021-03/tiktok-social-media-plattform-popmusik-charts-musikindustrie?utm_referrer=https%3A%2F%2Fwww.google.com%2F, retrieved: 25 January 2022.

17   https://www.mpib-berlin.mpg.de/pressemeldungen/informations-flut-senktaufmerksamkeitsspanne, retrieved: 25 January 2022.

18   https://dl.motamem.org/microsoft-attention-spans-research-report.pdf, retrieved: 24 January 2022.

19   https://www.bonedo.de/artikel/einzelansicht/darum-werden-pop-songs-immer-kuerzer-aufmerksamkeitsspanne-sinkt-um-ein-drittel.html, retrieved: 26 January 2022.

20   Here, the scientific theory behind it is simplified and generalized. Obviously, the cited [German] study goes far more into detail than the point made here: https://www.bwl.uni-mannheim.de/media/Einrichtungen/imu/Research_Insights/2016/RI_042.pdf, retrieved: 09 October 2021.

21   Roughly based on Gabler Wirtschaftslexikon.

22   https://de.wikipedia.org/wiki/K%C3%A4se, retrieved: 09 October 2021.

23   https://www.feinschmecker.com/artikel/franzoesische-kaese-handwerk-aus-dem-kloster/, retrieved: 05 January 2022.

24   Translator's note: Demeter is a German organic farming association whose members practise biodynamic agriculture based on the agricultural concepts and the spiritual-esoteric worldview of Rudolf Steiner's anthroposophy.

25   Here, we do not use the quality connotation in its economic sense: quality is the fulfillment of the customer's expectations. So, if it is the customer's main expectation to be able to quickly prepare cheese sandwiches for three children in the morning, than pre-sliced, industrial cheese has a clear qualitative edge to handmade cheese.

26 Translator's note: known as "Lynx" in some parts of the world.

27 https://www.youtube.com/watch?v=RBA_o4qloXk, retrieved: 6 September 2022.

28 https://www.youtube.com/watch?v=-6IMOd5yI-I, a German ad from the car manufacturer Opel, 1975, retrieved: 05 January 2022.

29 Translator's note: German food company for cereals and bars, etc.

30 Translator's note: a well-known brand of dental care products in German-speaking countries, especially toothbrushes. Best known for the claim that "the more intelligent toothbrush yields."

31 https://www.youtube.com/watch?v=dvMqG8sbTtw, an ad from the German brand "Dr. Best," retrieved: 05 January 2022.

32 https://www.youtube.com/watch?v=dvMqG8sbTtw, an ad from the German brand "Perlweiss" (engl. pearlwhite), retrieved: 03 November 2021.

33 https://www.researchgate.net/profile/Wolfgang-Schweiger/publication/273922576_Was_bringen_prominente_Testimonials_-_Werbewirkungsstudien_in_der_Meta-Analyse/links/5a549e2ca6fdccf3e2e2f2df/Was-bringenprominente-Testimonials-Werbewirkungsstudien-in-der-Meta-Analyse.pdf, retrieved: 05 January 2022.

34 https://www.absatzwirtschaft.de/die-studien-der-woche-empfehlungsmarketing-einzelhandel-versus-internet-und-der-smart-tv-trend-68011/,retrieved:05 January 2022.

35 https://www.brigitte.de/mode/trends/chiara-ferragni---co---das-sind-die-erfolgreichsten-influencer-der-welt-10967484.html, retrieved: 03 November 2021.

chapter 3 | 남보다 빨리 눈에 띄기 위한 3가지 조건

1 https://www.wirtschaftspsychologie-aktuell.de/magazin/facebook-kennt-dich-besser-als-deine-freunde/32/, retrieved: 18 October 2021 [in German].

2 https://www.researchgate.net/figure/Fuente-Newspaper-Association-of-America_fig1_296419858, retrieved: 25 January 2022.

3 https://www.swr3.de/aktuell/nachrichten/banksy-auktion-rekord-100.html, retrieved: 14 December 2021.

4 Based roughly on an article published in the German newspaper DIE

WELT, in which a professor of art history is being cited: https://www.welt.de/debatte/kommentare/article123985985/Das-Geschaeft-mit-der-abstrakten-Kunst.html, retrieved: 13 December 2021.

5 A small test in this regard: try playing the well-known game of "I packed my bag …" with this method. Put down the pieces like tooth brush, life preserver and diving goggles along a route that you can track well in your mind, maybe because you walk it daily. The more offbeat the location and the more impressive the pictures (diving goggles on a door knob, flippers in the letter box), the better this mental journey will work.

6 https://www.ihk-akademie.de/kurs/2425/story-telling-marketing-nicht-nurfuer-die-grossen/, retrieved: 05 December 2021.

7 https://onlinebusinessakademie.net/verrueckte-geschaeftsideen/, retrieved: 09 December2021.

8 https://www.bbc.co.uk/programmes/b00snr0w.

9 https://www.youtube.com/watch?v=V6-0kYhqoRo, retrieved: 27 November 2021.

10 As an example for German crime television, only two cases in the long-standing Tatort series were kept unsolved: https://www.handelsblatt.com/arts_und_style/lifestyle/tv-film/tatort-statistik-nur-zwei-todesfaelle-blieben-ungeklaert/20792250-2.html?ticket=ST-2757623-ZfmtTmdFQ5MfPHDucRhV-cas01.example.org, retrieved: 17 January 2022.

11 https://www.youtube.com/watch?v=S5bZ5byXjEM, retrieved: 28 September 2022.

12 https://www.auto-motor-und-sport.de/verkehr/consumer-report-usa-2021-elektroauto-studie-tesla-audi-porsche/, retrieved: 26 November2021.

13 Sinek, Simon: Find your why: The practical guide to discovering purpose for you or your team, Portfolio 2017.

chapter 4 | 무조건 동의를 끌어내는 스마트 가시성 6단계

1 Godin, Seth: Permission Marketing: Turning Strangers Into Friends And Friends Into Customers, Simon & Schuster 1999.

2 According to the German Federal Office of Statistics: https://de.statista.com/statistik/daten/studie/446308/umfrage/spam-anteil-welt-

weit-in-unternehmen/, retrieved: 05 January 2022.

3 Translator's note: a German career-oriented social networking site that has been on the market since the early 2000s.

4 https://speed-ville.de/peloton-bike-test/, retrieved: 05 January 2022.

chapter 5 | 돈이 되는 관심과 노출

1 https://de.statista.com/statistik/daten/studie/788266/umfrage/online-besucherzahlen-von-jameda-als-zeitreihe/, retrieved: 05 January 2022.

2 https://blog.fanpagekarma.com/de/2019/03/05/was-man-von-stories-erwarten-kann/ [in German], retrieved: 25 January 2022.

3 https://www.wordstream.com/blog/ws/2017/02/28/facebook-advertis-ingbenchmarks, retrieved: 25 January 2022.

4 https://de.statista.com/statistik/daten/studie/71160/umfrage/anzahl-der-buecher-pro-haushalt-im-jahr-2008/ [in German], retrieved: 28 December 2021 – we accept the older statistic here since these values probably fluctuate little.

5 https://www.futurebiz.de/artikel/aufmerksamkeitspanne-facebook-mo-bil/, retrieved: 29 December 2021.

6 Influencers do actually formulate a "Call to Action," though this is not predetermined by the companies. This does make a difference regarding the separation between content and marketing.

7 The SROI (Social Return on Investment) was created as a KPI to also be able to rate the success of companies which are not primarily construed for profit like companies with a social economical or charitable purpose. In a wider definition, however, commercially oriented companies can also convert social ROI into monetary profits, for instance by increasing visibility or by linking it to certain social values.

chapter 6 | 채널 선택에도 메타 인지가 필요하다

1 https://de.statista.com/statistik/daten/studie/1266148/umfrage/podcast-hoererschaft-in-den-usa/retrieved: 17 January 2022.

2 https://dma.org.uk/uploads/misc/marketers-email-tracker-2019.pdf, retrieved: 17 January 2022.

눈에 띄는 마케팅

초판 1쇄 인쇄 2024년 1월 8일
초판 1쇄 발행 2024년 1월 12일

지은이 올리버 포트(with 얀 바르크프레데)
옮긴이 이미경 홍수연
펴낸이 신경렬

상무 강용구
기획편집부 최장욱 송규인
마케팅 박진경
디자인 박현경
경영지원 김정숙 김윤하

편집 추지영
표지 본문 디자인 굿베러베스트

펴낸곳 ㈜더난콘텐츠그룹
출판등록 2011년 6월 2일 제2011-000158호
주소 04043 서울시 마포구 양화로 12길 16, 7층(서교동, 더난빌딩)
전화 (02)325-2525 | **팩스** (02)325-9007
이메일 book@thenanbiz.com | **홈페이지** www.thenanbiz.com

ISBN 979-11-982928-9-6 03320